Beck'sche Reihe
BsR 367

Schon während seiner ersten Hälfte hat sich unser Jahrhundert den fragwürdigen Ruf eines „Jahrhunderts der Flüchtlinge" erworben, und auch in der zweiten Hälfte wurden Millionen von Menschen verjagt und vertrieben – Palästinenser, Ungarn, Boatpeople aus Haiti und Vietnam, Afghanen, Tamilen, Polen, Chilenen, Miskitos, politische Flüchtlinge, Armut-Flüchtlinge, Umwelt-Flüchtlinge. Die Kette reißt nicht ab. Forschungsinstitute prognostizieren bis zum Ende des Jahrtausends eine Milliarde Flüchtlinge. Viele von ihnen werden an den Küsten Europas stranden und um Aufnahme und um Asyl bitten. Sie stellen nicht nur unsere Asylgesetze auf den Prüfstand – sondern auch unsere Humanität auf die Probe.

Woher kommen die Flüchtlinge? Warum kommen sie? Wie viele sind noch zu erwarten? Wie lange werden sie bleiben? Das sind einige der Fragen dieses Buches. Ihnen gehen der einführende historisch-systematische Überblick des Herausgebers wie auch die fast vierzig Artikel über die wichtigsten Fluchtländer aus der Feder von Experten nach. In prägnanter, handbuchartiger Form skizzieren sie den historischen und politischen Hintergrund, die Ursachen, den Verlauf und die weiteren Perspektiven der Fluchtbewegungen.

Der Herausgeber *Peter J. Opitz* ist Professor für Politische Wissenschaft an der Universität München. Als Mitarbeiter hat er Experten für die Weltflüchtlingsprobleme gewonnen. Eine 3. Auflage des ebenfalls von ihm herausgegebenen Buches „Die Dritte Welt in der Krise" (BsR 285) ist in Vorbereitung.

Das Weltflüchtlingsproblem

Ursachen und Folgen

Herausgegeben von
Peter J. Opitz

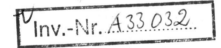
VERLAG C.H.BECK MÜNCHEN

Mit 3 Karten und 3 Tabellen

CIP-Titelaufnahme der Deutschen Bibliothek

Das Weltflüchtlingsproblem : Ursachen u. Folgen / hrsg. von
Peter J. Opitz. – Orig.-Ausg. – München: Beck, 1988
  (Beck'sche Reihe ; 367)
  ISBN 3-406-33123-8
NE: Opitz, Peter J. [Hrsg.]; GT

Originalausgabe
ISBN 3 406 33123 8

Einbandentwurf von Uwe Göbel, München
Umschlagbild: Flüchtende Afghanen (Südd. Verlag)
C.H. Beck'sche Verlagsbuchhandlung (Oscar Beck), München 1988
Gesamtherstellung: Presse-Druck- und Verlags-GmbH Augsburg
Printed in Germany

Inhalt

Verzeichnis der Karten und Tabellen 6
Vorwort 7

Erster Teil
Das Weltflüchtlingsproblem im 20. Jahrhundert

I. Das Problem und die Problemstellung 12
II. Historische Zusammenhänge 15
   1. Der Zerfall des Osmanischen Reiches 18
   2. Europäische Rivalitäten. 25
   3. Imperiale Neugründungen 27
   4. Der Ost-West-Konflikt. 31
   5. Flüchtlingsbewegungen in der Dritten Welt 37
      a. Zerfallende Kolonialreiche. 39
      b. Der Prozeß staatlicher Neubildung in der
         Dritten Welt 41
III. Ausblick. 56

Zweiter Teil
Betroffene Länder und Völker

I. Afrika
   Angola 66 – Äthiopien 69 – Mosambik 73 – Namibia 76 –
   Rwanda und Burundi 80 – Südafrika 83 – Sudan 88 –
   Tschad 92 – Uganda 97 – Westsahara 101 – Zaïre 106
II. Amerika
   Chile 111 – Cuba 114 – El Salvador 117 – Guatemala 121 –
   Haiti 125 – Honduras 128 – Nicaragua 132 – Surinam 135
III. Asien
   Afghanistan 139 – Bangladesch 144 – Birma 148 – China 154
   Kambodscha 161 – Laos 165 – Osttimor 166 – Sri Lanka 170
   Vietnam 174

IV. Naher Osten
    Irak 179 – Iran 183 – Jemen 187 – Kurden 191 – Libanon 196
    Palästina 199 – Syrien 203 – Türkei 207 – Zypern 212
V. Osteuropa 218

Anhang: Weltflüchtlingsstatistik 227

Die Autoren 235

Verzeichnis der Karten und Tabellen

Karte 1: Die Türkei nach dem Ersten Weltkrieg 23
Karte 2: Flüchtlinge in Europa 1912–1939 26
Karte 3: Von Sikhs beanspruchte Gebiete in Indien 49

Tabelle 1: Der Zerfall des Osmanischen Reiches 20
Tabelle 2: Flucht und Vertreibung aus den deutschen
            Ostgebieten 30
Tabelle 3: Flüchtlingsbewegungen infolge des Zweiten
            Weltkrieges 31

Vorwort

Würde man heute eine Meinungsumfrage über die brennendsten Probleme unserer Zeit durchführen – ich bin nicht sicher, ob das Flüchtlingsproblem sich darunter befinden würde. Denn obwohl die Tragödien der boat-people, der Exodus von Millionen von Afghanen aus der Hindukusch-Republik oder das Elend der Palästinenser-Lager im Libanon und im Gaza-Streifen die Aufmerksamkeit der Weltöffentlichkeit auch auf dieses Problem gelenkt haben, steht es doch auch heute noch im Schatten anderer großer Weltprobleme: des Hungers, des Wettrüstens, der Armut und der diversen ökologischen Gefährdungen – der Zerstörung der Atmosphäre, der Vergiftung der Meere, der Vernichtung der Regenwälder.

Das Flüchtlingsproblem aus diesem Schatten herauszuholen, ist das Anliegen des vorliegenden Buches. An aktuellen Anlässen für ein solches Unternehmen mangelt es nicht. So hat sich in den vergangenen Jahrzehnten die Zahl der Flüchtlinge nicht nur weltweit dramatisch erhöht – auch die Zahl der Menschen, die an den Grenzen Westeuropas um Aufnahme und Asyl bitten, ist weiter im Steigen. Damit ist das Flüchtlingsproblem auch unser aller Problem geworden. Das Problematische daran ist allerdings nicht, daß die europäischen Staaten die finanziellen Belastungen, die sich daraus für sie ergeben, nicht mehr tragen können – in Hinblick auf ihren Wohlstand und im Vergleich zu vielen Flüchtlingsaufnahmeländern in der Dritten Welt ist die Grenze ihrer Belastbarkeit noch längst nicht erreicht. Das Problem besteht vielmehr darin, daß – obwohl jene Grenzen noch nicht erreicht sind – in fast allen Staaten Europas, aber auch in anderen Ländern der Welt, Fremdenfeindlichkeit virulent geworden ist. Politischer Widerstand formiert sich, Asylgesetze werden zunehmend restriktiver gestaltet, ihre Ausführungsbestimmungen rigoroser gehandhabt. Für solche Maßnahmen mag es plausible

Gründe geben, etwa die schwere Integrierbarkeit von Flüchtlingen aus anderen Kulturbereichen oder die Belastung der Arbeitsmärkte in den westlichen Staaten. Doch es gibt auch weniger gute Gründe. Einer von ihnen ist die Behauptung von dem „massenhaften Mißbrauch" des Asylrechts aus wirtschaftlichen Motiven, für das sich schnell das Schlagwort von den „Wirtschaftsflüchtlingen" einbürgerte. Nun ist es kaum zu leugnen, daß es solche Art von Mißbrauch gibt, und er ist wahrscheinlich auch größer, als es manche, die für eine liberalere Handhabung des Ausländer- und Asylrechts plädieren, wahrhaben möchten. Doch das heißt weder, daß er „massenhaft" stattfindet, noch rechtfertigt er Maßnahmen, die eine Wahrnehmung des bestehenden Asylrechts de facto unmöglich machen, also auch diejenigen diskriminieren, bei denen es sich um politisch Verfolgte im Sinne des Art. 16.2 des Grundgesetzes handelt.

Daß sich Vorurteile wie das vom „massiven Mißbrauch" des Asylrechts durchsetzen konnten, hat viele Gründe. Einer der wichtigsten ist eine verbreitete Unkenntnis über die Ursachen, die den Flüchtlingsbewegungen in den verschiedenen von ihnen betroffenen Ländern zugrunde liegen. Darüber will das vorliegende Buch informieren. Es wird daher das Flüchtlingsproblem nicht in all seinen Facetten und Ausformungen untersuchen, die Analysen konzentrieren sich vielmehr auf seine Ursachen. Dies gilt auch für den einleitenden Essay, der in einem historisch-systematischen Rückblick auf das 20. Jahrhundert die wichtigsten Ereignisse und Prozesse markiert, in deren Umfeld es zu Flüchtlingsbewegungen kam. Er soll damit zugleich eine Hilfe sein, die kaum überschaubare Zahl von Fluchtbewegungen in größeren Zusammenhängen zu verorten. Die Analyse der Ursachen steht ebenso im Vordergrund der insgesamt 39 Artikel über jene Staaten und Regionen, aus denen die übergroße Mehrzahl der Flüchtlinge unserer Zeit kommt.

Die Schwierigkeit, vor der die Autoren der Einzelartikel, Kenner der betreffenden Länder und Regionen, standen, war doppelt gelagert: Zum einen waren sie mit einem Problem konfrontiert, dessen Existenz die dafür verantwortlichen Regierungen und Regime am liebsten leugnen; die Erhellung der konkreten Umstände, die im einzelnen Fall zu Flucht und Vertreibung führen, sowie die Suche nach einigermaßen verläßlichen Zahlen gestaltete sich deshalb in vielen Fällen äußerst mühsam. Das andere Problem war, auf dem knappen Raum, der zur Verfügung stand, sowohl eine plausible Hintergrundanalyse unterzubringen, die die wichtigsten Einzelfaktoren enthält, wie aus verstreuten Einzelinformationen ein Mosaik der betreffenden Fluchtbewegung zu formen. In ihrer Gesamtheit bilden die Artikel eine in dieser Form einzigartige Zusammenstellung von Analysen zu den Ursachen und Hintergründen des Weltflüchtlingsproblems, die in ihrer handbuchartigen Aufbereitung auch für jene Leser von praktischem Nutzen sein dürfte, die sich beruflich mit dem Flüchtlingsproblem zu befassen haben.

Ein letzter Punkt: Obwohl sich die Autoren des Buches im wesentlichen am Flüchtlingsbegriff der Genfer Konvention orientieren und deshalb vor allem jene Fluchtbewegungen behandeln, die unter die dortige Definition fallen, wurde auch immer wieder auf Flüchtlingsgruppen hingewiesen, die nicht unter sie fallen. Das gilt insbesondere für sog. „internally displaced persons", d. h. für Menschen und Gruppen, die auf ihrer Flucht die Landesgrenzen nicht überschritten haben; das gilt jedoch auch für die sog. „Armuts- und Umweltflüchtlinge", deren Zahl in vielen Regionen der Dritten Welt rapide im Steigen ist. Die Absicht war, auf diese Weise auch auf jene Menschen aufmerksam zu machen, deren Schicksal sich in keiner Weise von denen international anerkannter Flüchtlinge unterscheidet, denen dieser Status jedoch von den meisten Staaten dieser Welt verweigert wird.

Zum Schluß bleibt zu danken: zum einen den Autoren für das Engagement, mit dem sie sich dieses Themas annahmen, zum anderen aber und vor allem Frau Barbara Bode und Frau Petra Nagelschmidt, ohne deren wissenschaftliche und redaktionelle Betreuung sich die Herstellung dieses Buches erheblich mühsamer und langwieriger gestaltet hätte.

Wolfratshausen, Juni 1988   *Peter J. Opitz*

Erster Teil

Das Weltflüchtlingsproblem im 20. Jahrhundert[1]

von Peter J. Opitz

I. Das Problem und die Problemstellung

Blickt man auf die Entwicklungen seit dem 2. Weltkrieg zurück, so drängt sich – zumindest aus westlicher Sicht – der Eindruck einer zwar langsamen, jedoch steten Verschlechterung der internationalen Lage auf. Hatten sich die ersten Jahrzehnte nach 1945 trotz des Ost-West-Konfliktes und diverser Krisen noch als Zeiten des Friedens und des wachsenden Wohlstands präsentiert, so begann sich mit Anbruch der 70er Jahre der internationale Horizont zusehends zu verdunkeln. Vor allem aus der sogenannten Dritten Welt überschlugen sich die Hiobsbotschaften: Von Bevölkerungs-„Explosionen" wurde berichtet, von riesigen Hungersnöten und ökologischen Katastrophen. Der „Club of Rome" verkündete die bevorstehende Erschöpfung wichtiger Rohstoffe und das Ende des Wirtschaftswachstums. Der Aufstieg der OPEC und die von ihr ausgelöste „Energiekrise" signalisierten zugleich eine zunehmende wirtschaftliche Verwundbarkeit des Westens, und das immer stärker werdende Drängen der Entwicklungsländer nach einer neuen, gerechteren Weltwirtschaftsordnung läutete eine Phase verschärfter internationaler Verteilungskämpfe ein. Und während die Weltwirtschaft – nicht zuletzt auch als Folge steigender Energie- und Rohstoffpreise – in eine tiefe Depression absackte, mit fatalen Konsequenzen vor allem für die Menschen des „Südens", vollzog sich im „Norden" mit dem Ende der sogenannten Entspannungspolitik eine neue, von militärischer Hochrüstung begleitete Vereisung der Ost-West-Beziehungen.

Doch noch ein anderes Problem, das bis dahin nur einen kleinen Kreis von Experten beschäftigt hatte, begann seit Mitte der 70er Jahre wachsende Aufmerksamkeit der Weltöffentlichkeit auf sich zu ziehen: ein gewaltiges Anschwellen internationaler Flüchtlingsbewegungen. Der Ausbruch der Kämpfe zwischen Ost- und Westpakistan im Frühjahr 1971 hatte wie ein gewaltiger Paukenschlag das Jahrzehnt der Flüchtlinge eingeleitet. In panischer Angst hatten sich über 10 Millionen Menschen aus Ostpakistan jenseits der Grenzen in Indien in Sicherheit gebracht.

Nicht minder spektakulär vollzog sich einige Jahre später, nach dem Zusammenbruch der prowestlichen Regime in Indochina, die Flucht hunderttausender Südvietnamesen, Kambodschaner, Laoten und Meos. Und doch bildeten sie nur die erste Welle eines bis heute andauernden Flüchtlingsstromes aus diesen Ländern. Denn schon bald nach der Machtübernahme sozialistischer Regime lösten Repression im Inneren und gegenseitige Rivalitäten neue schwere Konflikte aus. Während Kambodschaner und in Kambodscha lebende Minderheiten dem Terror des Pol-Pot-Regimes zu entkommen suchten, verließen in überstürzter Flucht Auslandschinesen das neue Vietnam, teils auf dem Landweg nach China, vor allem aber auf Booten in die anderen Staaten Südostasiens.

Im Vergleich zu der weltweiten Publizität, die die Pol-Pot-Opfer und diese „Boat-people" aus Vietnam auf sich zogen, hatte sich eine andere, kurz zuvor angelaufene Flüchtlingstragödie international fast unbemerkt vollzogen: die Flucht von ca. 800 000 Portugiesen und Farbigen aus den Trümmern des portugiesischen Kolonialreichs in Afrika. Während der Exodus der portugiesischen Siedler jedoch von der Weltöffentlichkeit kaum beachtet oder nur mit gleichgültigem Achselzucken beobachtet wurde – vielleicht weil sie weniger als Flüchtlinge denn als Rückkehrer, „Retornados", angesehen wurden –, rückten Flüchtlingsströme in anderen Teilen Afrikas ins Zentrum weltweiter Anteilnahme und internationaler Hilfsaktionen. Das galt insbesondere für die Entwicklungen am Horn von Afrika, wo sich nach der Revolution in Äthiopien von 1974 nicht nur der Eritrea-Konflikt wieder zuspitzte, sondern bald auch zwischen Äthiopien und Somalia ein militärischer Konflikt um den Ogaden ausbrach, in dessen Verlauf fast 840 000 Menschen in Somalia Zuflucht suchten. Hatte die Zahl der Flüchtlinge in Afrika zu Beginn der 70er Jahre noch unter der Millionengrenze gelegen, so befanden sich nur ein Jahrzehnt später fast fünf

Millionen Menschen auf dem Schwarzen Kontinent auf der Flucht. Afrika war zum Kontinent der Flüchtlinge geworden.

Dennoch ereignete sich der gewaltigste Exodus des vergangenen Jahrzehnts nicht in Afrika, sondern in Afghanistan. Schon seit der kommunistischen Machtübernahme im Frühjahr 1978 hatten sich Bewohner des Landes vor den Kämpfen und der Repression des neuen sozialistischen Regimes über die Grenze nach Pakistan in Sicherheit gebracht. Eine Massenflucht setzte jedoch erst nach dem Einmarsch sowjetischer Interventionstruppen und der Machtübernahme von Babrak Karmal ein. Bis Anfang 1988 hatte fast ein Drittel der ca. 15 Millionen Afghanen das Land verlassen – über 3 Millionen nach Pakistan und weitere 2 Millionen in den benachbarten Iran.[2]

Vor dem Hintergrund dieser Ereignisse müssen nicht nur die internationale Indochina-Konferenz im Jahre 1979 in Genf und die im gleichen Jahre einberufene erste von zwei Internationalen Konferenzen über die Hilfe für Flüchtlinge in Afrika (ICARA) gesehen werden, sondern auch die Initiative der Bundesrepublik Deutschland 1980, das Flüchtlingsthema vor die Generalversammlung der Vereinten Nationen zu bringen. Angesichts der großen Dringlichkeit der Problematik und ihrer Bedeutung für die internationale Sicherheit entschloß sich die Generalversammlung mit großer Mehrheit, das Thema „Internationale Zusammenarbeit zur Vermeidung neuer Flüchtlingsströme" auf die Tagesordnung ihrer 36. Sitzung zu setzen.[3] Damit wurde erstmals der ernsthafte Versuch unternommen, die internationale Flüchtlingsproblematik nicht mehr nur auf der humanitär-karitativen Ebene zu behandeln, sondern sie auf politischer Ebene zu lösen. Im Rahmen der internationalen Gemeinschaft soll in den nächsten Jahren ein Instrumentarium entwickelt werden, das geeignet ist, rechtzeitig auf politischer Ebene Situationen zu begegnen, die Flüchtlingsbewegungen auslösen könnten.

Obwohl die Suche nach präventiven Lösungen zweifellos einer der wichtigsten Wege zur Entschärfung der Weltflüchtlingsproblematik ist – und damit zur Linderung der immensen menschlichen Leiden, die mit ihr verbunden sind –, besteht bei einer realistischen Einschätzung der Ursachen, die diesen Flüchtlingsbewegungen zugrunde liegen, und der Möglichkeiten, sie in den Griff zu bekommen, zu allzu optimistischen Erwartungen kein Anlaß. Doch auch die begrenzten Chancen, die mit diesem neuen Versuch gegeben sind, internationale Flüchtlingsbewegungen allmählich einzudämmen und abzubauen, können nur dann voll genutzt werden, wenn die Ursachen dieser Flüchtlingsbewegungen gründlicher erforscht werden, als dies bislang der Fall ist. „Flüchtlingsbewegungen wurden bisher kaum sozialwissenschaftlich untersucht"[4], heißt es etwas apodiktisch in einem 1986 erschienenen Buch zum deutschen Asylrecht. Dieses Verdikt ist in dieser pauschalen Form nicht ganz haltbar. Denn zweifellos gibt es eine Vielzahl ausgezeichneter historischer und sozialwissenschaftlicher Monographien über vergangene und derzeitige Flüchtlingsbewegungen. Richtig ist jedoch, daß Versuche, jene Bewegungen nicht als zufällige Episoden und isolierte Einzelphänomene zu verstehen, sondern sie in größeren historischen und sozialwissenschaftlichen Zusammenhängen zu analysieren, erheblich seltener sind. Der sich anschließende Rückblick auf die Flüchtlingsbewegungen des 20. Jahrhunderts ist ein Versuch, ein wenig zur Entwicklung einer weiteren Perspektive beizutragen.

II. Historische Zusammenhänge

Das Anschwellen internationaler Flüchtlingsströme gewaltigen Ausmaßes während der 70er und zu Beginn der 80er Jahre hatte bei vielen Beobachtern den Eindruck hervorgerufen, es handele sich hierbei um ein relativ neues Phänomen. Blickt man jedoch etwas weiter zurück auf den bisherigen Verlauf unseres Jahrhunderts, so zeigt sich schnell, daß das Flüchtlingsproblem keineswegs so neu ist. Ganz im Gegenteil. Das gesamte 20. Jahrhundert ist mit wenigen Unterbrechungen von so großen Flüchtlingsbewegungen gekennzeichnet, daß sich Zeitgenossen schon früh der Begriff vom „Jahrhundert der Flüchtlinge"[5] aufdrängte. Bereits im Dezember 1958 sah sich die Generalversammlung der Vereinten Nationen zur Ausrufung eines Weltflüchtlingsjahres veranlaßt, das die Aufmerksamkeit der Weltöffentlichkeit auf die zahlreichen noch ungelösten Flüchtlingsprobleme in der Welt lenken sollte.

Während Flüchtlingsbewegungen auf den ersten Blick leicht den Eindruck erwecken, als handele es sich bei ihnen um eigenständige Phänomene, zeigt eine genauere Prüfung, daß sie eigentlich Randprobleme darstellen, die im Zusammenhang von zwischen- und innerstaatlichen Konflikten auftreten. Bei dem Versuch, nicht nur die Flüchtlingsbewegungen im Kontext von Einzelkonflikten zu verorten, sondern auch diese Konflikte wiederum größeren Entwicklungsprozessen zuzuordnen, stößt man auf mindestens sechs solcher Prozesse, die zeitlich bis tief in die erste Hälfte unseres Jahrhunderts zurück-, ja zum Teil weit darüber hinausreichen. Es handelt sich dabei
– um den Zerfall des Osmanischen Reiches und die unter nationalstaatlichen Prinzipien erfolgende Neuordnung des einstigen Reichsgebietes;
– um die Rivalität der europäischen Nationalstaaten, die nach zwei Weltkriegen zu deren Selbstentmachtung und damit zum Niedergang der seit dem 16. Jahrhundert andauernden globalen Vormachtstellung Europas führte;
– um Ansätze zu imperialen Neugründungen im Anschluß an den 1. Weltkrieg in Mittel-, Ost- und Südosteuropa durch Deutschland und Italien, in Osteuropa und Zentralasien durch die Sowjetunion und in Ost- und Südostasien durch Japan;
– um den parallel zum Abstieg der europäischen Mächte sich vollziehenden Aufstieg zweier neuer Kontinentalmächte – „Supermächte", wie die chinesischen Kommunisten sie später nannten –, die sich um die Schaffung neuer imperialer Gebilde („informeller Imperien") bemühten und dabei in eine Rivalität gerieten, die in ihren Auswirkungen die ganze Welt erfaßt und gefährdet: die USA und die UdSSR;
– um den nach dem 2. Weltkrieg sich beschleunigenden Zerfall

der europäischen Kolonialreiche und die Gründung neuer Staaten bzw. die Wiederherstellung vorkolonialer Strukturen;
– um die Bemühungen der neuen Staaten der Dritten Welt um territoriale, politische und wirtschaftliche Konsolidierung sowie um die von einigen dieser Staaten mehr oder minder offen betriebene Schaffung neuer hegemonialer Strukturen.

Es versteht sich von selbst, daß sich diese sechs Prozesse nur analytisch trennen lassen, daß sie in Wirklichkeit jedoch auf vielfache Weise eng miteinander verbunden sind, einander beeinflussen und zum Teil sogar so stark überlagern, daß es im Einzelfalle schwerfällt, das Gewicht der einzelnen Faktoren adäquat zu beurteilen.

Es braucht in diesem Zusammenhang nicht im einzelnen auf die ökonomischen und geistigen Kräfte eingegangen zu werden, die diesen Prozessen Richtung, Dynamik und Struktur gaben. Zumindest erwähnt werden müssen jedoch zwei Typen von politischen Ideen und Ordnungsvorstellungen, da sie diesen Prozessen nicht nur eine besondere Schub- und Sprengkraft verliehen, sondern auch wesentlich zur Auslösung von Flüchtlingsbewegungen beitrugen. Gemeint ist – zum einen – der „Nationalismus", der sich schon bei der Zersetzung des Osmanischen Reiches wie auch später bei der Zerstörung der europäischen Kolonialreiche als von zentraler Bedeutung erwiesen hatte und bis heute eine der wichtigsten geistigen Kräfte in der Dritten Welt geblieben ist. Zum anderen handelt es sich um das sogenannte Nationalstaatsprinzip, das bei den staatlichen Neubildungen, die sich auf den Territorien der alten Reiche vollzogen, zum wichtigsten gestaltenden Prinzip wurde. Beide förderten in vielen Fällen eine Politik, die Angehörige der eigenen „Nation" privilegierte, die Lebensbedingungen anderer ethnischer oder religiöser Gruppen dagegen erheblich beeinträchtigte und in der Konsequenz häufig zur Vertreibung und Flucht führte.

Noch weitreichender als Nationalismus und Nationalstaatsprinzip erwies sich der im 1. Weltkrieg erfolgte Durchbruch totalitärer Ideologien und politischer Religionen, die als geistige Substanz in die neuen imperialen Gebilde einströmten und nicht nur ihren inneren Zusammenhalt gewährleisteten, sondern sie auch mit einem „Sinn" ausstatteten, der ihre bloße Existenz transzendierte und ihre Politik über den eigenen territorialen Rahmen hinaus bestimmte. Diese neuen Ideologien lösten aufgrund ihrer Totalitätsansprüche nicht nur innerhalb der Gesellschaften, in denen sie sich durchsetzten, Unterdrückung und Vertreibung aus, sondern führten auch im internationalen Bereich zu Spannungen, die schließlich in den 2. Weltkrieg einmündeten. Während einige von ihnen – der deutsche Nationalsozialismus und die verschiedenen Faschismen – in dem von ihnen ausgelösten Weltkrieg untergingen, entwickelte sich der mit weltrevolutionären Ambitionen auftretende Marxismus-Leninismus seit 1945 zum großen Antipoden der liberalen Demokratien angelsächsischer Tradition und blieb trotz seiner Aufsplitterung in zahlreiche Varianten sowie der Aufdeckung seiner inneren Schwächen bis heute eine der einflußreichsten geistigen Kräfte unseres Jahrhunderts.

Im folgenden sollen die obengenannten sechs Prozesse in ihren wichtigsten Grundzügen skizziert und dabei auf einige der in ihrem Umfeld aufgetretenen Flüchtlingsbewegungen hingewiesen werden. Angesichts der im zweiten Teil dieses Buches aufgeführten Einzelstudien ist eine erschöpfende Auflistung nicht intendiert.

1. Der Zerfall des Osmanischen Reiches

An erster Stelle, da zeitlich am weitesten zurückreichend, muß jener Prozeß angeführt werden, in dessen Verlauf das Osmanische Reich, das mehr als sechs Jahrhunderte bestanden und sich in seiner Blütezeit über drei Kontinente erstreckt hatte, zerfiel und eine Neugliederung des ehemaligen Reichsgebietes unter nationalstaatlichen Vorzeichen erfolgte. Obwohl dieser Prozeß schon im frühen 19. Jahrhundert einsetzte und mit der Auflösung des Osmanischen Reiches am Ende des 1. Weltkrieges seinen Höhepunkt erreichte, sind die gewaltigen Umwälzungen, die der Zerfall dieses riesigen Imperiums mit sich brachte, bis heute nicht abgeschlossen. Die lange Dauer des Neugliederungsprozesses ist vor allem darauf zurückzuführen, daß Teile des zerfallenden Reiches vorübergehend in die Imperien der westeuropäischen Kolonialmächte integriert wurden und schließlich nach deren Niedergang in die Spannungsfelder des Ost-West-Konflikts gerieten. Jeder der drei Einzelprozesse, die sich im Gesamtprozeß unterscheiden lassen – die Auflösung des Osmanischen Reiches; die territoriale Neuordnung der Türkei als dessen Nachfolgestaat; sowie die staatliche Neuordnung des einstigen Reichsgebietes außerhalb des Kernlandes –, war von einer Vielzahl von Konflikten begleitet, die wiederum Flüchtlingsbewegungen größten Umfangs auslösten. So hat erst in den letzten Jahren eine Folge von Attentaten auf türkische Diplomaten wieder die Erinnerung an eine Tragödie in der Zerfallsphase des Osmanischen Reichs wachgerufen, die von der Weltöffentlichkeit längst vergessen wurde: die Vernichtung und Vertreibung der Armenier.[6]

Obwohl auch schon in früheren Jahrhunderten nicht immer einfach, hatte sich die Situation der zahlreichen ethnischen und religiösen Minoritäten im Osmanischen Reich noch weiter kompliziert, als zu Beginn des 20. Jahrhunderts die von pantürkischen und panislamischen Ideen beseelten „Jungtürken" an Einfluß gewannen.

Unter ihnen litten auch die Armenier, eine christliche Minderheit. Sieht man einmal von den latenten religiösen und wirtschaftlichen Ressentiments ab, unter denen sie zu leiden hatten, so hatten die anti-armenischen Aktionen der „Jungtürken" insofern einen aktuellen Anlaß, als in der armenischen Bevölkerung – angefacht von den europäischen Großmächten – nationalistische und separatistische Neigungen gewachsen waren. So unterstützten, wenngleich aus völlig unterschiedlichen Gründen, sowohl das zaristische Rußland wie auch Großbritannien die armenischen Bestrebungen für einen eigenen Staat. Die Gefahr einer Sezession verwandelte sich aus der Sicht der osmanischen Regierung zu einer akuten Bedrohung, als nach Ausbruch des 1. Weltkrieges die Türkei an der Seite der Mittelmächte in den Krieg eintrat und die russische Regierung als Gegenmaßnahme unter anderem den Armeniern die Schaffung

Tabelle 1: Der Zerfall des Osmanischen Reiches

1. Arabische Gebiete*

Syrien Palästina Jordanien	Irak	Arabische Halbinsel Jemen	Ägypten	Cyrenaica und Tripolitanien	Tunesien	Algerien
1516: osmanisch 1918/21: französisch-britisches Mandat 1946: Syrien, Jordanien, Libanon unabhängig 1948: Israel unabhängig	1539–1623: osmanisch 1623–38: persisch 1639–1917/18: osmanisch 1920: britisches Mandat 1930: selbständig	seit 1517: nominell osmanisch, Oberherrschaft wechselnd, nach 1917/18 unabhängig: 1918: Nordjemen 1932: Saudi-Arabien 1961: Kuwait 1967: Südjemen 1970: Oman 1971: VAE, Bahrein/Katar	1517: osmanisch 1806: suzerän 1882: britisch besetzt 1914: von der Türkei gelöst 1922: Königreich	1557: osmanisch 1714: selbständig 1911/12: italienisch 1951: volle Unabhängigkeit	1574: unter osmanischer Oberherrschaft 1705: beschränkt selbständig 1881: von Frankreich besetzt Protektorat 1956: unabhängig	1574: unter osmanischer Oberherrschaft 1710: beschränkt selbständig nach 1830: von Frankreich besetzt/annektiert 1962: unabhängig

2. Europäische Gebiete

Rumänien (Fürstentümer Moldau und Walachei)	Albanien und Montenegro	Ungarn	Bosnien und Herzegowina	Bulgarien	Griechenland	Serbien
1394: Walachei in osmanischer Abhängigkeit	1468: Albanien osmanisch	1533: österreichisch-osmanische Teilung Ungarns	1463: Bosnien osmanisch	1396: osmanische Provinz	1453: Fall Konstantinopels	1389: Schlacht auf dem Amselfeld
1512: Moldau, Anerkennung der osmanischen Oberhoheit	1528: Montenegro osmanischer Vasall	1541: der türkische Teil wird osmanische Provinz	1483: Herzegowina osmanisch	1878: (Berliner Kongreß) tributpflichtiges Fürstentum	1460: Morea und Peloponnes osmanisch	1396: osmanischer Vasall
1861: Vereinigung der Moldau und Walachei zum Königreich Rumänien	1878: Montenegro selbständig	1687: (Reichstag zu Preßburg) österreichisch-ungarische Doppelmonarchie	1878: österreichische Verwaltung	1908: unabhängiges Königreich	1821–29: griechischer Freiheitskampf	1459: Eingliederung in das Osmanische Reich
1878: (Berliner Kongreß) Rumänien selbständig	1910: Königreich	1699: (Friede von Karlowitz) Ungarn vollständig von Türkei zurückerobert	1908: österreichische Annexion		1829: (Friede von Adrianopel) Griechenland unabhängig	1817: innere Autonomie, bleibt tributpflichtig
	1913: Albanien selbständiges Fürstentum				1830: (Londoner Konferenz) Anerkennung der Souveränität Griechenlands	1878: (Berliner Kongreß) selbständig
						1882: serbisches Königreich
						1918: Königreich der Serben, Kroaten und Slowenen

* Quelle: Nach „Der große Ploetz", 1980, S. 1083, mit Erweiterungen des Herausgebers.

eines eigenen Staates in den ostanatolischen Provinzen in Aussicht stellte und mit diesem Versprechen die Armenier gegen das Osmanische Reich zu mobilisieren suchte.

1915 setzten deshalb von türkischer Seite Gegenmaßnahmen ein, die im Laufe der Zeit die Dimension eines Völkermordes annahmen – Pogrome, Vertreibungen, Deportationen. Die Zahlen der Opfer, die in den diversen Untersuchungen gehandelt werden, schwanken zwischen 800000 und 2,5 Millionen. Nach Angaben des armenischen Patriarchen von Istanbul befanden sich 1921 noch 625000 Armenier innerhalb der Vorkriegsgrenzen des Osmanischen Reiches. Ein Bericht des Flüchtlingskommissars des Völkerbundes, Fridtjof Nansen, lokalisiert im Jahre 1925 525000 Armenier in der Sowjetunion, 45000 in Griechenland und 100000 in Syrien.[7]

Das Schicksal der Armenier ist um so tragischer, als sich bald nach Kriegsende ihre Hoffnungen auf einen eigenen Staat zerschlugen. Hatte der Friedensvertrag von Sèvres (August 1920), in dem das Osmanische Reich zerschlagen und zahlreiche seiner Gebiete entweder der Kontrolle der Sieger unterstellt oder in die Unabhängigkeit entlassen wurden, noch einen armenischen Staat vorgesehen, so war im Vertrag von Lausanne (Juli 1923) zwischen der kemalistischen Türkei und den Siegermächten des 1. Weltkriegs schon nicht mehr davon die Rede. Die Interessenlage hatte sich geändert – ein unabhängiges Armenien paßte nicht mehr in die veränderte politische Landschaft und ins Konzept der Mächte.

Doch bis heute ist unter den sechs Millionen Armeniern, die über die ganze Welt verstreut leben, die Hoffnung auf einen eigenen Staat wachgeblieben, und mit der Gründung armenischer Terror-Organisationen wie der Geheimarmee zur Befreiung Armeniens (ASALA) hat der Kampf um einen eigenen Staat erneut begonnen – allerdings ohne jede Aussicht auf Erfolg.

Das Schicksal der Armenier war jedoch weder der erste noch der zahlenmäßig größte Fall von Flüchtlingsbewegungen, der sich beim Zerfall des Osmanischen Reiches ereignete. Früher und auch umfangreicher waren die Flüchtlingsbewegungen, die von den beiden Balkankriegen (1912–13) ausgelöst wurden,

Grenzen

.... Vertrag von
Sevres, 1920

▓▓▓ Vertrag von
Lausanne, 1923

━━━ gegenwärtiger
Grenzverlauf

Quelle: Die Zeit 50 (7. 12. 1984).

durch die die Türkei fast alle ihre Gebiete auf europäischem Boden an die Balkanstaaten verlor. Fast eine Million Menschen – 400 000 Türken, 425 000 Griechen und 75 000 Bulgaren – durften nach Beendigung der Kampfhandlungen nicht mehr in ihren bisherigen Siedlungsgebieten bleiben bzw. in sie zurückkehren, sondern wurden in ihre jeweiligen „nationalen" Heimatländer umgesiedelt. Weitere Umsiedlungen folgten dem Scheitern der griechischen Invasion in Westanatolien: Im Vertrag von Lausanne, in dem die Siegermächte die Unabhängigkeit und Souveränität der neuen Türkei anerkannten, wurde erstmals ein zwangsweiser Bevölkerungsaustausch vertraglich vereinbart, in dessen Verlauf 1,35 Millionen Griechen Kleinasien verlassen und 400 000 Türken in die Türkei umsiedeln mußten.

Stockend, unter großen menschlichen Opfern und politischen Reibungsverlusten erfolgte der Prozeß der staatlichen Neugliederung jedoch nicht nur im Hinblick auf die Türkei selbst, sondern auch in anderen Regionen des ehemaligen Reichsgebietes. Und wenn inzwischen auch über die meisten Grenzen der neuen Staaten Konsens besteht, so dauern eine Reihe von Konflikten bis heute an:

– Das gilt zum einen und vor allem für die Kurden (s. S. 191), ein

23

Volk von ca. 20 Millionen Menschen. Auch ihnen waren am Ende des 1. Weltkrieges im Vertrag von Sèvres Autonomie und Unabhängigkeit in Aussicht gestellt und dieses Versprechen dann gebrochen worden. Bis heute kämpfen sie in den vier Staaten, in die ihr Siedlungsgebiet hauptsächlich reicht – Iran, Irak, Türkei und Syrien – für ihr Selbstbestimmungsrecht. Hunderttausende befinden sich auf der Flucht vor feindlichen Truppen, Hunderttausende von ihnen wurden aus ihren traditionellen Wohngebieten deportiert, Hunderttausende haben Kurdistan für immer verlassen oder warten im Ausland auf die Gründung eines kurdischen Staates.[8]

– Ungeklärt ist zum anderen das Schicksal von ca. 2,2 Millionen Palästinensern (s. S. 199), die bis heute in den von Israel besetzten Gebieten oder in den arabischen Nachbarstaaten in Lagern auf die Rückkehr in ihre Heimat oder auf die Gründung eines eigenen palästinensischen Staates warten.

– Immer prekärer wird die Lage im Libanon (s. S. 196), wo infolge des Palästina-Konflikts das fragile Gleichgewicht der verschiedenen Bevölkerungs- und Religionsgruppen inzwischen zusammengebrochen ist und die seit 1975 eskalierenden Kämpfe weit mehr als eine Million Menschen entwurzelten und zur Flucht zwangen.

Angesichts der ungelösten Palästina-Frage, eines expandierenden islamischen Fundamentalismus, den Rivalitäten der Regionalstaaten sowie des anhaltenden Ost-West-Konflikts spricht wenig dafür, daß die Region in absehbarer Zeit zur Ruhe kommen wird. Wahrscheinlicher ist – auch angesichts des andauernden Golf-Kriegs –, daß neue Konflikte ausbrechen und in ihrem Verlauf neue Flüchtlingslawinen losgetreten werden.

Zu den bislang noch unerledigten Problembeständen des untergegangenen Osmanischen Reiches gehört schließlich auch der seit vielen Jahrzehnten schwelende Konflikt um und auf Zypern (s. S. 212), der nach der türkischen Invasion von 1974 und der anschließenden Teilung der Insel die Flucht von 200 000 griechischen Zyprioten in den griechischen und von 40 000 türkischen Zyprioten in den türkischen Teil ausgelöst hatte. Denn auch Zypern hatte bis in die Mitte des 19. Jahrhunderts zum Osmanischen Reich gehört, war dann nach dem Frieden von San Stefano im Jahr 1878 von Großbritannien unter Anerkennung der türkischen Oberhoheit besetzt, 1914 schließlich annektiert und 1925 zur britischen Kronkolonie erklärt worden.[9]

2. Europäische Rivalitäten

Starke nationalistische Leidenschaften lagen – neben einer Vielzahl anderer Gründe – auch den Rivalitäten der europäischen Nationalstaaten zugrunde, die sich insbesondere im 1. Weltkrieg entluden und umfassende Flüchtlingsbewegungen auslösten. Das gilt zum einen für die Kriegsereignisse selbst. So waren allein bis zum Sommer 1916 über drei Millionen Menschen vor den heranrückenden deutschen Armeen nach Rußland geflohen. Weitere Absetzungsbewegungen löste der Versuch der zaristischen Regierung aus, die Angehörigen der Turkvölker in größerer Zahl für den Krieg zu rekrutieren. Für mehr als 300 000 Kasachen, Kirgisen, Uighuren und andere Völkerschaften war dies das Signal zur Flucht ins benachbarte Sinkiang, wohin ihnen in den folgenden Jahrzehnten weitere Wellen von Flüchtlingen folgten, um sich den politischen, wirtschaftlichen und religiösen Pressionen und Verfolgungen der siegreichen Bolschewisten zu entziehen.

Doch auch am Ende des Krieges standen große Bevölkerungsvermischungen. So mußte Deutschland ca. 1,2 Millionen Vertriebene und Optanten aus Polen, Elsaß-Lothringen, Nordschleswig und den ehemaligen deutschen Kolonien aufnehmen, während nach Ungarn, das im Frieden von Trianon (Juni 1920) Gebiete an die Tschechoslowakei, an Österreich, Jugoslawien und Rumänien abtreten mußte, 400 000 ungarische Flüchtlinge aus Rumänien und Jugoslawien strömten. Zudem wurden auf Grund des Friedens von Neuilly (November 1919) 52 000 Bulgaren aus Griechenland nach Bulgarien umgesiedelt und auf umgekehrtem Wege 30 000 Griechen aus Bulgarien nach Griechenland.

Karte 2: Flüchtlinge in Europa 1912-1939

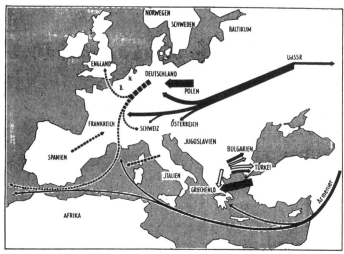

Balkankrieg 1912/13
425 000 griechische,
400 000 türkische,
65 000 bulgarische Flüchtlinge

Über 1 Million russische Emigranten.
Über 1 Million deutsche Optanten
aus den abgetretenen Ostgebieten
250 000 armenische Flüchtlinge

Nach 1918
Balkanverträge 1919 u. 1923
1 350 000 griechische,
400 000 türkische,
200 000 bulgarische Umsiedler u. Flüchtl.

Politische Emigranten bis 1939
400 000 Deutsche
200 000 Spanier
180 000 Italiener

Quelle: Bayer. Staatsministerium des Inneren, Statist. Informationsdienst 126 (15. 6. 1950), aus: P. J. Opitz (Hrsg.), *Weltprobleme*, München 1982, S. 349.

Nach dem Zusammenbruch des zaristischen Regimes und dem Sieg der Bolschewiken verliefen die Flüchtlingsbewegungen jedoch nicht mehr nur nach Osten und Süden, sondern in zunehmendem Maße auch in nördliche und westliche Richtung. Denn in die Ströme von Flüchtlingen und Umsiedlern mischten sich nun über eine Million von Revolutionsgegnern – zaristische und demokratische Politiker, Adlige und Geschäftsleute, Teile des Bürgertums und der Bauernschaft, Angehörige der zaristischen und weißrussischen Armee, und auch jetzt wieder Juden, von denen viele schon seit dem Ende des 19. Jahrhunderts vor

Pogromen geflohen waren. Insgesamt dürften zwischen 1917 und 1922 fast eine Million Russen das Land verlassen haben, weitere Flüchtlingsbewegungen löste die riesige Hungersnot von 1921 aus.[10] Zur gleichen Zeit verließen über eine Million Polen, Letten und Esten Rußland. Die Zahlen steigen gewaltig weiter an, wenn man keinen allzu engen Flüchtlingsbegriff anlegt, sondern auch jene Menschen in die Statistiken des Grauens einbezieht, die durch Deportationen und Zwangsumsiedlungen ihre Heimat verlieren. So wird allein die Zahl der von den Deportationen Stalins zwischen 1928 und 1938 betroffenen europäischen Russen auf 18 Millionen geschätzt.[11]

3. Imperiale Neugründungen

Es waren bald jedoch nicht mehr nur die Flüchtlinge und Emigranten aus der Sowjetunion, deren Schicksal den Völkerbund und die Weltöffentlichkeit beschäftigte, sondern auch die anschwellenden Emigrantenströme aus Italien, Spanien und Deutschland. Während aus Italien bis 1937 ungefähr 60000 Menschen flohen, lagen die Zahlen für Spanien und Deutschland erheblich höher. So wurden im August 1938 in dem von der katalanisch-republikanischen Regierung kontrollierten Gebiet ca. zwei Millionen Flüchtlinge gezählt, von denen nach dem Sieg Francos zwischen 350000 und 450000 die Flucht ins benachbarte Frankreich gelang.[12] Noch höher lagen die Zahlen der Emigranten, die bis zum Kriegsausbruch unter schwierigen Bedingungen das Deutsche Reich verließen. So suchte im Sommer 1938 eine internationale Konferenz in Evian, die auf Initiative des amerikanischen Präsidenten Roosevelt zustande gekommen war, nach Asylmöglichkeiten für die Verfolgten aus dem Deutschen Reich. Insgesamt hatten zu diesem Zeitpunkt schon weit über 700000 Menschen ihr Heil vor dem nationalsozialistischen Terror in der Flucht gesucht; fast die Hälfte von ihnen waren Juden.[13]

Mit den Flüchtlingsbewegungen, die von der Oktoberrevolution und der Machtergreifung der faschistischen und nationalsozialistischen Bewegungen in Mittel- und Südeuropa ausgelöst wurden, ist allerdings die Grenze zum dritten Entwicklungsprozeß deutlich überschritten. Denn wenn man die Entwicklungen und Ereignisse, die zum 2. Weltkrieg führten, auch noch in der Tradition jener Rivalitäten der europäischen Nationalstaaten sehen kann, die schon dem 1. Weltkrieg zugrunde lagen, so wird man der systematischen Vernichtung und Vertreibung ganzer Klassen und Rassen durch Bolschewiken und Kommunisten – ganz zu schweigen von den Greueln des Nationalsozialismus – und der neuen „Qualität", die die europäische Politik durch sie gewinnt, doch eher gerecht, wenn man sie in eine eigene Entwicklungslinie einfügt.

Gegen eine Subsumierung des 2. Weltkriegs unter die Kategorie „Europäische Rivalitäten" lassen sich wenigstens zwei Einwände anführen: Zum einen die Tatsache, daß es sich hier – berücksichtigt man das Geschehen im asiatisch-pazifischen Bereich – viel eher um einen *Welt*krieg handelte als bei den Ereignissen zwischen 1914 und 1918, die sich noch weitgehend auf die Regionen Europas konzentrierten. Noch bedeutsamer als der Hinweis auf dieses globale Szenario wäre allerdings – zum anderen – der Einwand, daß dem 2. Weltkrieg weniger die traditionellen Rivalitäten und Ambitionen der europäischen Nationalstaaten zugrunde lagen als die Politik jener totalitären Bewegungen, zu deren Machtübernahme es in Rußland schon während des 1. Weltkrieges und in einigen zentral- und südeuropäischen Staaten bald danach gekommen war. Ihr Aufstieg und die von ihnen unternommenen Versuche, die Versailler Friedensordnung zu revidieren und eigene Imperien zu schaffen, müssen denn auch als eine dritte Grundströmung angesehen werden, die zu Flüchtlingsströmen von bis dahin ungekannten Ausmaßen führten.

Auch bei ihnen sind wieder zwei verschiedene Aspekte zu unterscheiden: Zum einen die Flucht jener Menschen, die von den neuen Regimen aus rassischen, religiösen und politischen Gründen verfolgt, verjagt und deportiert wurden oder sich dem totalitären Terror durch Flucht entzogen – auf sie ist oben schon eingegangen worden. Zum anderen die Flucht jener, die Opfer der imperialen Expansion und der sie begleitenden Kriege wurden. Ihre Tragödie begann mit dem Versuch Hitlers und Stalins, die Linien ihrer Interessengebiete und Einflußsphären in Ost- und Südosteuropa abzugrenzen. Von den dabei erfolgten Zwangsumsiedlungen und Ausweisungen waren über 30 Millionen Menschen betroffen – von den deutschen Maßnahmen ca. 18 Millionen Menschen, von den sowjetischen ca. 15 Millionen Menschen.

Nicht minder umfangreich waren die Flüchtlingsbewegungen, die der Zusammenbruch der Achsenmächte auslöste. Teils auf der Flucht vor der herannahenden Front, teils gewaltsam vertrieben, teils auf der Grundlage des Potsdamer Abkommens „überführt", verließen ca. 20 Millionen Menschen ihre Heimat, darunter 12 Millionen Deutsche (siehe Tab. 2 und 3).

Gleichzeitig setzen die Gegenströme der während des Krieges Verschleppten in ihre Heimatländer ein. Schließt man in die Berechnungen alle Menschen ein, die infolge der Kriegsereignisse und der unmittelbaren Kriegsfolgen ihre ursprünglichen Wohnsitze hatten verlassen müssen, so kommt man auf Zahlen, die zwischen 40 und 50 Millionen Menschen liegen.[14]

Während die Zahlen der Flüchtlinge ziemlich genau erforscht sind, die in Europa Opfer der totalitären und expansiven Politik Italiens, Spaniens, Deutschlands und der UdSSR wurden, liegen über die Flüchtlingsbewegungen in Asien keine genauen Angaben vor. Sicher ist jedoch, daß durch die in den 30er Jahren einsetzende und dann immer mehr an Dynamik gewinnende Expansion Japans in China und in den übrigen Teilen Ost- und Südostasiens weitere Millionen Menschen entwurzelt, vertrieben und zur Flucht gezwungen wurden. Genaue Schätzungen werden auch dadurch erschwert, daß am Ende des Pazifischen Krieges in China erneut der Bürgerkrieg zwischen der Kuomintang und den Kommunisten entflammte, der zu neuen riesigen Flüchtlingsströmen führte.

Tabelle 2: *Flucht und Vertreibung aus den deutschen Ostgebieten und den von Volksdeutschen bewohnten Ländern (Zahlen in Tausend) (deutsche Staatsangehörige und Volksdeutsche im Vergleich zur Zahl der Vertriebenen)*

Gebiet	Deutsche Staatsangehörige bzw. Volksdeutsche		Gesamtzahl d. Vertriebenen
	1939	1944/1945	1950
südliches Ostpreußen	1314	1370	1234
östliches Pommern	1884	1956	1430
östliches Brandenburg	642	657	395
Schlesien	4577	4751	3197
gesamte dt. Ostgebiete (ohne nördliches Ostpreußen)	*8417*	*8734*	*6256*
Danzig	380	395	291
Polen (ohne poln. Ostgebiete)	1236	1263	618
ges. heutiger poln. Bereich	*10033*	*10392*	*7165*
Estland	23	24	⎫
Lettland	64	75	92
Litauen	52	54	⎭
Memelland	118	129	78
nördliches Ostpreußen	1154	1209	725
polnische Ostgebiete	135	138	70
Transkarpatien	13	13	3
nördliche Bukowina	44	45	37
Bessarabien	93	95	79
Sowjetunion	1427	1500	62
ges. heutiger sowjet. Bereich	*3123*	*3282*	*1146*
Tschechoslowakei	3464	3620	2997
Ungarn	623	633	213
Jugoslawien	537	550	297
Rumänien	660	689	137
übrige Balkanstaaten	6	6	3
insgesamt	*18446*	*19172*	*11958*

Quelle: Der Große Ploctz, 1980, S. 944.

Tabelle 3: Flüchtlingsbewegungen infolge des Zweiten Weltkriegs

Heimatstaat	Flüchtlinge im eigenen Land	Flüchtlinge im Ausland	Zahl der aus von Deutschen oder Sowjets kontrollierten Gebieten Geflohenen	Gesamtzahl
Baltikum	21 900	509 200	36 450	567 550
Belgien	50 000	1 048 000	22 000	1 120 000
Dänemark	25 000	500	19 000	44 500
England	7 078 000	13 700	–	7 091 700
Tschechoslowakei	322 000	154 000	9 000	485 000
Finnland	468 800	–	131 000	599 800
Frankreich	4 790 000	320 000	125 000	5 235 000
Deutsches Reich	5 750 000	930 000	–	6 680 000
Griechenland	100 000	60 000	70 000	230 000
Italien	–	109 000	13 000	122 000
Luxemburg	–	72 000	500	72 500
Niederlande	200 000	160 000	35 000	395 000
Norwegen	521 000	8 000	90 000	619 000
Polen	2 108 000	2 212 000	188 000	4 508 000
Rumänien	651 900	507 900	–	1 159 800
Sowjetunion	10 400 000	350 400	–	10 750 400
Jugoslawien	573 800	199 000	22 000	794 000
Total	*33 060 400*	*6 653 700*	*760 950*	*40 475 050*

Quelle: Proudfoot, Malcolm, European Refugees 1939–1952, London 1956, S. 34.

4. Der Ost-West-Konflikt

Eine vierte Grundströmung erreichte schon bald nach dem 2. Weltkrieg ihren Höhepunkt – der sogenannte Ost-West-Konflikt. Auch hier ist die Kategorisierung problematisch. Denn man kann die Ereignisse, die diesem Konflikt gemeinhin zugeordnet werden, unter höchst unterschiedlichen Perspektiven sehen: Man kann sie in die Tradition jenes Ost-West-Konfliktes stellen, der mit der Oktoberrevolution in Rußland einsetzte, während des 2. Weltkriegs abebbte, aber bald nach 1945, mit dem Zerfall der Anti-Hitler-Allianz, erneut ausbrach.

Man kann sie auch in der Folge der Auseinandersetzung der westlichen Demokratien mit den totalitären Bewegungen faschistischer und kommunistischer Couleur sehen. Man kann den Konflikt schließlich aber auch als Ausdruck der Rivalität zweier neuer Imperialmächte sehen, deren Aufstieg sich parallel zum Niedergang der europäischen Nationalstaaten vollzogen hatte und die 1945 als die eigentlichen Sieger aus dem 2. Weltkrieg hervorgegangen waren – die USA und die UdSSR.

„(...) künftige Geschlechter vor der Geißel des Krieges zu bewahren, die zweimal zu unseren Lebzeiten unsagbares Leid über die Menschheit gebracht hat" – hatten im Sommer 1945 die Gründungsmitglieder der gerade ins Leben gerufenen Vereinten Nationen gelobt, auch die USA und die UdSSR. Doch nur knapp zwei Jahre später waren diese Gelöbnisse vergessen, und die Verbündeten von gestern standen sich als Todfeinde gegenüber: die USA, die als stärkste Macht aus dem 2. Weltkrieg hervorgegangen waren, und die von ihrem militärischen Schutz und ihrer wirtschaftlichen Hilfe abhängigen Westeuropäer auf der einen Seite – die UdSSR, trotz schwerer Verluste und Verwüstungen der andere Sieger des Krieges, auf der anderen. In beiden „Lagern" aber herrschten Mißtrauen, Angst und Argwohn: in der Sowjetunion vor einem angeblich die Weltherrschaft anstrebenden US-Imperialismus, im Westen vor einem die Weltrevolution proklamierenden Kommunismus bzw. Sowjet-Expansionismus.

Daß die Sorgen des Westens nicht unbegründet waren, zeigte die Politik Stalins (s. Osteuropa S. 218). Statt seine Armeen wieder zurückzuziehen und in den von ihnen besetzten Staaten Ost- und Südosteuropas die Bildung freigewählter Regierungen zuzulassen, hatte er die Sowjetunion mit einem „Cordon sanitaire" abhängiger Staaten umgeben. Gleichzeitig war vor deren Grenzen zum Westen ein „Eiserner Vorhang" niedergegangen – zum Schutz des eigenen Machtbereichs nach außen, aber auch zur besseren Kontrolle der Satellitenregierungen, wie auch zur Unterdrückung der gegen die totalitäre Repression aufbegehrenden Bevölkerungen Ost- und Mitteleuropas.

Wie berechtigt die sowjetische Furcht vor Unruhen innerhalb

des eigenen Machtbereichs war, zeigte der bald einsetzende und in den folgenden Jahren und Jahrzehnten immer wieder aufflackernde Widerstand gegen die Sowjetunion und die von ihr zugleich kontrollierten wie gestützten Regierungen. Doch die gewaltsamen Aufstände in Ungarn (1956) und in der DDR (1953) scheiterten ebenso wie Versuche gewaltfreier Veränderung, die Ende der 60er Jahre in der CSSR und zu Beginn der 80er Jahre in Polen unternommen wurden. Fast 200 000 Ungarn strömten 1956 über Österreich und Jugoslawien in den Westen, 750 000 Menschen verließen vermutlich nach dem Einmarsch der Truppen des Warschauer Paktes im August 1968 die CSSR, und auf weit über 250 000 beläuft sich inzwischen die Zahl der Polen, die nach dem Scheitern von Solidarnosc im Westen Zuflucht suchten.[15]

Noch größer ist freilich die Zahl der Deutschen, die nach 1945 aus der Sowjetischen Besatzungszone und der späteren Deutschen Demokratischen Republik in den Westen Deutschlands flohen: zwischen 1949 und dem Mauerbau im August 1961 waren es fast 2,7 Millionen; von 1961 bis 1986 folgten weitere 557 000; davon sind 203 000 Flüchtlinge im engeren Sinne und 342 000 Übersiedler.[16] Über 1,34 Millionen Menschen deutscher Abstammung verließen zudem zwischen 1950 und 1986 als Aussiedler, im Rahmen von Familienzusammenführungs-Programmen oder über andere Länder die Staaten Osteuropas.[17] Im Jahre 1987 kamen 58 000 hinzu; weitere Hunderttausende warten. Die Gründe für die Flucht und die Umsiedlung all dieser Menschen sind vielgestaltig: Aufbegehren gegen totalitäre Gleichschaltung, verweigerte Menschenrechte und wirtschaftliche Not spielen ebenso eine Rolle wie die Hoffnung auf größere Freiheits- und Entfaltungsspielräume in der westlichen Welt.

Europa war jedoch nur die erste Front des Ost-West-Konflikts; bald entstanden weitere in Ost- und Südostasien. 1949 entschieden die chinesischen Kommunisten den Bürgerkrieg zu ihren Gunsten; 1950 versuchte das kommunistische Nordkorea eine gewaltsame Wiedervereinigung mit dem Süden, und auch in Indochina befanden sich kommunistische Verbände auf dem Vormarsch. Überall waren gewaltige Flüchtlingsbewegungen die Folge: allein 1949 flohen 2 Millionen Chinesen nach Taiwan, Hunderttausende folgten in den nächsten Jahrzehnten. 5 Millionen Flüchtlinge zählte man in Korea als die Invasion des Nordens abgewehrt war, fast eine Million in Südvietnam, als die Genfer Konferenz 1954 die Teilung des Landes festlegte. Doch die Stabilisierung war nur vorübergehend. Bald flammten in allen drei Staaten Indochinas die Bürgerkriege wieder auf, um erst 1975 mit den Siegen der Kommunisten in Kambodscha (s. S. 161), Laos (s. S. 165) und Vietnam (s. S. 174) zu enden, die erneut gewaltige Flüchtlingsbewegungen auslösten.

Im Unterschied zur Situation in Europa kann man allerdings bei den in Asien ablaufenden Konflikten durchaus geteilter Meinung darüber sein, ob es sich primär um Manifestationen des Ost-West-Konflikts handelte. Einerseits wurde die Region zwar schon insofern früh in die Kraft- und Spannungsfelder dieses Konflikts einbezogen, als die UdSSR im Rahmen des Beistandsvertrags mit Peking (Februar 1950) nicht unwesentlich zur politischen und wirtschaftlichen Absicherung der chinesischen Kommunisten beigetragen hatte und auch maßgeblich an der Vorbereitung des Überfalls Nordkoreas auf den Süden der Halbinsel beteiligt war, während im Gegenzug die USA in ganz Asien den Aufbau antikommunistischer Regime betrieben, die über bi- und multilaterale Verteidigungspakte in eine global angelegte „Containment-Politik" einbezogen wurden. Andererseits aber lagen den meisten dieser Konflikte Auseinandersetzungen miteinander rivalisierender Eliten von Dritte-Welt-Staaten um die Macht und die Durchsetzung unterschiedlicher, zum Teil antagonistischer Gesellschaftstheorien und Entwicklungsstrategien zugrunde. So zeigt insbesondere der Fall China, wo die Auseinandersetzungen zwischen der Kuomintang und den Kommunisten schon zu Beginn der 20er Jahre ausgebrochen waren, daß der Ost-West-Konflikt die Region lediglich mit einer neuen, umfassenderen Konfliktstruktur überzog, die bestehende regionale Einzelkonflikte überlagerte und verstärkte. Ob es die beiden Großmächte waren, die die kleineren Staaten der Region in ihren Antagonismus einbezogen, oder ob sich die regionalen Eliten die bestehenden Großmacht-Rivalitäten bei der Austragung ihrer eigenen Konflikte zunutze machten, läßt sich deshalb nur von Fall zu Fall bzw. von Konfliktsituation zu Konfliktsituation entscheiden – und auch dabei kann es immer nur um die jeweilige Gewichtung der internen und externen Faktoren gehen.

Dieselbe komplexe, von Fall zu Fall, ja gelegentlich von Jahr zu Jahr sich verschiebende Gewichtung der internen und externen Konfliktfaktoren kennzeichnet auch die meisten der anderen Regionen, auf die sich der Ost-West-Konflikt seitdem verlagert hat. Denn trotz aller Anstrengungen der USA gelang es der UdSSR seit Beginn der 60er Jahre, die amerikanische Containment-Strategie zu unterlaufen und sowohl in Asien und Afrika wie auch in Lateinamerika Klientelregierungen an die Macht zu bringen und Einflußzonen zu schaffen – eine Strategie, mit der sie insbesondere im Schatten der Entspannungspolitik der 70er Jahre beachtliche Erfolge erzielen konnte.

Ob sich dieses Ringen um Einflußsphären in der Dritten Welt – das wichtigste Feld im Ost-West-Konflikt, nachdem die Entwicklung thermonuklearer Waffen eine direkte militärische Konfrontation der beiden Militärblöcke nicht mehr ratsam erscheinen ließ – in der Endbilanz für die beiden Supermächte lohnen wird, sei dahingestellt; Zweifel sind angebracht. Dagegen ist evident, daß die offene oder verdeckte Einmischung der beiden Großmächte das in den Regionen der Dritten Welt lagernde Konfliktpotential nicht nur schneller entzündete und durch die Anreicherung mit neuem ideologischem Treibstoff in seiner Wirkung steigerte, sondern auch die Austragung der internen Konflikte in vielen Ländern verlängert hat. Und nicht minder schwer fällt der Nachweis, daß das Ringen um Einflußzonen einen wesentlichen Anteil an den Flüchtlingsbewegungen hatte, zu denen es entlang der Konfliktlinien kam. Das gilt für den Indochina-Konflikt, in dessen Verlauf mehrere Flüchtlingswellen mit einigen Millionen Menschen ausgelöst wurden. Es gilt jedoch ebenso für die Konflikte in Afghanistan (s. S. 139), am Horn von Afrika (s. S. 69) sowie seit Beginn der 80er Jahre auch für die Situation in Zentralamerika (s. S. 117-124 u. 128ff.), wo vor allem durch die amerikanische Sorge um mögliche Positionsgewinne Cubas und der Sowjetunion eine schnelle Austragung längst überfälliger politischer und wirtschaftlicher Konflikte verzögert wird.

Generell bestätigen jedoch auch diese im Kraftfeld des Ost-West-Konflikts sich vollziehenden Flüchtlingsbewegungen eine Tendenz, die schon in Europa erkennbar war: daß die Flüchtlingsbewegungen ein ziemlich deutliches Ost-West-Gefälle aufweisen, d. h., daß sie sich primär in Richtung westlich orientierter Gesellschaften bewegen. Ein besonders prägnantes Beispiel dafür ist – neben Afghanistan – das revolutionäre Cuba (s. S. 114). Von dort flohen schon in den ersten Jahren nach dem Sieg Fidel Castros über 800 000 Menschen, fast 11 Prozent der Bevölkerung, denen zwischen 1980 und 1981 bei einer vorübergehenden Lockerung der Ausreisemöglichkeiten weitere 125 000 Menschen Richtung Peru, Costa Rica, vor allem aber USA folgten. Bezeichnenderweise hat auch die über eine Million Flüchtlinge aus Haiti die benachbarte Zuckerinsel gemieden und statt dessen Nordamerika, der Dominikanischen Republik, den Kleinen Antillen und anderen lateinamerikanischen Staaten den Vorzug gegeben.[18] Doch es gibt – in einigen geographisch wie politisch gesonderten Fällen – auch Ausnahmen; zu ihnen gehören 67 000 Menschen, die zwischen April und Juni 1962 aus Sinkiang in die Sowjetunion flüchteten, da sie im Zuge des eskalierenden sino-sowjetischen Konflikts Repressionen ausgesetzt waren. Allerdings hatten die meisten von ihnen schon 1945 sowjetische Pässe erhalten. Ihnen folgten zwischen Oktober 1962 und Mai 1963 mehr als 46 000 Menschen, die mit Genehmigung der chinesischen Behörden in die Sowjetunion ausreisen durften.[19]

Eine neue Variante von Fluchtbewegungen innerhalb der sozialistischen Welt zeichnet sich derzeit in Rumänien ab, von wo infolge einer dramatischen Verschlechterung der Versorgungslage sowie des sogenannten „Urbanisierungsplans" der Regierung für rund 7000 ländliche Siedlungen eine wachsende Zahl von Menschen, zumeist Angehörige der ungarischen Minderheit, in das benachbarte Ungarn flüchten. Ihre Zahl wurde Mitte 1988 auf ca. 20 000 geschätzt.

5. Flüchtlingsbewegungen in der Dritten Welt

Die bisher skizzierten Prozesse und Flüchtlingsbewegungen deuteten schon einen Tatbestand an, durch den sich die Flüchtlingsproblematik seit Ende des 2. Weltkrieges grundlegend von jener der Kriegs- und Vorkriegszeit unterscheidet: die Verlagerung der Schwerpunkte der Flüchtlingsbewegungen von Europa in die Regionen der sogenannten Dritten Welt. Während dieser Tatbestand durch eine Fülle von Einzelstatistiken belegbar ist, ist eine genaue Bestimmung der Zahl der Flüchtlinge in der Dritten Welt aus verschiedenen Gründen nicht möglich. Das hat etwas mit dem Fehlen exakt geführter Statistiken in jenen Regionen zu tun, aber auch mit der Fluktuation der Flüchtlingsströme, der schweren Zugänglichkeit einer Reihe von Entwicklungsländern für westliche Beobachter, vor allem aber mit der Unterschiedlichkeit der verwendeten Maßstäbe. Legt man den Flüchtlingsbegriff der Genfer Konvention und des Zusatzprotokolls an, der nur jene Menschen als „Flüchtlinge" anerkennt, die die Grenzen eines Staates aus „begründeter Furcht vor Verfolgung wegen ihrer Rasse, Religion, Nationalität, Zugehörigkeit zu einer besonderen ethnischen Gruppe oder wegen ihrer politischen Überzeugung" überschritten haben, so dürfte es derzeit ca. 12 Millionen geben. Rechnet man jedoch auch jene Menschen hinzu, die zwar infolge von Kriegsgeschehen, Armut, Hunger und ökologischen Schäden ihre Wohnsitze verlassen, dabei aber die Grenzen ihres Heimatlands nicht überschritten haben, so dürfte ihre Zahl erheblich höher liegen – nach Berechnungen des Forschungsinstituts des Roten Kreuzes bei einer halben Milliarde.[20]

Die Situation für die Staaten der Dritten Welt wird noch dadurch verschärft, daß auf Grund der aufgeführten Ursachen nicht nur die bei weitem meisten Flüchtlinge nach dem 2. Weltkrieg aus Ländern des „Südens" stammten, sondern daß Länder des Südens auch die Hauptlast des Flüchtlingsproblems zu tragen haben. So befinden sich von den insgesamt 11,7 Millionen Flüchtlingen, die die Statistiken des „World Refugee Survey" von 1986 aufführen,[21] über 11 Millionen Flüchtlinge in

Dritte-Welt-Staaten, darunter

  167 000 in Algerien
  550 000 in Somalia
  914 000 im Sudan
  333 000 in Zaire
  141 000 in Sambia
  405 000 in Thailand
  227 000 in Indien
  175 000 in Mexiko
 2 330 000 im Iran
  823 000 in Jordanien
 2 802 000 in Pakistan

Diese Verlagerung des Flüchtlingsproblems in den „Süden" – mit der bezeichnenderweise die Verlagerung der Kriege in diese Region der Welt korrespondiert [22] – ist vor allem auf drei größere, jedoch in engem Zusammenhang miteinander stehende, Ursachenkomplexe zurückzuführen, die das größere historische Umfeld strukturieren:

1. auf den Zerfall der europäischen Kolonialreiche, der bald nach dem 2. Weltkrieg seinem Höhepunkt zutrieb und in der Mitte der 70er Jahre mit dem Zusammenbruch des portugiesischen Kolonialreiches in Afrika im wesentlichen seinen Abschluß fand;

2. auf die Entstehung neuer Gesellschaften nach dem Vorbild europäischer Nationalstaaten auf den Territorien der alten Kolonialreiche, wodurch sich die Zahl der Staaten seit 1945 fast verdreifacht hat;

3. auf die Versuche der beiden „Supermächte" und ihrer Verbündeten, diese neuen Staaten sowohl ideologisch als auch wirtschaftlich und politisch in die eigenen Einflußsphären bzw. imperialen Strukturen eines neuen Typus einzubinden.

Nachdem wir uns mit der Rivalität der beiden „Supermächte" und der von ihnen geführten Bündnissysteme schon oben befaßt und deren Relevanz für die Flüchtlingsproblematik in den wichtigsten Umrissen skizziert haben, können wir uns im folgenden Teil auf die verbleibenden beiden Prozesse konzentrieren: auf den Zerfall der europäischen Kolonialreiche und auf den „Nation-building"-Prozeß in vielen Regionen der Dritten Welt.

a. Zerfallende Kolonialreiche

Der Auflösungsprozeß der europäischen Kolonialreiche hatte schon im 1. Weltkrieg eingesetzt, er gewann während und nach dem 2. Weltkrieg erheblich an Dynamik und hat schließlich in der Mitte der 70er Jahre mit dem Zerfall des portugiesischen Kolonialreiches in Afrika seinen Höhepunkt überschritten. Zehn Jahre später, im Oktober 1985, befanden sich auf der Liste jener Gebiete, auf die die Resolution 1514 (XV) der UN-Generalversammlung vom 14. Dezember 1960 über die „Gewährung der Unabhängigkeit an koloniale Länder und Völker" anwendbar war, lediglich noch 17 Hoheitsgebiete ohne Selbstregierung mit insgesamt weniger als 3 Millionen Einwohnern, von denen wiederum allein die Hälfte in Namibia lebt.[23] Sieht man von diesen Restbeständen – und dem besonderen Fall Südafrika – ab, so ist die politische Emanzipation der Dritten Welt, soweit man unter ihr die Emanzipation aus Formen direkter kolonialer Herrschaft versteht, wie sie von den Staaten Westeuropas seit dem 17. Jahrhundert geschaffen worden waren, so gut wie beendet.[24]

Es waren vornehmlich zwei Typen von Flüchtlingsbewegungen, die beim Zerfall der Kolonialreiche auftraten: Einen ersten bildeten während der Unabhängigkeitskämpfe jene Personen und Gruppen der einheimischen Bevölkerung, die vor der Repression der Kolonialmacht in benachbarte Staaten flohen. So hatten bald nach Ausbruch der Unabhängigkeitskämpfe in Algerien große Teile der Bevölkerung die Kampfgebiete verlassen und in den Bergen oder Städten Zuflucht gesucht; fast 200 000 waren zudem über die Grenzen nach Marokko und Tunesien geflohen. Ähnlich war auch nach Intensivierung des antikolonialen Widerstands die Lage in Schwarzafrika. So waren nach Ausbruch der Kämpfe in Angola (s. S. 66) allein über 400 000 Menschen nach Zaire geflüchtet, weitere 20 000 nach Zambia und Botswana. Mosambik (s. S. 73) hatten bis zur Einstellung der Kämpfe im Juni 1975 nahezu eine Million der Bewohner verlassen, um sich der Verfolgung und Internierung zu entziehen; aus Guinea-Bissau flohen weit über 100000 Menschen. Nicht minder katastrophal gestalteten sich die Verhältnisse in dem von einer weißen Minderheitsregierung regierten Rhodesien. Als es im Dezember 1979 auf der Lancaster-House-Konferenz zu einer friedlichen Einigung kam, befanden sich fast 250000 Menschen außerhalb des Landes, die Mehrzahl von ihnen in Mosambik, Zambia und Botswana.

Mit dem fortschreitenden Zerfall der Kolonialreiche und dem Ende weißer Minderheitsregierungen ging dieser Typ von Flüchtlingen immer weiter zurück – mit Ausnahme des südlichen Afrika. Hier ist die Lage weiterhin prekär und könnte sich mit der Eskalation des schwarzen Widerstands in der Republik Südafrika (s. S. 83) noch weiter verschärfen. Zwar ist bislang die Zahl der aus Südafrika Geflohenen mit ca. 30000 noch immer verhältnismäßig klein, insbesondere im Vergleich zu Namibia, das inzwischen ca. 80000 Menschen verlassen haben. Doch ist ein erhebliches Ansteigen dieser Flüchtlingszahlen zu befürchten, sofern nicht in absehbarer Zeit Wege zu einer friedlichen Lösung des Konflikts gefunden werden.

Vom Umfang her stark rückläufig ist auch der zweite Typus von Flüchtlingen, der vor allem nach der Gewährung der Unabhängigkeit auftrat. Gemeint sind die weißen Siedler, die entweder aus Angst vor Repression freiwillig die einstigen Kolonien verlassen oder aber von den neuen Regierungen vertrieben wurden. Obwohl in den offiziellen Flüchtlingsstatistiken häufig unberücksichtigt und auch von der Weltöffentlichkeit selten zur Kenntnis genommen, handelt es sich auch hier um eine große Anzahl Betroffener:
– Zuerst waren es 236000 Holländer, die zwischen 1945 und 1956 die niederländischen Besitzungen in Südostasien verließen. In ihrem Gefolge zahlreiche Eingeborene, die auf Grund ihrer Zusammenarbeit mit der Kolonialmacht von dem neuen Regime nichts Gutes zu erwarten hatten, unter ihnen fast 40000 Ambonesen.

– Im Jahre 1956 setzte dann mit der Repatriierung von fast einer viertel Million französischer Siedler der französische Exodus aus Marokko und Tunesien ein. Ihnen folgten nach der Unabhängigkeit Algeriens gemäß den Vereinbarungen von Evian bis 1966 eine Million sogenannter „Pieds noirs".

– Nach dem Zusammenbruch des portugiesischen Kolonialreiches in Afrika zählten die Behörden Portugals über 800000 sogenannte „Retornados", das waren 11 % der Bevölkerung des Landes.

– Obwohl in Rhodesien auf Grund des Lancaster-House-Abkommens und der kooperationswilligen Regierung Zimbabwes eine weiße Massenflucht vermieden werden konnte, haben auch hier inzwischen über 10000 weiße Siedler das Land verlassen.

Mit einer riesigen „weißen" Flüchtlingsbewegung aus Südafrika, wo 4,7 Millionen Weiße leben, muß gerechnet werden, sollte es zu einer weiteren Verschärfung des Rassenkonflikts kommen. Schon jetzt ist eine zunehmende Abwanderung in andere englischsprachige Gebiete – insbesondere nach Kanada und Australien – zu beobachten. – Zu weiteren größeren Absetzbewegungen könnte es gegen Ende der 90er Jahre kommen, wenn die britische Kronkolonie Hongkong und das portugiesische Macao wieder unter chinesische Souveränität zurückkehren. Schon 1987 hatten ca. 35000 Menschen Hongkong verlassen, erheblich mehr als in den Jahren zuvor, und die Verwaltung der Kronkolonie rechnet damit, daß bis zur Rückkehr Hongkongs unter chinesische Souveränität mindestens eine halbe Million Menschen abgewandert sein werden, vor allem Angehörige des chinesischen Mittelstands.[25]

b. Der Prozeß staatlicher Neubildung in der Dritten Welt

Im Zentrum der Entwicklungen in der Dritten Welt steht seit dem Abschluß der Entkolonialisierung der Prozeß staatlicher Neubildung auf der Basis des Nationalstaates europäischer Prägung. Jeder, der mit der Geschichte der Nationenbildung in

Europa auch nur oberflächlich vertraut ist, weiß, daß sich dieser Prozeß über Jahrhunderte hinzog und durch die Blutspur einer Vielzahl von Bürgerkriegen und zwischenstaatlichen Kriegen markiert ist. Daß sich diese Entwicklung in den Staaten der Dritten Welt wiederholen würde, konnte nur diejenigen überraschen, die die auf zahlreichen Konferenzen von Dritte-Welt-Ländern abgegebenen Solidaritätsbekundungen für bare Münze genommen hatten. Erheblich realistischer erwies sich die Skepsis jener, die mit Blick auf die erschwerten Ausgangsbedingungen, unter denen sich die „Nation-building"-Prozesse in der Dritten Welt vollziehen würden, noch gewalttätigere Entwicklungen als in Europa prophezeiten.[26]

Es waren vor allem zwei Hypotheken der Vergangenheit, die sich als besonders gravierend erweisen sollten: Zum einen die Tatsache, daß viele koloniale Grenzziehungen völlig willkürlich erfolgt waren, ohne Rücksicht auf bestehende ethnische, kulturelle und religiöse Strukturen, ja daß vorkoloniale Rivalitäten und Animositäten zwischen den verschiedenen Gruppen der kolonialen Bevölkerung nach dem Prinzip „divide et impera" sogar noch bewußt geschürt worden waren, um den antikolonialen Widerstand zu zersplittern und damit zu schwächen. Während die militärische Präsenz der Kolonialarmeen eine gewaltsame Austragung der schwelenden Konflikte verhindert hatte, änderte sich dies mit ihrem Abzug. Nun konnten latente Konflikte und Rivalitäten ungehindert zum Ausbruch kommen – eine Entwicklung, die durch den in den neuentstehenden Staaten nun ebenfalls einsetzenden Wettlauf um Macht und Privilegien noch verstärkt wurde. Eine endlose Kette von Stammesfehden, Bürgerkriegen, Militärrevolten, Sezessionsversuchen und Grenzauseinandersetzungen war die ebenso voraussehbare wie nicht zu verhindernde Folge.

Die zweite Hypothek ergab sich aus den schweren strukturellen Verwerfungen und Verformungen, die die Wirtschaft vieler Kolonien durch ihre Anbindung an die Ökonomien der Mutterländer bzw. Integration in die Weltwirtschaft erfahren hatte. An diesem Sachverhalt änderte auch die politische Unabhängigkeit wenig, entweder weil die Verformungen nicht als solche erkannt wurden oder weil sie den neuen einheimischen Staats-Eliten zum Vorteil gereichten, oder aber weil der für grundlegende Veränderungen zur Verfügung stehende politische und wirtschaftliche Spielraum zu klein war. Hinzu kam, daß viele der neuen Eliten in keiner Weise auf die gewaltigen wirtschaftlichen, sozialen und politischen Probleme vorbereitet waren, mit denen sie sich nach der Erringung der Unabhängigkeit konfrontiert sahen, und daß auch die Entwicklungskonzepte, die Ost und West ihnen anboten bzw. aufdrängten, falsch waren. Die Verformungen der Vergangenheit wurden deshalb häufig sogar noch weiter vertieft und verfestigt. Viele der wirtschaftlichen Probleme, die die Länder der Dritten Welt in die Strudel der Unterentwicklung rissen und zu sozialer Zerklüftung und Verteilungskämpfen führten, waren deshalb schon bei der Unabhängigkeit vorprogrammiert.

Das Problem der territorialen Abgrenzung der neuen Staatsgebiete, das mit der Unabhängigkeit zu einer der wichtigsten Ursachen von Flüchtlingsproblemen werden sollte, stellte – und stellt sich bis heute – in zweifacher Hinsicht: Zum einen als Abgrenzung nach außen, das heißt gegenüber anderen entweder schon bestehenden oder sich ebenfalls neubildenden Staaten; zum anderen als Eingrenzung nach innen, also gegenüber Gruppen, die sich gegen eine Integration in die neuen Staatsgebiete wehrten, entweder weil sie die Gründung eines eigenen Staates anstrebten oder aber weil sie die Angliederung an einen anderen Staat bevorzugten.

Obwohl eine Systematisierung der Konflikte nach diesem Schema hilfreich ist, greift sie keineswegs in allen Fällen, da gelegentlich beide Probleme – Abgrenzung nach „außen" und Eingrenzung nach „innen" – eng miteinander verflochten sind. Das zeigt sich insbesondere bei den Entwicklungen auf dem Indischen Subkontinent, wo schon vor dem Ende des Entkolonisierungsprozesses deutlich wurde, daß angesichts unüberbrückbarer Spannungen eine staatliche Neugliederung auf der Grundlage des ehemaligen Kolonialgebietes nicht möglich oder zumindest nicht ratsam war. Wie stark die Spannungen zwischen den verschiedenen Gruppen, insbesondere zwischen Moslems und Hindus waren, zeigte sich gleich bei der Veröffentlichung und Durchführung des Teilungsplanes. In nur wenigen Wochen flohen – unter panikartigen Umständen, die zu Zehntausenden von Toten führten – 8,5 Millionen Hindus und Sikhs in die Indische Union, während in umgekehrter Richtung 6,8 Millionen Muslime in den beiden Hälften Pakistans Zuflucht suchten.

Mit dieser „Ausmischung" der beiden Staaten auf religiöser Grundlage war das Konfliktpotential jedoch keineswegs beseitigt. So waren weder die Grenzen zwischen Indien und Pakistan unumstritten – die Ansprüche beider Seiten auf Kaschmir schufen vielmehr einen Konflikt, der bislang zu zwei Kriegen führte und bis heute ungelöst ist –, noch waren die beiden neuen Staaten in sich homogen. Letzteres hatte wiederum zur Folge, daß seit Beginn der 70er Jahre, nach einer Reihe problematischer innenpolitischer Entwicklungen, in beiden Staaten Sezessionsbewegungen verstärkten Zulauf erhielten, denen zu Beginn der 70er Jahre die Einheit Pakistans zum Opfer fiel.

Sieht man jedoch von dieser Sonderentwicklung auf dem Indischen Subkontinent ab, wo sich auf Grund der Teilung des Kolonialgebiets die Aufspaltung in „innen" und „außen" anfangs nicht stellte, so ist die obige Systematisierung, sofern man sie nicht allzu starr handhabt, analytisch durchaus brauchbar. Bei der Untersuchung des empirischen Materials zeigt sich allerdings, daß die Zahl der zwischenstaatlichen Konflikte über Grenz- und Gebietsauseinandersetzungen der neuen Staaten verhältnismäßig gering ist und daß es bei den meisten von ihnen zu keinen größeren Flüchtlingsbewegungen kam. Das gilt für die indisch-pakistanischen Kriege um Kaschmir und die indisch-chinesischen Auseinandersetzungen um umstrittene Himalaya-Gebiete ebenso wie für den Streit zwischen Libyen und dem Tschad (s. S. 92) um den Aouzou-Streifen, für die Kämpfe zwischen Vietnam und Kambodscha, die bald nach 1975 ausbrachen und von kambodschanischer Seite auch in der Absicht provoziert worden waren, die früher an Vietnam verlorenen Gebiete, insbesondere Kamputschea-Krom, wieder zurückzugewinnen.

Doch es gibt auch Ausnahmen. Die bedeutsamste ist vermutlich der Versuch Somalias, die von einer somalisch-sprechenden Bevölkerung bewohnte Ogaden-Region, die Äthiopien (s. S. 69) gegen Ende des 19. Jahrhunderts erobert hatte, dem eigenen Gebiet einzuverleiben. Daß die Regierung in Mogadischu sich dabei vor allem der Westsomalischen Befreiungsfront bediente, die die Hauptlast des Kampfes gegen Äthiopien zu tragen hatte, kann nicht verdecken, daß die Sezession des Ogaden von Somalia aktiv betrieben und unterstützt wurde. Wenn diese schließlich scheiterte, so war dies vor allem eine Folge der umfangreichen sowjetischen Waffenlieferungen an Äthiopien sowie des aktiven Einsatzes cubanischer Kampftruppen auf der Seite Addis Abebas. Unter den massiven äthiopischen Gegenschlägen schwoll dann der Strom der Flüchtlinge aus dem Ogaden nach Somalia schnell an und umfaßte im Frühjahr 1981 schon 1 540 000 Menschen, von denen erst jetzt einzelne Gruppen mit Einwilligung Äthiopiens in den Ogaden zurückzukehren beginnen.

Ungleich häufiger als zwischenstaatliche Konflikte über strittige Grenzen und Gebiete sind dagegen Konflikte, die sich bei der Eingliederung nach innen ergaben. Doch auch hier gibt es einige Fälle, die nicht ganz unter diese Kategorie passen und gesondert behandelt werden müssen. Zu erwähnen sind insbesondere drei solcher Fälle, die sich der obigen Systematisierung entziehen:
– Da ist zum einen die Westsahara (s. S. 101), deren Bewohner sich gegen die geplante Aufteilung ihres Territoriums und dessen Angliederung an Marokko und Mauretanien zur Wehr setzten und einen eigenen Staat ausriefen. Obwohl dieser inzwischen von der Mehrzahl der afrikanischen Staaten anerkannt wird, ist ein Ende des Kampfes der Saharaúis gegen die marokkanischen Annexionsversuche noch nicht in Sicht – und damit auch nicht die Rückkehr von ca. 100 000 Flüchtlingen, die sich in den umliegenden Staaten, vor allem in Algerien, in Sicherheit gebracht haben.
– Einen in vieler Hinsicht ähnlichen Fall stellt in Asien Osttimor (s. S. 166) dar. Ebenso wie Marokko und Mauretanien den Abzug Spaniens aus der westlichen Sahara dazu benutzten, die

eigenen Ansprüche auf die dortigen Territorien geltend zu machen, nützte Indonesien die Auflösung des portugiesischen Kolonialreiches, als es im Dezember 1975 auf Osttimor Truppen landete und die Eingliederung dieses Gebiets in sein Inselreich betrieb – ebenfalls gegen den Willen und Widerstand der dortigen Bevölkerung und in flagranter Verletzung des Selbstbestimmungsrechts. Schätzungen zufolge sind seitdem ein Drittel der 1975 ca. 680 000 Menschen zählenden Bevölkerung Osttimors den Unterdrückungsmaßnahmen zum Opfer gefallen. Über die Zahl der Menschen, die Osttimor verlassen haben oder in die unzugänglichen Berge geflohen sind, gibt es nur vage Vermutungen – sie dürfte weit in die Zehntausende gehen.[27] Anders als der Frente Polisario in der Westsahara gelang es der Fretilin auf Osttimor jedoch bislang nicht, sich international oder wenigstens in Dritte-Welt-Organisationen Gehör und Anerkennung zu verschaffen. Im Gegenteil, auf Druck Indonesiens – und aus Rücksicht auf dieses prominente Mitglied – hat die Blockfreien-Bewegung, die in den ersten Jahren nach der Besetzung die betreffenden Stellungnahmen der UN-Generalversammlung und des Sicherheitsrats unterstützte, seit 1981 den Fall Osttimor von ihrer Tagesordnung abgesetzt.

– Ein dritter völkerrechtlich überaus komplizierter Fall ist Tibet, das am 7. Oktober 1950 von chinesischen Truppen besetzt und am 25. Mai 1951 zur Unterzeichnung eines Vertrages gezwungen wurde, in dem Peking u. a. die auswärtige Vertretung zugestanden wurde. Als jedoch im März 1959 aus Sorge vor einer bevorstehenden Annexion tibetische Würdenträger die Unabhängigkeit ausriefen, kam es zu Kämpfen mit chinesischen Truppen, die den Widerstand brachen und die chinesische Kontrolle über Tibet verstärkten. Inzwischen war der Dalai Lama, das geistige Oberhaupt Tibets, mit 100 000 Tibetern nach Nordindien geflohen. Während die chinesische Regierung ihre Politik mit historischen Verweisen begründet, denen zufolge Tibet schon im 17. Jahrhundert dem chinesischen Reich angehörte, weist der Dalai Lama diese Argumentation zurück und verweist auf die Unabhängigkeit Tibets. Auch viele Völkerrechtler – darunter eine Internationale Juristenkommission, die 1959 den Fall untersuchte – kamen zu dem Ergebnis, daß China durch die Besetzung des Hochlandes keinen völkerrechtlich wirksamen Gebietstitel erworben hat.[28]

– Einen weiteren Fall, der sich überaus schwer einordnen läßt, bildet schließlich Palästina (s. S. 199). Vor den schweren Kämpfen, die unmittelbar nach der im November 1947 von der UNO beschlossenen Teilung des Mandatsgebiets in einen jüdischen und einen arabischen Staat sowie bald zwischen dem neugegründeten Staat Israel und den arabischen Nachbarstaaten ausbrachen, flüchtete der überwiegende Teil der arabischen Bevölkerung, insgesamt 726 000 Menschen; sie warten seitdem in den angrenzenden Staaten und in den von Israel besetzten Gebieten auf die Rückkehr in ihre alten Wohngebiete oder auf die Gründung eines eigenen palästinensischen Staates. Hatte ihre Zahl im Januar 1951 erst 924 000 Menschen betragen, so stieg sie bis 1986 auf Grund des natürlichen Bevölkerungswachstums und infolge der militärischen Auseinandersetzungen in den folgenden Jahren bis heute auf fast 2,5 Millionen Menschen an.

Die Ursachen für die Flucht der Palästinenser sind umstritten: Während die arabische Seite auf jüdische Terroraktionen, gezielte Angstpropaganda und Repressalien hinweist, in der Absicht ausgeführt, für die einströmenden jüdischen Einwanderer Land freizumachen, erfolgte der arabische Exodus nach israelischer Darstellung aus freien Stücken, nämlich auf Grund der fehlenden Bereitschaft, in einem jüdischen Staat zu leben. Erhebliche Verantwortung für die tragische Situation der Palästinenser kommt auch der Mandatsmacht Großbritannien zu, die nicht nur unfähig war, eine konsensfähige Lösung für Palästina durchzusetzen, sondern durch eine doppelbödige Politik gegenüber Zionisten und Arabern schon früh zur Schaffung des Konflikts beigetragen hatte.

Mit Ausnahme des Palästina-Problems handelt es sich in allen oben aufgeführten Fällen um die Versuche bestehender Staaten, Territorien, deren Einwohner sich für die Selbständigkeit ausgesprochen hatten und aktiv für sie kämpfen, ihrem eigenen Staatsgebiet einzuverleiben – ungeachtet des besonders von den Staaten der Dritten Welt während des Unabhängigkeitskampfes

aufgewerteten Selbstbestimmungsrechts. Zwei weitere Beispiele, auf die hier nur kurz hingewiesen werden kann, sind
– die ehemalige italienische Kolonie *Eritrea*, die nach dem 2. Weltkrieg einem UN-Beschluß zufolge eine Föderation mit Äthiopien einging und 1962 als Verwaltungsregion in Äthiopien integriert wurde. Dagegen kämpfen seitdem – in den letzten Jahren mit erheblichem Erfolg – zwei eritreische Befreiungsbewegungen. Flüchtlinge aus Eritrea leben vor allem im benachbarten Sudan – ihre Zahl wird auf ca. 350000 geschätzt;
– sowie *West Papua*, bzw. Irian Jaya, das nach dem Ende des holländischen Kolonialreichs von Indonesien beansprucht und als 26. Provinz integriert wurde. Gegen die Kolonisierung und für Unabhängigkeit und Selbstbestimmung kämpft seit Mitte der 60er Jahre die Bewegung für ein freies Papua (Organisasi Papua Merdeka). Die Zahl der Flüchtlinge, die nach Papua Neuguinea geflohen sind, beträgt ca. 11000.[29]

Mindestens ebensolang wie die Liste dieser Grenzfälle ist hingegen die jener Gruppen, die den Versuch unternahmen, sich aus schon bestehenden Staaten herauszulösen und einen eigenen Staat zu gründen. Regional gesehen liegen ihre Schwerpunkte dabei eindeutig in Afrika und Südasien, während in Ostasien, das auf Staaten mit langer Tradition zurückblickt, und in Lateinamerika, wo der Nation-building-Prozeß schon im 18. Jahrhundert im wesentlichen seinen Abschluß fand, separatistische Bewegungen gar nicht oder nur vereinzelt auftreten.

Besonders groß sind die Gefahren einer nationalstaatlichen Fragmentarisierung auf kleinsten Nenner angesichts der tribalistischen Grundstruktur vieler junger Staaten in Afrika. Wenn es dennoch nicht zu erfolgreichen Abspaltungen kam, so ist das nicht zuletzt ein Verdienst der Organisation für Afrikanische Einheit (OAU), die die Unverletzlichkeit der kolonialen Grenzen schon früh zum Prinzip erhob und bis heute auch erfolgreich, wenngleich unter großen Opfern, verteidigte. So bewirkte gerade die Vielzahl der Stämme, daß der afrikanische Kontinent schon früh von einer langen Kette sezessionistischer Auseinandersetzungen und sie begleitender Flüchtlingsbewegungen größten Ausmaßes gekennzeichnet war. Ihren Anfang bildete 1966/

Karte 3: Von Sikhs beanspruchte Gebiete in Indien

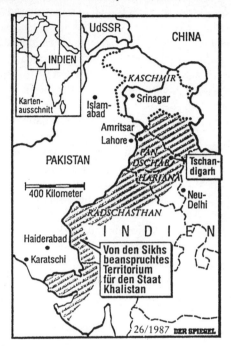

67 der Versuch der Ibos, einen eigenen Staat Biafra zu gründen, dem zahlreiche weitere Abspaltungsversuche folgten – Shabas von Zaire, Eritreas von Äthiopien. In fast jedem Fall ging die Zahl der Flüchtlinge weit in die Zehntausende; im Fall Biafras betrug sie sogar 1,5 Millionen Menschen.

Während auf dem Schwarzen Kontinent die Zahl separatistischer Bewegungen rückläufig ist – lediglich im südlichen Sudan (s. S. 88) scheint die Neigung zur Sezession zuzunehmen –, wurde in Südasien seit den 70er Jahren ein gegenläufiger Trend sichtbar. So brachen 1971 die religiösen Bande, die bis dahin die beiden Teile Pakistans zusammengehalten hatten. Während jedoch die 10 Millionen Flüchtlinge, die sich vor den militärischen Auseinandersetzungen in Sicherheit brachten, schon nach relativ kurzer Zeit wieder aus Indien in den neuen Staat Bangladesch repatriiert werden konnten, warten bis heute eine halbe Million muslimischer Biharis – viele von ihnen in Internierungslagern – in Bangladesch auf eine Überführung nach Pakistan.

Als Grund für die Sezession war von den Ostpakistanern die Ausbeutung ihres Landesteils durch das Regime in Westpakistan angeführt worden, als völkerrechtliche Begründung das während des Entkolonialisierungsprozesses international aufgewertete Selbstbestimmungsrecht. „Interner Kolonialismus" und „Selbstbestimmungsrecht" lauten denn inzwischen auch die beiden wichtigsten Slogans, unter denen eine weitere staatliche Aufteilung des Subkontinents und des angrenzenden Sri Lankas betrieben wird. Während verschiedene Volksgruppen die territoriale Einheit Restpakistans in Frage stellen, formieren sich auch in der Indischen Union immer mehr Minderheiten, die Autonomie oder gar Unabhängigkeit einfordern: Nagas, Assamesen, Gurkhas.[30] Am blutigsten gestaltet sich derzeit der Kampf militanter Sikhs für ein unabhängiges Khalistan (siehe Karte 3).

Nicht weit entfernt, auf Sri Lanka (s. S. 170), findet dasselbe blutige Schauspiel statt. Dort kämpfen Tamilen-Gruppen für einen unabhängigen Staat Tamil Eelam, um sich vor der Unterdrückung der Singalesen zu schützen. An jeder dieser Bruchstellen kommt es zu beträchtlichen Flüchtlingsbewegungen. So befanden sich auf dem Höhepunkt des Bürgerkrieges auf Sri Lanka angeblich 300 000 Tamilen auf der Flucht, davon 135 000 im südindischen Bundesstaat Tamil Nadu.

Der Fall Sri Lanka macht jedoch auf ein Problem aufmerksam, das Differenzierungen nahelegt: Die Schaffung eines eigenen Staates ist keinesfalls immer für die gesamte Bevölkerung das erklärte Ziel und häufig auch für jene Teile, die sie betreiben, lediglich letztes Mittel, um sich der Repression zu entziehen. So waren es anfangs vornehmlich die der Vellalar-Kaste angehörenden Jaffna-Tamilen, die sich für einen eigenen Staat Tamil Eelam stark machten, in dem sie eine Wiederherstellung des 1618 von den Portugiesen eroberten Vellalar-Königreiches erhofften, während andere Tamilen-Gruppen, etwa die der Mukkaver-Kaste angehörenden Batticaloa-Tamilen oder die indischen Tamilen, mit einer großzügigen Autonomie-Regelung durchaus zufriedenzustellen wären.

Eng verbunden mit dem Phänomen separatistischer Bewegungen, häufig sogar deren tiefere Ursache, ist die fehlende Bereitschaft zur Schaffung pluralistischer und partizipatorischer Strukturen, die der heterogenen Zusammensetzung vieler Staaten Asiens, Afrikas und Lateinamerikas gerecht werden. Diese Haltung kann in verschiedenen Formen zum Ausdruck kommen, von denen vor allem zwei verbreitet sind:

1. Eine Politik der erzwungenen Homogenisierung der Staaten durch Verfolgung und Vertreibung aller Gruppen, die jene Homogenität stören. Dabei können die Schwerpunkte
– im religiösen Bereich liegen, wie etwa bei der Teilung des Indischen Subkontinents, als Muslime aus dem Gebiet der Indischen Union, Hindus und Sikhs aus Pakistan flohen. Andere Beispiele bilden die Verfolgung der Zeugen Jehovas in den 60er und 70er Jahren in Malawi oder die Verfolgung der Bahai-Sekte im Iran.
– Sie kann sich aber auch auf ideologischem Gebiet äußern und zur Verfolgung und Unterdrückung aller führen, die als Feinde der herrschenden Ideologie angesehen werden. Dies ist in vielen sozialistischen Staaten der Fall – in Cuba, Vietnam, Kambodscha – findet aber auch unter antikommunistischen Vorzeichen statt, wie z. B. in Chile und einigen Staaten Zentralamerikas.
– Eine dritte Variante bildet schließlich die Verfolgung und Vertreibung ethnischer Minderheiten, entweder um deren wirtschaftlichen oder politischen Einfluß zu brechen oder aber weil die betreffenden Gruppen als potentielle Agenten anderer Staaten angesehen werden. Beispiele für den ersten Typus bildet die von Idi Amin 1972 veranlaßte Auswanderung von ca. 40 000 bis 50 000 Asiaten aus Uganda, die Verfolgung von Indern auf Madagaskar oder die von der Taukei-Bewegung angestrebte Ausweisung der auf Fidschi ansässigen 350 000 Inder.[31] Das spektakulärste Beispiel für den anderen Typus bildet die Vertrei-

bung von Hunderttausenden von „hoa-kieu" (in Vietnam: Auslandschinesen) aus Vietnam seit der zweiten Hälfte der 70er Jahre. Nicht minder umfangreich waren die Verfolgungen und Vertreibungen von Vietnamesen durch das Pol-Pot-Regime in Kambodscha. So haben von den 500000 Vietnamesen und den 450000 Chinesen, die Anfang der 60er Jahre in Kambodscha lebten, nur noch kleine Restbestände überlebt.[32] Daß sich bei dieser erzwungenen Homogenisierung die Motive zumeist überlagern und gegenseitig verstärken, liegt auf der Hand.

2. Eine Politik der Monopolisierung politischer und wirtschaftlicher Macht durch einzelne Gruppen sowie die Verweigerung partizipatorischer und pluralistischer Strukturen. Sie kann durch ethnische und religiöse Gruppen praktiziert werden, wie in einigen Staaten Afrikas – Äthiopien, Sudan, Burundi, Ruanda –, sie kann jedoch auch von sozialen Klassen, traditionellen Eliten und revolutionären Parteien getragen werden. Dabei spielt es keine Rolle, ob die Macht in den Händen ziviler Regierungen oder in der von Militärjuntas liegt; letztere setzen sich zumeist erst in Situationen durch, in denen die unterdrückten und ausgebeuteten Bevölkerungsteile nicht mehr durch bloßen Polizeieinsatz kontrolliert werden können, sondern ihr Widerstand den Einsatz militärischer Kräfte erfordert. Beispiele dafür liefern derzeit vor allem einige Staaten Zentral- und Südamerikas. Träger dieser Politik können jedoch auch Einzelpersonen und Familienclans sein. In der Karibik stand dafür als prominentestes Beispiel lange der erst kürzlich verjagte Duvalier-Clan auf Haiti (s. S. 125), in Afrika Diktatoren wie Bokassa, Nguema oder Idi Amin. Bei näherer Betrachtung zeigt sich freilich, daß diese Männer sich in der Regel auf gesellschaftliche Gruppen stützten.

Während die meisten der bislang aufgeführten Flüchtlingsgruppen – soweit sie die Grenzen ihrer Heimatstaaten überschritten haben – als internationale Flüchtlinge anerkannt werden, und damit auch in die Zuständigkeit des UNHCR fallen, gibt es insbesondere in der Dritten Welt zahlreiche Menschen, die ebenfalls fluchtartig ihre Siedlungsgebiete verlassen haben, im allgemeinen jedoch nicht als Flüchtlinge anerkannt werden. Ihr gemeinsames Merkmal ist, daß sie nicht aus begründeter Furcht vor Verfolgung im Sinne der Genfer Konvention ihre Heimat verlassen haben, ja daß Menschen für ihre Flucht unmittelbar überhaupt nicht verantwortlich sind, sondern daß sie auf Grund äußerer Umstände flohen, die allerdings indirekt ebenfalls von Menschen verursacht wurden. Gemeint sind jene Menschen, die aus wirtschaftlichen Gründen und auf Grund von Umweltzerstörungen ihre Heimat verlassen haben: die „Elends"- und „Umweltflüchtlinge". Als letztere werden in einer Studie des Umweltprogramms der Vereinten Nationen (UNEP) jene Menschen bezeichnet, „die gezwungen sind, ihre traditionelle Umgebung vorübergehend oder dauerhaft zu verlassen, da Umweltschäden (seien diese natürlicher Art oder durch den Menschen ausgelöst) ihre Existenz in Gefahr brachten und/oder ihre Lebensqualität schwerwiegend beeinträchtigten."[33]

Ob es – wie Vertreter des Forschungsinstituts des Roten Kreuzes errechneten – derzeit eine halbe Milliarde Menschen gibt, die unter diesen Begriff fallen, und ob ihre Zahl bei Fortsetzung der gegenwärtigen Trends bis Ende des Jahrtausends auf eine Milliarde ansteigen wird, sei dahingestellt.[34] Unbestritten ist jedoch die Tatsache, daß in vielen Regionen der Dritten Welt auf Grund wirtschaftlicher Unterentwicklung, Überbevölkerung, tiefgreifender ökologischer Zerstörung, einer falschen Wirtschaftspolitik oder weltwirtschaftlicher Einflüsse Situationen entstanden sind, die den dort lebenden Menschen keine andere Wahl als die Aufgabe ihrer Wohnsitze lassen. Dabei ist es von den Ursachen her gesehen ziemlich irrelevant, ob sie in anderen Gebieten ihres eigenen Landes Zuflucht suchen oder jenseits der Landesgrenzen, zumal die Landflucht in die Städte nicht selten nur die erste Etappe einer Flucht darstellt, die erst nach einer zweiten Etappe jenseits der Grenzen endet. Daß es sich in beiden Fällen um Migrationen riesigen Ausmaßes handelt, ist besonders deutlich am Anwachsen der Städte in der Dritten Welt abzulesen.[35] Doch auch für die grenzüberschreitende Migration gibt es spektakuläre Beispiele, etwa die Hispanisierung, der seit geraumer Zeit der Süden der USA durch illegale

Einwanderer vor allem aus Mexiko ausgesetzt ist. Vor ähnlichen Problemen stehen europäische Länder, etwa Sizilien und Süditalien, wo sich inzwischen die Zahl der illegalen Einwanderer und Arbeiter aus Tunesien, Marokko und anderen afrikanischen Ländern der Millionengrenze nähert.[36]

Von diesen Migrationen betroffen sind jedoch nicht nur reiche Länder des „Nordens", sondern ebenso Länder des „Südens". So befinden sich z. B. im indischen Bundesstaat Assam ca. zwei Millionen illegale Einwanderer aus Bangladesch, die wegen Armut und Überbevölkerung ihrer Heimat den Rücken gekehrt haben und deren gewaltsame Ausweisung von assamesischen Nationalisten gefordert wird. Um sich gegen weitere illegale Einwanderung aus Bangladesch zu schützen, plant die indische Regierung inzwischen den Bau von 166 km langen Grenzbefestigungen. Die Ausweisung, die in Assam bislang noch durch die indische Zentralregierung verhindert wurde, wurde in Nigeria schon Wirklichkeit, als 1982/83 die nigerianischen Behörden angesichts wachsender wirtschaftlicher Schwierigkeiten ungefähr eine Million Gastarbeiter aus anderen afrikanischen Staaten – darunter allein 700 000 Ghanaer – kurzfristig des Landes verwiesen; sie kehrten in langen Flüchtlingstrecks in ihre Heimat zurück.

In die Kategorie der Wirtschaftsflüchtlinge fallen vermutlich auch viele der mehreren hunderttausend Chinesen, die sich im Laufe des letzten Jahrzehnts aus der chinesischen Volksrepublik (s. S. 154) nach Hongkong abgesetzt haben. Eine ungefähre Vorstellung von dem Umfang dieses Flüchtlingsstromes gewinnt man, wenn man berücksichtigt, das allein 1978/79 mehr als 280 000 Menschen legal und illegal aus der Volksrepublik China nach Hongkong kamen. Daß der Menschenstrom zwar zurückgegangen, aber keineswegs inzwischen versiegt ist, zeigen Schätzungen, denen zufolge allein in der ersten Jahreshälfte von 1987 ca. 30 000 „illegale Einwanderer" nach Hongkong gekommen sein sollen. Zu den Flüchtlingen, die sich auf dem Landweg absetzen, mischen sich im zunehmenden Maße „hoa-kieus", die Ende der 70er Jahre aus Vietnam nach China geflüchtet waren, dort jedoch nicht länger bleiben wollen.[37]

Ein kompliziertes Geflecht von ökonomischen und bevölke-rungspolitischen Ursachen liegt auch der Flucht von Angehöri-gen des buddhistischen Chakma-Stamms im Hinterland von Chittagong aus ihren traditionellen Wohngebieten zugrunde. Auch sie – ihre Zahl wird auf 30000 Menschen geschätzt – müssen Siedlern aus anderen Regionen des übervölkerten Ban-gladesch weichen (s. S. 144).

Gerade an diesen letzten Gruppen wird deutlich, daß das Flüchtlingsproblem in der Dritten Welt eng verbunden ist mit den anderen Ursachen und Phänomenen der Unterentwicklung; daß insbesondere eine subtile Dialektik zwischen Umweltzer-störung auf der einen und innen- wie zwischenstaatlichen Kon-flikten auf der anderen Seite besteht und daß insofern auch die Entwicklungshilfe aufgerufen ist, sich stärker als bisher dieses Problemfeldes anzunehmen.

Über die Ursachen der Flüchtlingsbewegungen in Asien, Afrika und Lateinamerika kursieren zahlreiche Vorurteile, insbesonde-re einseitige Schuldzuweisungen – sei es an die Staaten des Westens, sei es an die beiden Großmächte, deren globale Rivali-tät als die allen Konflikten und Vertreibungen zugrundeliegende Ursache hingestellt wird. Die vorangegangene Analyse sollte deutlich machen, daß die Situation erheblich komplexer ist und sich weder monokausalen noch eindimensionalen Zuweisungen erschließt. So zeigte sich allein bei der Differenzierung der zeitlichen Ebenen, daß ein friedliches Miteinander *in* vielen Staaten bzw. eine friedliche Koexistenz *zwischen* den Staaten gefährdet sein kann
– auf Grund präkolonialer Konflikte, die nach der Gewinnung politischer Unabhängigkeit und größerer Selbständigkeit erneut zum Ausbruch kommen;
– auf Grund von Antagonismen, die erst während der Kolonial-zeit entstanden bzw. von den Kolonialmächten im Zeichen einer Divide-et-impera-Strategie bewußt geschaffen oder gefördert worden waren;
– auf Grund von Konflikten, die sich erst nach der Entkoloniali-sierung bildeten, insbesondere im Kampf um die politische

Macht, knappe wirtschaftliche Ressourcen und internationalen bzw. regionalen Einfluß.

Alle drei zeitlichen Konfliktebenen sind eng miteinander verknüpft, so daß es kaum möglich ist, einer von ihnen den höchsten Stellenwert zuzuweisen. Alle drei können und werden von auswärtigen Mächten zu ihren eigenen Zwecken ausgenutzt.

Doch auch inhaltlich entspricht eine Zurückführung der Konfliktursachen auf einen Faktor nur selten den realen Sachverhalten. In der Regel überlagern sich interne und externe Ursachen, in denen selbst wiederum politische, wirtschaftliche, kulturelle, religiöse, ethnische und sicherheitspolitische Momente von Bedeutung sein können. Sofern überhaupt Tendenzen sichtbar werden, so weisen diese den internen Faktoren, und unter diesen wiederum politischen und wirtschaftlichen Verteilungskämpfen, eine wachsende Bedeutung zu.

III. Ausblick

Der vorangehende historische Überblick hatte im wesentlichen drei Ziele: Er sollte – erstens – die gewaltigen Ausmaße des Weltflüchtlingsproblems im 20. Jahrhundert verdeutlichen und damit ein vernachlässigtes und verdrängtes Phänomen wieder ins Bewußtsein heben. Er sollte – zweitens – die historischen Zusammenhänge sichtbar machen, in denen die einzelnen Flüchtlingsbewegungen und die sie erzeugenden inner- und zwischenstaatlichen Konflikte stehen. Und er sollte – drittens – vor der Hoffnung auf schnelle und einfache Lösungen warnen. Solche Lösungen gibt es nicht, kann es nicht geben. Niemand, der sich den Blick für die Realitäten unserer Welt bewahrt hat, wird glauben, daß sich die beiden globalen Spannungsfelder unserer Zeit – der Ost-West-Konflikt und der Nord-Süd-Konflikt – in absehbarer Zeit auflösen werden. Trotz der Tatsache, daß sich in der zweiten Hälfte der achtziger Jahre die erstarrten Fronten zwischen Ost und West aufgelockert haben und die Ausläufer der sich vertiefenden Entspannung zwischen

Ost und West auch einige der regionalen Konflikte in der Dritten Welt, in denen strategische Interessen der beiden Großmächte bestehen, erfaßt haben, ist eine grundlegende Verbesserung der Beziehungen zwischen Washington und Moskau und den von ihnen dominierten Militärallianzen auch in nächster Zukunft nicht zu erwarten. Mit der anhaltenden Verweigerung von Globalverhandlungen über die schweren wirtschaftlichen Probleme der Dritten Welt und der Blockierung wichtiger UN-Organisationen, die in den 70er Jahren Foren für den Nord-Süd-Dialog bereitgestellt hatten, zeigt sich auch im zweiten Spannungsfeld kein Ende der Verhärtung. Bei einer erneuten Verschlechterung der weltwirtschaftlichen Rahmenbedingungen und einer Verschärfung der Schuldenkrise können auch hier die gegenwärtig nur schwelenden Konflikte jederzeit wieder aufbrechen.

Wenig Anlaß zu Optimismus bieten schließlich auch die Entwicklungen innerhalb der Dritten Welt selbst, wo steigende Tendenzen bei den Rüstungsausgaben, beim Aufbau eigener Rüstungsproduktionen, bei direkten Rüstungsbeziehungen zwischen Dritte-Welt-Staaten, bei bilateralen und regionalen Rüstungswettläufen und bei den pro Jahr geführten Kriegen[39] zu verzeichnen sind. Alles andere als der Eindruck wachsender Friedfertigkeit entsteht auch beim Anblick der Brutalität, mit der viele der Dritte-Welt-Kriege geführt werden – im Libanon, in der Westsahara, auf Osttimor oder am Golf. Sie alle – und viele weitere – bestätigen vielmehr aufs neue, daß Engstirnigkeit und Intoleranz, Kompromißlosigkeit und Machtgier kein Privileg der Länder des Nordens sind, sondern ebenso beheimatet in Asien, Afrika und Lateinamerika. Von der Entstehung eines „neuen Menschen" und einer „neuen Welt" ist auch in der Dritten Welt wenig zu spüren.

Von Interesse ist, ob die sogenannte Hegemonialkrise der beiden Supermächte und die parallel zu ihr wachsende Autonomie der Dritten Welt die Bereitschaft der jungen Staaten Asiens, Afrikas und Lateinamerikas steigern wird, drohende inner- und zwischenstaatliche Konflikte gewaltfrei und im Geiste jener Solidarität auszutragen, die im Verlauf der antikolonialen Kriege so häufig beschworen wurde. Orientiert man sich in seinen Erwartungen an der bislang von vielen Dritte-Welt-Eliten praktizierten Verweigerung partizipatorischer und pluralistischer Strukturen in den von ihnen regierten Gesellschaften, so drängt sich allerdings auch hier kein Optimismus auf. Auf das Weltflüchtlingsproblem bezogen sprechen somit viele Anzeichen dafür, daß das 20. Jahrhundert auch in seinen letzten Jahren nicht viel anders verlaufen wird als in seinen ersten Jahrzehnten. So verständlich somit Resignation auch wäre, so wenig ist sie im Interesse der leidenden Menschen erlaubt. Statt zu resignieren, sind vielmehr Realismus und Phantasie angebracht, um mit ihrer Hilfe nach Wegen zu suchen, auf denen neue Flüchtlingsbewegungen eingedämmt oder zumindest in ihren Auswirkungen auf die betroffenen Menschen gemildert werden können.

Anmerkungen

1 Bei dem vorliegenden Essay handelt es sich um die überarbeitete und aktualisierte Fassung meines Artikels in: *Aus Politik und Zeitgeschichte,* Beilage zur Wochenzeitschrift „Das Parlament" 26/1987.

2 Zusammenfassende Darstellungen mit umfangreichem Zahlenmaterial, auf das ich mich beziehe, finden sich in: Kühnhardt, L., *Die Flüchtlingsfrage als Weltordnungsproblem.* Massenzwangswanderungen in Geschichte und Politik (Abhandlungen zu Flüchtlingsfragen, Bd. 17), Wien 1984; Nuscheler, F., *Nirgendwo zu Hause.* Menschen auf der Flucht, München 1988. Weiteres aktuelles Zahlenmaterial findet sich in dem jährlich erscheinenden *World Refugee Survey* des U.S. Committee for Refugees des American Council for Nationalities Service sowie in den Publikationen von UNHCR, amnesty international und den in diesem Buch enthaltenen Artikeln.

3 Der Text der Resolution 35/124 vom 11. Dezember 1980 findet sich in: *Vereinte Nationen* 2/1982, S. 72; zum weiteren Verlauf der deutschen Initiative siehe Opitz, P. J., Flüchtlingspolitik und deutsche VN-Initiative, in: *Außenpolitik,* 36. Jg., 1985, H. 3, S. 328–340, sowie Schaefer, M., in: *Vereinte Nationen* 1/1987, S. 26–28.

4 Köfner, G., Nicolaus, P., *Grundlagen des Asylrechts in der Bundesrepublik Deutschland,* Bd. 1, Mainz/München 1986, S. 87.

5 So verwendet ihn schon 1959 Wingenroth, Carl G., Das Jahrhundert der Flüchtlinge, in: *Außenpolitik,* 10. Jg., H. 8, S. 491–499.

6 S. weitere Einzelheiten in: „Terror gegen die Türken", *Die Zeit*, Nr. 50, 7. 12. 1984 (Dossier).

7 Nansen, Fridtjof, *Betrogenes Volk*. Eine Studienreise durch Georgien und Armenien als Oberkommissar des Völkerbundes, Leipzig 1928, S. 327.

8 Siehe dazu die aktuelle Skizze von Hottinger, A., Die Kurden im inneren und äußeren Kampf. Revolutionäre und Nationalisten als Minderheiten in vier Staaten, in: *Europa Archiv*, 6/1987.

9 Zum Emanzipations- und Nationenbildungsprozeß der arabischen und europäischen Gebiete des Osmanischen Reichs siehe im einzelnen die folgende Aufstellung (Tabelle 1 auf S. 20–21).

10 Insgesamt belief sich nach Schätzungen Nansens die Gesamtzahl der russischen Flüchtlinge 1928 auf 1,5 Millionen; s. Kulischer, M., *Europe on the Move*. War and Population Changes 1917–1947, New York 1948, S. 55.

11 Kühnhardt, S., *Die Flüchtlingsfrage* (1984), S. 48.

12 Einem Kommunique des französischen Komitees für Auswärtige Angelegenheiten zufolge befanden sich Mitte Februar 1939 insgesamt 353 000 spanische Flüchtlinge in Frankreich. Siehe Sir John Hope Simpson, *Refugees. A review of the situation since September 1938*, Oxford (1939), S. 55. Ihre Zahl stieg bis Mitte März 1939 auf 440 000, s. Javier Rubio, *La emigración española a Francia*, Barcelona 1974, S. 210. Weitere ca. 20 000 Spanier waren nach Nordafrika geflohen.

13 1939 erschien von Sir John Hope Simpson das Buch *The Refugee Problem*, das auch die ungesicherte Situation der Juden in Mittel- und Osteuropa beschreibt und auf die Gefahren weiterer Zwangsausweisungen hinweist. Daß ihnen ein noch schlimmeres Schicksal bevorstand, ahnte der Autor zu diesem Zeitpunkt noch nicht.

14 Siehe dazu im einzelnen die Darstellungen von Frings, P., *Das internationale Flüchtlingsproblem 1919–1950*, Frankfurt 1951; Holborn, L., *Refugees: A Problem of our Time*, 2 Bde., Metuchen/New York 1975, und Vernant, J., *The Refugee in the Post-War World*, London 1953.

15 Der *Spiegel*, Nr. 36/1987, S. 119 ff.

16 Nach Angaben des Bundesministeriums für innerdeutsche Beziehungen.

17 Nach Angaben des Bundesministeriums des Inneren.

18 Brahm, S. H., Der sowjetisch-chinesische Konflikt, in: Geyer, *Osteuropa-Handbuch Sowjetunion, Teil Außenpolitik II*, hrsg. von Geyer, D. Ch., Köln 1976, S. 492.

19 Die Zahl der Flüchtlinge aus Haiti wird auf mehr als eine Million geschätzt. Siehe dazu das Dossier Haiti: Hope, Return, Disillusion, in: *Refugees*, March 1987, S. 15 ff.

20 Hagemann, G., Umweltzerstörung und Flüchtlingsströme. Eine globale Prognose für das Jahr 2000, in: *epd – Entwicklungspolitik Materialien* V/87, S. 68.

21 U.S. Committee for Refugees, *World Refugee Survey 1986*, in: American Council for Nationalities Service, *Review 1987*, S. 36–37.

22 Siehe dazu Ferdowsi, Mir A., Regionalkonflikte in der Dritten Welt. Dimensionen, Ursachen, Perspektiven, in: Ferdowsi, Mir A./Opitz, P. J. (Hrsg.), *Macht und Ohnmacht der Vereinten Nationen*. Zur Rolle der Weltorganisation in Drittwelt-Konflikten, München 1987, S. 13-53. Kende, I., Kriege nach 1945. Eine empirische Untersuchung, in: *Militärpolitik Dokumentation*, Heft 27, Frankfurt 1982.

23 Vereinte Nationen/5–6/1985, in: Opitz, P. J., Rittberger, V., (Hrsg.), *UN. Forum der Welt*. 40 Jahre Vereinte Nationen, S. 58.

24 Siehe dazu im einzelnen Ansprenger, F., *Auflösung der Kolonialreiche*, München 1981 (dtv 4013).

25 Der *Spiegel*, Nr. 52/1987, S. 122 ff.

26 Ansätze zu einer vergleichenden historischen Untersuchung finden sich bei Zolberg, A. R., The Formation of New States as a Refugee-Generating Process, in: *The Global Refugee Problem*. U.S. and World Response (The Annuals of the American Academy of Political and Social Science, Vol. 467, May 1983, S. 24–38).

27 *New York Review of Books*, Dec. 4th, 1986.

28 S. dazu den Bericht der Internationalen Juristenkommission: *The Question of Tibet and the Rule of Law*, Genf 1959; s. dazu auch die Ausarbeitung des Wissenschaftlichen Dienstes des Deutschen Bundestages „Welche Gesichtspunkte sprechen gegen eine völkerrechtlich wirksame Eingliederung Tibets in den chinesischen Staatsverband?" vom August 1987.

29 S. dazu im einzelnen Gault-Williams, M., Organisasi Papua Merdeka: The Free Papua Movement lives, in: *Bulletin of Concerned Asian Scholars*, Vol. 19., No. 4, 1987, S. 32–43; May, R. J. (ed.), *Between Two Nations: The Indonesia-Papua New Guinea Border and West Papua Nationalism*, Bathurst 1986.

30 *SZ* 2./3. 8. 1986.

31 *SZ* 12. 10. 1987; zu den Hintergründen s. Hagen, S., Race, Politics, and the Coup of Fiji, sowie van Fossen, A. B., Two Military Coups in Fiji, in: *Bulletin of Concerned Asian Scholars*, Vol. 19, No. 4, 1987, S. 2–31.

32 *Südostasien aktuell*, Juli 1983, S. 333, u. 1987, S. 374.

33 Siehe dazu die 1985 vom United Nations Environment Programme herausgegebene Studie *Environmental Refugees* sowie das von der Independent Commission on International Humanitarian Issues herausgegebene Buch *Refugees – Dynamics of Displacement* sowie Wöhlcke, M., *Umweltzerstörung in der Dritten Welt*, München 1987.

34 Hagemann, G., Umweltzerstörung und Flüchtlingsströme. Eine globale Prognose für das Jahr 2000, in : *epd – Entwicklungspolitik Materialien* V/87, S. 62 ff.

35 Schädle, W., Habitat: Vom Ersticken der Städte, in: Opitz, P. J. (Hrsg.), *Weltprobleme*, 3., überarbeitete und erweiterte Auflage, München 1988.

36 Budzinski, M., Wanderer zwischen den Welten, in: *Das Parlament,* Nr. 12, 21. März 1987, S. 8.
37 Der *Spiegel,* Nr. 15, S. 174 (41. Jg., 6. Apr. 1987).
38 *SZ* 6. 10. 1987.
39 Siehe dazu die SIPRI-Jahrbücher der vergangenen Jahre.

Literatur

I. Zum Flüchtlingsproblem allgemein (historisch, international, regional)

Congressional Research Service, Library of Congress, World Refugee Crisis. *The International Community's Response,* U.S. Senate, Judiciary Comm., 96th Cong., 1st Sess., August 1979.

Crisp, J./Nettleton, C., The Contemporary Refugee Crisis. In Search of Solutions, in: *Refugee Report,* 1984, S. 7–10.

Frings, P., *Das Internationale Flüchtlingsproblem 1919–1950,* Frankfurt am Main 1951.

Holborn, L., *Refugees. A Problem of our Time,* 2 vol. New York 1975.

Kühnhardt, Ludger, *Die Flüchtlingsfrage als Weltordnungsproblem.* Massenzwangswanderungen in Geschichte und Politik (Abhandlungen zu Flüchtlingsfragen, Bd. 17), Wien 1984.

Norwood, F. A., *Strangers and Exiles.* A History of Religious Refugees, 2 vol., Nashville, Tenn. 1969.

Rosen, K.-H. (Hrsg.), *Jahrbuch der Deutschen Stiftung für UNO-Flüchtlingshilfe* 1987, Baden-Baden 1987.

Schechtmann, J.B., *The Refugee in the World: Displacement and Integration,* New York 1963.

Simpson, Sir J. Hope, *The Refugee Problem.* Report of a Survey, London 1939.

U.S. Committee for Refugees, *World Refugee Survey,* New York (erscheint jährlich).

II. Die internationale Behandlung des Flüchtlingsproblems und die allgemeine Entwicklung des Asylrechts

Beitz, Wolfgang G./Wollenschläger, Michael, *Handbuch des Asylrechts unter Einschluß des Rechts der Kontingentflüchtlinge,* 2 Bde., Baden–Baden 1980/81.

Grahl-Madsen, A., *Territorial Asylum,* Uppsala: Swedish Institute of International Law 1979.

Grahl-Madsen, A., *The Status of Refugees in International Law.* Volume I: Refugee Character, Leiden 1966.

Grahl-Madsen, A., *The Status of Refugees in International Law.* Volume II: Asylum, Entry and Sojourn, Leiden 1972.

Henkel, J., Internationaler und nationaler Rechtsschutz für Flüchtlinge.

Gegenwärtige Bemühungen des Hohen Flüchtlingskommissars, *Vereinte Nationen* 5/80, S. 156–165.

Keitelbaum, M. S., Right versus Right. Emigration and Refugees Policy in the United States, *Foreign Affairs* Vol. 1980.

Kimminich, Otto, *Der internationale Rechtsstatus der Flüchtlinge*, 1962.

Kimminich, Otto, *Grundprobleme des Asylrechts*, Darmstadt 1983.

Marx, Reinhard, *Eine menschenrechtliche Begründung des Asylrechts.* Rechtstheoretische und -dogmatische Untersuchungen zum Politikbegriff im Asylrecht. Baden-Baden 1984.

Office of the United Nations High Commissioner for Refugees (UNHCR), *Collection of International Instruments Concerning Refugees* (HCR/IP/ 1/Eng), Genf 1979.

Pollern, Hans-Ingo von, *Das moderne Asylrecht.* Völkerrecht und Verfassungsrecht in der Bundesrepublik Deutschland, Berlin 1980.

Quaritsch, Helmut, *Recht auf Asyl.* Studien zu einem mißdeuteten Grundrecht, Berlin 1986.

III. Die Bundesrepublik Deutschland und das Flüchtlingsproblem; aktuelle Asylpolitik

amnesty international (Hrsg.), *Schutz für politisch Verfolgte. Verwirklicht das Grundrecht auf Asyl!* Bonn 1986.

Evangelische Kirche in Deutschland (Hrsg.), *Flüchtlinge und Asylsuchende in unserem Land*, Hannover 1986.

Gusy, Christoph, *Asylrecht und Asylverfahren in der Bundesrepublik Deutschland*, Königstein/Ts. 1980.

Kauffmann, Heiko (Hrsg.), Kein Asyl bei den Deutschen. Anschlag auf ein Grundrecht. Reinbek 1986.

Kimminich, Otto, Die Entwicklung des Asylrechts in der Bundesrepublik Deutschland, *Juristenzeitung* 1972, S. 257 ff.

Köfner, Gottfried/Nicolaus, Peter, (Hrsg.), *Grundlagen des Asylrechts in der Bundesrepublik Deutschland*, 2 Bde., München/Mainz 1986.

Marx, Reinhard, *Asylrecht*, 2 Bde., 4. neubearb. Aufl., Baden-Baden 1984 (Gesetzes- und Rechtsprechungssammlung; Neuauflage im Druck).

Otto-Benecke-Stiftung (Hrsg.), *Asylpolitik in der Bundesrepublik Deutschland*, Baden-Baden 1983.

Rittstieg, Helmut, *Asylrecht gegen Flüchtlinge*, Informationsbrief Ausländerrecht 1986, S. 323-328.

Spaich, Herbert, (Hrsg.), *Asyl bei den Deutschen.* Beiträge zu einem gefährdeten Grundrecht, Reinbek bei Hamburg 1982.

Veiter, Theodor, *Entwurzelung und Integration.* Rechtliche, soziale und politische Probleme von Flüchtlingen und Emigranten, Wien 1979.

Zeidler, Wolfgang, Die neue Rechtsprechung des Bundesverwaltungsgerichts zum Asylrecht, in: Otto-Benecke-Stiftung (Hrsg.), *Grenzfragen des Asylrechts in der BRD*, Bonn 1982.

IV. Zeitschriften

„Flüchtlinge", (deutsche Sonderausgaben von „Refugees"), hrsg. vom UNHCR, Genf, erscheint vierteljährlich.

„Informationsbrief Ausländerrecht", Frankfurt/Main, erscheint monatlich.

„pogrom", Zeitschrift der Gesellschaft für bedrohte Völker, Göttingen, erscheint monatlich.

„Refugees", hrsg. vom UNHCR, Genf, erscheint monatlich.

„Zeitschrift für Ausländerrecht und Ausländerpolitik", Baden-Baden, erscheint vierteljährlich.

Weiterführende bibliographische Hinweise in:
Kühnhardt (1984) und
Bibliography: World Refugee Movements 1970–1980 in: Genève – Afrique, Vol. XX, No. 1, 1982, Genf.

Die Zentrale Dokumentationsstelle der Freien Wohlfahrtspflege für Flüchtlinge e.V., Hans-Böckler-Straße 5, 5300 Bonn-Beuel, hat nahezu sämtliche Literaturangaben und Entscheidungen zum Bereich edv-erfaßt.

Zweiter Teil

Betroffene Länder und Völker

I. Afrika

Angola

Angola wurde am 11. 11. 1975, nachdem es über vierhundert Jahre Teil des portugiesischen Kolonialreiches gewesen war, nach dreizehnjährigem Befreiungskrieg unabhängig. Der Ausrufung der Unabhängigkeit gingen heftige Kämpfe zwischen den drei Befreiungsbewegungen des Landes voraus, aus denen die pro-sowjetische, marxistisch-leninistische MPLA (Movimento Popular de Libertacao de Angola) als Siegerin hervorging. Als Reaktion auf den MPLA-Sieg folgte eine Invasion Südafrikas in Angola, die der unterlegenen Konkurrentin der MPLA, der UNITA (Uniao para la Independencia total de Angola), doch noch zur Macht verhelfen sollte. Diese Invasion konnte nur mit Hilfe von 10 000 cubanischen Soldaten und massiver Waffenhilfe durch die Sowjetunion abgewehrt werden.[1] Seitdem leidet das Land unter einem verheerenden Bürgerkrieg, der sich im Laufe der Zeit zunehmend internationalisierte.

Die Regierung in Luanda, die einen marxistischen Kurs verfolgt, erhält den Großteil ihrer militärischen und finanziellen Unterstützung von der Sowjetunion und anderen RGW-Staaten, vor allem Cuba und der DDR. Während die DDR vorwiegend wirtschaftliche Hilfe leistet, hat Cuba über 30 000 Soldaten nach Angola entsandt, die das Land vor südafrikanischen Angriffen schützen sollen. Für die Sowjetunion stellt Angola einen wichtigen geopolitischen Zugewinn dar, der ihr erlaubt, auf die Entwicklungen im südlichen Afrika Einfluß zu nehmen.

Auf der anderen Seite steht die 1964 gegründete Oppositionsbewegung UNITA unter ihrem Führer Jonas Savimbi, die ihre Basis vor allem im Ovimbundu-Volk hat, das den Südosten Angolas bewohnt. Die UNITA wurde spätestens ab 1972 vom portugiesischen Geheimdienst PIDE unterstützt, der dadurch den angolanischen Widerstand zu spalten versuchte.[2] Massive Unterstützung, sowohl in materieller Hinsicht wie durch aktive Beteiligung an den Kampfhandlungen, erhält die UNITA durch die Republik Südafrika. Pretoria benutzt die UNITA als Instrument zur Destabilisierung Angolas und der Zerstörung der angolanischen Verkehrswege der SADCC-Länder, vor allem der Benguela-Bahn. Ziel dieser Politik ist es, Angola zur Integration in einen von Südafrika wirtschaftlich und politisch abhängigen Staatengürtel im südlichen Afrika zu zwingen. Wichtige Unterstützung erhält die UNITA darüber hinaus aus den USA, nachdem im Juli 1985 auf Betreiben der Reagan-Administration das Clark-Amendment von 1976, das die Unterstützung der UNITA verbot, aufgehoben wurde. Von Bedeutung ist hier vor allem die Lieferung von Stinger-Luftabwehrraketen, deren Einsatz hilft, die südafrikanische Luftüberlegenheit in Südangola gegen die Regierungsstreitkräfte aufrechtzuerhalten.

Die UNITA betreibt keinen Guerillakrieg im klassischen Sinne, sondern – bisweilen mit direkter Beteiligung südafrikanischer Spezialeinheiten – einen Terror- und Sabotagekrieg. Vorrangige Ziele sind die Sabotage der Verkehrswege, die Lahmlegung der wirtschaftlichen Aktivitäten in Angola und die Verwüstung der ländlichen Regionen des Landes. Eine wichtige Taktik stellt hierbei die Verminung von Feldern und Verkehrswegen in den von der Regierung beherrschten Teilen des Landes dar. Diese Taktik verursacht erhebliche Verluste gerade der ländlichen Bevölkerung.[3] Die Sabotagestrategie der UNITA führte bisher zu direkten Schäden in zweistelliger Milliardenhöhe, einem weitgehenden Verfall der angolanischen Wirtschaft, der Verödung weiter Gebiete in Südangola und zum Entstehen von Hunger in einigen ländlichen Regionen des Landes.

Die Flüchtlingssituation

Unmittelbar vor und nach der Unabhängigkeit erlebte Angola seine erste große Flüchtlingswelle: Über 300 000 weiße Angolaner, fast ausschließlich Portugiesen, verließen 1975/76 fluchtartig das Land. Der weitaus größte Teil von ihnen kehrte nach

Portugal zurück, ein kleinerer Teil ließ sich in Südafrika und Namibia nieder. Dieser Exodus praktisch aller ausgebildeten Fachleute aus Angola hatte schwerwiegende ökonomische Folgen für das Land, die sich bis heute bemerkbar machen.

Die zweite große Flüchtlingswelle wurde durch den Bürgerkrieg ausgelöst, vor dem immer mehr Menschen fliehen. Die Zahl der sich auf der Flucht befindlichen Angolaner ist seit Anfang der 80er Jahre ständig angewachsen. Gab es 1981 erst 30000 angolanische Flüchtlinge – in Angola selbst wie in den Nachbarstaaten –, so stieg diese Zahl über 70000 im Jahr 1983 auf 856000 im Jahr 1987 an. Von ihnen leben ca. 480000 in Lagern in Angola, während 290000 Menschen nach Zaire und 86000 Menschen nach Zambia flohen. Die Versorgung vor allem der Binnenflüchtlinge ist auf Grund der Kriegssituation, der Zerstörung der Infrastruktur und des allgemeinen Nahrungsmittelmangels in Angola permanent gefährdet und schwierig. Die Tatsache, daß es sich bei den Flüchtlingen oftmals um verkrüppelte und traumatisierte Menschen aus den Kriegsgebieten handelt, erschwert die Ansiedlung und Betreuung außerordentlich.

Trotz im Frühsommer 1988 begonnener Gespräche zwischen Angola, Cuba, den USA und Südafrika ist angesichts der festgefahrenen militärischen Situation und der kompromißlosen Haltung der Kontrahenten mit einer kurzfristigen Lösung des Konflikts in Angola nicht zu rechnen. Eine Verhandlungslösung ist um so schwieriger, als in ihrem Rahmen auch eine Lösung der Namibia-Frage gefunden werden müßte, die nur unter Einbeziehung der Supermächte USA und Sowjetunion denkbar wäre.

Ernst Hillebrand

Anmerkungen

1 Zu einer Darstellung dieser Ereignisse aus cubanischer Sicht vgl. Garcia-Marquez, G., Operation Carlota, in *New Left Review*, No. 101–102, Februar–April 1977.

2 Zu den Beziehungen der UNITA zu westlichen Geheimdiensten – vor allem PIDE und CIA – siehe Stockwell, J. (1978) und *Afrique, Asie*, No. 61 (3. 7. 1974).

3 Nach Schätzungen des Internationalen Roten Kreuzes müssen jährlich an ca. 27000 Minenopfern Fuß- oder Beinamputationen vorgenommen

werden. Kein Land der Welt hat einen ähnlich hohen Anteil an Fußamputierten an der Gesamtbevölkerung wie Angola.

Literatur

Somerville, K., *Angola*, London 1986.
Stockwell, J., *In the Search of Enemies*. New York 1978.
Hanlon, J., *Beggar Your Neighbours – Apartheid Power in Southern Africa*, Bloomington 1986.
U.S. Committee of Refugees, *World Refugee Survey 1983* und *1987*.Washington D.C. 1983, 1987.

Äthiopien

Die Situation des Vielvölkerstaates Äthiopien ist geprägt von zwei großen Problemen: den Unabhängigkeitstendenzen der nicht-amharischen Völker des Landes und der wachsenden ökonomischen und ökologischen Krise im Hochland Nordäthiopiens. Beide Probleme haben sich seit 1974, als ein Militärputsch das alte Feudalsystem beseitigte und das Land auf einen marxistisch inspirierten Kurs brachte, erheblich verschärft. Besonders gravierende Auswirkungen hatten und haben hierbei der Krieg in Eritrea, der Konflikt um den Ogaden und die Dürrekatastrophen der letzten Jahre.

Der Krieg um Eritrea ist mittlerweile der am längsten andauernde militärische Konflikt Schwarzafrikas, ohne daß heute – über ein Vierteljahrhundert nach Beginn der Kämpfe – eine Lösung in Sicht wäre. Die ehemalige italienische Kolonie Eritrea ging nach dem 2. Weltkrieg entsprechend eines VN-Beschlusses eine Föderation mit Äthiopien ein, wobei Eritrea intern weitgehende Autonomie gewährt werden sollte. 1962 wurde diese Föderation aufgelöst und Eritrea als Verwaltungsregion in den äthiopischen Staatsverband integriert. Die eritreischen Unabhängigkeitsbewegungen ELF (Eritrean Liberation Front) und EPLF (Eritrean People's Liberation Front) reagierten darauf mit dem Beginn eines bewaffneten Befreiungskampfes, der bis heute andauert, da auch die marxistische Regierung nicht bereit war und ist, Eritrea die Unabhängigkeit zu gewähren. Unterstützung erhielten die Befreiungsbewegungen aus den arabischen Ländern und, bis zum Machtwechsel in Addis Abeba, vom Ostblock. Versuche der Regierung Mengistu, die eritreischen Befreiungsbewegungen militärisch zu besiegen, sind in den Jahren 1982–84 gescheitert. Allerdings gelang es auch der Guerilla nicht, ihren Einfluß auszuweiten. Dies lag nicht zuletzt an ernsthaften Auseinandersetzungen zwischen den beiden Bewegungen selbst, die schließlich mit der Verdrängung der ELF aus Eritrea endete. Seither ist der Krieg in eine Abnutzungsphase getreten, in der vor allem die Zivilbevölkerung unter den Folgen zu leiden hat. Besonders hohe Verluste rufen immer wieder die Luftangriffe der Regierungsstreitkräfte gegen von der EPLF kontrollierte Dörfer hervor.

Ein ähnlich gelagerter, aber militärisch weit weniger intensiver Konflikt spielte sich im Süden Äthiopiens, im Ogaden, ab. In diesem riesigen, wüstenartigen Gebiet, das Ende des letzten Jahrhunderts von Kaiser Menelik II. erobert wurde, leben vorwiegend somalistämmige Nomaden. Aus diesem Grund beansprucht Somalia seit seiner Unabhängigkeit 1960 dieses Gebiet. Aber erst als Äthiopien infolge des Umsturzes von 1974 vorübergehend stark geschwächt erschien, wagte Somalia 1977 den Versuch der Eroberung des Ogaden. Die somalische Invasion scheiterte jedoch 1978 an einer äthiopischen Gegenoffensive, an der sich 10000 Mann cubanischer Truppen beteiligten, und nach massiven Waffenlieferungen der Sowjetunion an das bedrängte Regime in Addis Abeba.[1] Der Krieg führte zu einer Massenflucht der Somali-Nomaden aus dem Ogaden nach Somalia. Seit der Niederlage Somalias herrscht weitgehend Ruhe im Ogaden. Dennoch sind die Beziehungen zwischen Somalia und Äthiopien nach wie vor gespannt. Ein im Mai 1988 geschlossenes Friedensabkommen zwischen den beiden Ländern könnte aber zu einer weitgehenden Entspannung beitragen.

Das wohl dramatischste Problem des heutigen Äthiopien aber sind die immer wiederkehrenden Hungerkatastrophen. Vor allem die nördlichen Provinzen des Landes, im äthiopischen Hochland, leiden unter akutem Nahrungsmittelmangel. Die Gründe für diese Situation sind in einem Geflecht von natürlichen Ursachen und menschlichem Fehlverhalten zu suchen.

Anhaltende Dürre, Bevölkerungswachstum und jahrhunderte-
lange Ausbeutung der Böden haben zu einer schwerwiegenden
ökologischen Krise im äthiopischen Hochland geführt.[2] Hinzu
gesellen sich die Folgen einer verfehlten Agrarpolitik, zunächst
durch das alte Feudalsystem, und nach der Revolution durch die
Militärregierung. Statt die Kleinbauern ernsthaft zu fördern,
setzten die neuen Machthaber in Addis Abeba auf Staatsfarmen
und Kollektivierung. Zusammen mit der Dürre führte diese
Politik zu einem Verfall der Landwirtschaft, der sich 1985/86
und 1987/88 in schweren Hungerkatastrophen niederschlug.

Eine Lösung der geschilderten Probleme ist zur Zeit nicht in
Sicht. Weder ist die Ernährungslage – selbst unter der Voraussetzung einer deutlichen Kurskorrektur in der Landwirtschaftspolitik – kurz- und mittelfristig zu verbessern noch deutet sich eine
Lösung der lokalen Konflikte an.[3] Im Gegenteil, sie scheinen
eher zuzunehmen: Heute gibt es nicht nur in den „traditionellen" Konfliktgebieten Eritrea und Ogaden separatistische Bewegungen, sondern auch in anderen Gebieten wie in Tigre und
Sidamo. Die Bekämpfung dieser zentrifugalen Tendenzen im
alten Amharen-Reich wird auf Jahre hinaus die Ressourcen des
Landes im militärischen Bereich binden.

Die Flüchtlingssituation

Äthiopien ist das Land mit den meisten Flüchtlingen in ganz
Afrika. Über 1,2 Millionen Äthiopier lebten Anfang 1987 als
Flüchtlinge in den Nachbarländern, zwischen 700 000 und 1,5
Mio. Menschen im Lande selbst unter flüchtlingsähnlichen
Bedingungen. Diese hohe Zahlen Anfang 1987 – besonders der
Binnenflüchtlinge – sind vor allem auf die Hungerflüchtlinge der
Dürre 1984/85 zurückzuführen. Allein 300 000 der über 650 000
im Sudan lebenden äthiopischen Flüchtlinge sind als Opfer der
Dürre einzustufen.

In Somalia lebten Anfang 1987 noch immer 500 000 Flüchtlinge aus dem Ogaden. Trotz der immer noch beachtlichen Anzahl
bedeutet dies allerdings einen Rückgang um fast die Hälfte seit
dem Ende des Krieges im Ogaden. Seither scheint die Tendenz

der langsamen, aber stetigen Rückwanderung allerdings zu stocken.

Ein Großteil der Flüchtlinge aus Eritrea lebt im Sudan. Hier hat sich ein fester Grundstock von ca. 350 000 Flüchtlingen aus Äthiopien herausgebildet. Allerdings schwellen diese Zahlen in Dürrezeiten oder bei Intensivierung der Kämpfe in Eritrea und Tigre immer wieder an.

Eine der neuesten Tendenzen ist eine Flüchtlingswelle aus dem Süden des Landes. Immer mehr oromostämmige Äthiopier, so wird berichtet, fliehen vor dem umstrittenen Dorfgründungsprogramm der Regierung in die Nachbarstaaten, vor allem nach Somalia. Diese Tendenz wird sich nach Wiederaufnahme des vorübergehend gestoppten Programmes 1987 noch verstärken.

Ernst Hillebrand

Anmerkungen

1 Vgl. The Ogaden Debacle, in: *Newsweek* vom 20. 3. 1978.
2 Mit der akuten ökologischen Krise begründet die äthiopische Regierung auch ihr aktuelles und umstrittenes Umsiedlungsprogramm. Vgl. Brisset, C., Ethiopie: La famine, l'aide et la polemique, in: *Le monde diplomatique*, No. 7, Juli 1987, S. 14–15 sowie Sivini, G., Famine and the Resettlement Program in Ethiopia, in: *Africa*, No. 2/1986, Rom 1986, S. 211–242.
3 Zu Hinweisen auf ein Umdenken in der Landwirtschaftspolitik vgl. Klein, S., Hoffen auf den rettenden Durchbruch, in: *SZ* vom 8. 1. 1988.

Literatur

Matthies, V., *Der Grenzkonflikt Somalias mit Äthiopien und Kenia*, Hamburg 1977.
Refugees and Returnees in Ethiopia, in: *Refugees*, Sept. 1986, S. 9/10.
Refugees and Returnees in Somalia and Ethiopia, in: *Refugees*, June 1986. S. 14/15.
Schwab, P., *Ethiopia. Politics, Economics and Society*, London 1985.
U.S. Commitee of Refugees, *World Refugees Survey 1983* und *1987*, Washington, D.C. 1983 und 1987.

Mosambik

Mosambik, seit 1629 portugiesische Kolonie, wurde 1975, nach über zehn Jahren Befreiungskrieg, unabhängig. Im Inneren wie auch international wurde der Machtantritt der Befreiungsfront FRELIMO von hochgespannten Erwartungen bezüglich der zukünftigen Entwicklung des Landes begleitet.

Wenig ist heute von diesen Erwartungen geblieben. Die Lebenserwartung des durchschnittlichen Mosambikaners, 1980 bereits bei spärlichen 47 Jahren gelegen, ist seither kontinuierlich gesunken: heute hungern in Mosambik beinahe 7 Mio. Menschen, mehr als die Hälfte der Gesamtbevölkerung. Über 3 Millionen davon sind akut vom Hungertod bedroht. Mosambik gilt heute als das Land mit der geringsten Lebensqualität überhaupt. Die Ursachen dieses rapiden Verfalls der wirtschaftlichen und sozialen Lage Mosambiks sind vielfältig. Eine verfehlte Agrarpolitik und Naturkatastrophen wie die schweren Überschwemmungen 1977/78 und die seit 1979 beinahe kontinuierlich anhaltende Dürre haben sicherlich zur jetzigen Katastrophenlage beigetragen. Die Hauptursache dafür aber ist der seit 1980 tobende Krieg zwischen der Regierung in Maputo und der Rebellenbewegung MNR (Movimento Nacional de Resistencia de Mocambique; eine andere Abkürzung für diese Organisation ist die Bezeichnung RENAMO).

Dieser Konflikt ist kein Bürgerkrieg im klassischen Sinne, sondern eine kaum kaschierte Auseinandersetzung zwischen der marxistisch-leninistischen Regierung Mosambiks und der Republik Südafrika, die den MNR ausrüstet und unterstützt. Das Ziel Pretorias ist eine möglichst weitgehende Destabilisierung Mosambiks, um die FRELIMO für politischen und wirtschaftlichen Druck aus Südafrika verwundbar zu machen. Teile der Armee und der „Special Forces" scheinen allerdings auf einen Sturz der Regierung in Maputo durch die MNR zu setzen.[1]

Die von Pretoria für diesen Zweck benutzte Rebellenorganisation MNR war bereits 1977 vom rhodesischen Geheimdienst gegründet worden, um die FRELIMO-Regierung in Maputo zu destabilisieren und zum Abbruch ihrer Unterstützung für die rhodesischen Befreiungsbewegungen zu zwingen. Allerdings blieb diesem Unterfangen der Erfolg versagt. Die Lage änderte sich erst, als die Republik Südafrika Anfang der 80er Jahre begann, eine aggressive, auf die Schaffung eines von Pretoria abhängigen Staatengürtels im Süden Afrikas gerichtete Politik gegenüber seinen Nachbarländern zu verfolgen. Seitdem erhält der MNR internationale Unterstützung aus Südafrika sowie durch private Kreise in Portugal und den USA und konnte sein Operationsgebiet auf ganz Mosambik ausweiten.[2] In welchem Maße sich diese Bewegung dabei dem strategischen Ziel Pretorias, das in der Zerschlagung der wirtschaftlichen Basis Mosambiks besteht, unterordnet, zeigt die vom MNR angewandte Kriegstaktik. Hauptziele sind keineswegs militärische oder politische Einrichtungen, sondern die soziale und wirtschaftliche Infrastruktur des Landes sowie die Landbevölkerung. Massaker und die systematische Verstümmelung von Zivilisten, wie das Abschneiden von Nasen, Ohren oder Brüsten, sind geradezu zum Markenzeichen des MNR geworden. Nach offiziellen mosambikanischen Angaben hat dieser Krieg, der 1986/87 noch an Intensität gewann, bis Anfang 1987 100 000 Tote gekostet und einen materiellen Schaden von über 5,5 Mrd. $ verursacht.[3]

Die Flüchtlingssituation

Die durch den Hunger und systematischen Terror des MNR gegen Nichtkombattanten ausgelöste Fluchtbewegung ist bereits die dritte, die Mosambik in den letzten 25 Jahren erleben mußte. Die erste große Flüchtlingsbewegung wurde Mitte der 60er Jahre durch den Befreiungskrieg ausgelöst. Über eine Million Menschen flohen vor dem Krieg gegen die portugiesische Kolonialmacht in die Nachbarländer, vor allem nach Tanzania. Gleichzeitig mit der Rückkehr dieser Flüchtlinge nach der Unabhängigkeit im Juni 1975 setzte ein anderer Migrationszug ein: die panikartige Flucht der weißen Mosambikaner. Über 200 000 Menschen verließen das Land, zumeist in Richtung Portugal, zum Teil aber auch in die vermeintliche Sicherheit Rhodesiens und der Republik Südafrika.

Dramatische Formen aber nahm das Flüchtlingsproblem in Mosambik erst in der Mitte der 80er Jahre an, als der MNR seine Aktionen auf die bevölkerungsreichen Provinzen Zentral-Mosambiks ausdehnte. Verzeichnete die Flüchtlingsstatistik des U.S. Committee for Refugees im Jahr 1983 noch keine mosambikanischen Flüchtlinge, weder im In- noch im Ausland, so spitzte sich die Lage in den folgenden Jahren zu. Für das Jahr 1986 verzeichnete die Statistik 348 800 Flüchtlinge aus Mosambik in den Nachbarländern, vor allem in Malawi, wo Mitte Juni 1987 ihre Zahl auf 227 000 angestiegen war. In Mosambik selbst zählte man im selben Zeitraum über 1,8 Millionen „internally displaced persons". Kein anderes Land der Welt weist eine so hohe Zahl von „Binnenflüchtlingen" auf. Erweist sich die Lage der Flüchtlinge im benachbarten Malawi, nicht zuletzt auf Grund der engen ethnischen Verwandtschaft zwischen den Flüchtlingen und den Einheimischen noch als relativ unproblematisch, so ist die Lage innerhalb Mosambiks sehr bedrohlich. Die Zerstörung der Infrastruktur durch den MNR macht die Versorgung der Flüchtlinge praktisch unmöglich. 90% der Hilfsleistungen können nur unter bewaffnetem Begleitschutz ausgeliefert werden. 1,2 Millionen Menschen gelten als nicht erreichbar.[4] Zum gegenwärtigen Zeitpunkt deutet somit alles auf eine weitere Verschärfung der Lage der Flüchtlinge in Mosambik hin. Wirkliche Entspannung für die Menschen in Mosambik kann ohnehin nur ein Ende des Krieges bringen. Und dies ist erst nach entscheidenden Veränderungen in der Politik der Republik Südafrika zu erwarten.

Ernst Hillebrand

Anmerkungen

1 Vgl. *Africa Confidential,* Vol. 28 No. 24, (2. 12. 1987), S. 1–4.
2 Zu den USA-Verbindungen der MNR vgl. u. a. Abramovici, P., Des millions de dollars pour les „combattants de la liberté" in: *Le Monde diplomatique,* No. 4, April 1986, S. 3–4, sowie Renamo's US-Friends, in: *New African,* No. 236, Mai 1987, sowie *Africa Confidential,* Vol. 27 No. 15, (16. 7. 1986), S. 2.
3 Vgl. Ndobe, G., Allen Destabilisierungsversuchen zum Trotz, in: *Probleme des Friedens und des Sozialismus,* No. 3, März 1987, S. 404–407.
4 Vgl. *SZ* vom 14. 5. 1987.

Literatur

Hanlon, J., *Mosambik – Revolution im Kreuzfeuer,* Bonn 1986.

Kühne, W., *Südafrika und seine Nachbarn,* Baden-Baden 1985.

Laidi, Z., L'Afrique du Sud et ses voisins, in: *Le Monde diplomatique* 7/ 1984.

U.S. Committee for Refugees, Refugees from Mocambique, *Shattered Land, Fragile Asylum.* By Brennan, T., USCR, Issue Paper. Washington D.C.: USCR/ACNS, 1986.

Namibia

Seit fast einem Jahrhundert kämpfen die Völker Namibias um ihre Unabhängigkeit. 1904 erhoben sich die Hereros gegen die deutsche Kolonialherrschaft. Die Nama schlossen sich ihnen an. Als es nicht gleich gelang, die Aufständischen zur Kapitulation zu bewegen, begann die deutsche militärische Führung mit einem Vernichtungsfeldzug grausamster Art. Auf Frauen und Kinder wurde keine Rücksicht genommen. Am Ende des Krieges lebten von den ursprünglich ca. 80000 Hereros nur noch 15000.

1915 mußte die deutsche Schutztruppe vor den britischen und burischen Einheiten kapitulieren. Der Völkerbund übergab 1920 das ehemalige Deutsch-Südwest der Südafrikanischen Union als Mandatsgebiet. Südafrika begann, die Kolonie politisch und wirtschaftlich gleichzuschalten, und ab 1962 wurde das System der Apartheid entsprechend den Vorstellungen der seit 1948 in Südafrika herrschenden Nationalen Partei auch in Namibia umfassender durchgesetzt. Oppositionsparteien wie die SWAPO (South West Africa People's Organization) und SWANU (South West Africa National Union) wurden jedoch, anders als der ANC (African National Congress) und PAC (Pan-Africanist Congress) in Südafrika nicht verboten. Ihre Führer waren dennoch vielfach Opfer von Verfolgung und Verhaftung.

Als 1945 die Vereinten Nationen (VN) gegründet wurden, forderte ihre Vollversammlung alle Mitglieder auf, die Mandatsgebiete unter die Treuhandschaft der VN zu stellen. Südafrika weigerte sich strikt. Die VN faßten daraufhin den Beschluß,

Südafrika das Mandat zu entziehen (1966), das Land Namibia zu nennen und einen „Rat der VN für Namibia" einzurichten. Ein Gutachten des Internationalen Gerichtshofes bestätigte 1971, daß die von den VN zu Namibia gefaßten Resolutionen rechtens, die Präsenz Südafrikas in Namibia jedoch rechtswidrig seien.

Mitte der 70er Jahre veränderte sich die Lage für Südafrika dramatisch. Die portugiesische Kolonialherrschaft in Angola und Mosambik brach zusammen. In Angola übernahm mit cubanischer und sowjetischer Unterstützung die sozialistisch orientierte MPLA die Regierung. Sie erlaubte der SWAPO, ihren bewaffneten Kampf gegen die südafrikanische Besetzung auch von angolanischem Territorium aus zu führen. Gleichzeitig verstärkte sich seitens der westlichen Staaten der Druck auf Südafrika, die Besetzung Namibias zu beenden. Die USA, Großbritannien, die Bundesrepublik Deutschland, Frankreich und Kanada gründeten die sogenannte Namibia-Kontaktgruppe, die zusammen mit den VN und den sogenannten Frontstaaten eine friedliche Lösung des Namibia-Problems herbeiführen sollte. Das schien im Sommer 1978 zu gelingen: Sowohl Südafrika als auch die SWAPO stimmten einem Plan für international überwachte Wahlen in Namibia zu. Dieser Plan wurde als Resolution 435 vom Sicherheitsrat der VN übernommen.

Südafrika verfolgte jedoch gleichzeitig eine eigene Strategie. Die Unabhängigkeit Namibias schien der weißen Regierung im Prinzip zwar annehmbar, eine Machtübernahme durch die SWAPO aufgrund eines bei international überwachten Wahlen mit ziemlicher Sicherheit zu erwartenden Wahlsieges jedoch nicht. Seit 1975 versucht Pretoria deswegen, intern eine Alternative zur SWAPO aufzubauen, zuerst mit der „Turnhallenkonferenz" und dann mit der daraus hervorgegangenen Multi-Parteienkonferenz, welche die bis heute unter südafrikanischer Vormundschaft stehende Übergangsregierung gebildet hat. Sie fand jedoch international keine Anerkennung und stößt bei der Mehrheit der schwarzen Bevölkerung in Namibia auf Ablehnung. Zumindest kann sie an Popularität mit der SWAPO nicht konkurrieren.

Der Tag, an dem solche Wahlen stattfinden und Namibia unabhängig wird, ist jedoch völlig ungewiß. Die internationale Gemeinschaft pocht zwar weiterhin auf die Verwirklichung von Resolution 435, und Pretoria ist zu Gesprächen darüber im Prinzip bereit. Tatsächlich dringen südafrikanische Truppen jedoch immer weiter nach Angola vor, um die SWAPO zu bekämpfen. Die Kontaktgruppe ist de facto tot, da die westlichen Staaten kein Mittel gefunden haben, Südafrika zu einem Einlenken zu bewegen bzw. nicht bereit waren, dieses Einverständnis notfalls durch wirtschaftliche Sanktionen zu erzwingen.

Die Flüchtlingssituation

Südafrikas illegale Fortsetzung seiner Herrschaft über Namibia ist der Hauptgrund für die Tatsache, daß seit den 60er Jahren nach und nach die Zahl derjenigen zugenommen hat, die das Land verlassen haben. In den 70er Jahren hat sich diese Tendenz noch verstärkt. Denn vor allem im Norden des Landes weiteten sich die kriegerischen Handlungen aus. Wie immer bei derartigen Konflikten litt darunter vor allem die Zivilbevölkerung. In den zwei Jahrzehnten verließen nach Angaben der VN fast 80 000 Menschen das Land, in erster Linie natürlich Angehörige der schwarzen Bevölkerung. Aufnahme fanden sie vor allem in dem nördlich gelegenen Nachbarland Angola (über 60 000). Mehrere tausend gingen nach Zambia und je einige hundert nach Tanzania und Botswana.

Alle drei Länder, insbesondere Angola und Tanzania, haben selbst größte Probleme, ihre Bevölkerung wirtschaftlich zu versorgen. Die Flüchtlinge aus Namibia sind in ihren Lagern deswegen von der Unterstützung durch die internationale Gemeinschaft abhängig. Sie wird von dem UNHCR (United Nation's High Commissioner for Refugees) in Zusammenarbeit mit der SWAPO und Stellen des jeweiligen Gastlandes verwaltet. Die Menschen in den Lagern sollen jedoch Erziehung und Ausbildung, Gesundheitswesen sowie den Anbau von Nahrungsmitteln soweit wie möglich in ihre eigenen Hände nehmen. Das Lager Kwanza Zul in einer angolanischen Kaffeeplantage ist dafür, trotz der schwierigen klimatischen Bedingungen und der miserablen Transportverbindungen mit der Außenwelt, ein gutes Beispiel. In diesem Lager leben gegenwärtig über 45000 Menschen. Aus Sicherheitsgründen sind die verschiedenen Teile des Lagers über ein Gebiet von 25 qkm verteilt. Denn die Angst vor Bombardements durch die südafrikanische Luftwaffe oder vor plötzlichen Überfällen ist groß. Für die südafrikanischen Militärs sind die meisten Flüchtlinge potentielle Guerillas. Zum bisher schrecklichsten Zwischenfall kam es am 4. Mai 1978, als die südafrikanische Luftwaffe das damals wohl größte Lager, Kassinga, völlig überraschend angriff und dem Erdboden gleichmachte. Dabei wurden über 600 Menschen getötet und mehrere hundert verletzt. Die südafrikanischen Militärs rechtfertigten den Angriff mit der Behauptung, es habe sich um ein Guerillalager gehandelt. Westliche Diplomaten und Journalisten, die das Lager wenig später besuchten, schenkten dieser Version jedoch wenig Glauben. Sie hatten unter den Toten vor allem Frauen und Kinder gefunden. Der Angriff auf Kassinga wurde der Anlaß für die Errichtung von Kwanza Zul. Es ist weiter im Landesinneren von Angola gelegen und deswegen für die Südafrikaner schwerer zu erreichen.

Psychologisch und strategisch ist der Krieg in Namibia heute mit dem Schicksal der weißen Minderheitsherrschaft in Südafrika so eng verwoben, daß seine baldige Beendigung kaum zu erwarten ist. Die Flüchtlinge in Angola, Zambia etc. können also nicht auf eine baldige Rückkehr in ihre Heimat hoffen. Im Gegenteil, mit einer Zunahme ihrer Zahl ist zu rechnen.

Winrich Kühne

Literatur

Ansprenger, F., *Die SWAPO, Profil einer afrikanischen Befreiungsbewegung*. Mainz/München 1984.
Bley, H., *Sozialstruktur und Kolonialherrschaft in Südwestafrika*, Hamburg 1986.
Kühne, W.: *Südafrika und seine Nachbarn*, Baden-Baden 1985.
U.S. Congress, *Refugee Crisis in Southern Africa* (Hearing before the Subcommittee on Immigration and Refugee Affairs of the Committee on the Judiciary, U.S. Senate. 5th Feb. 1987), Washington 1987.

Rwanda und Burundi

Die heute getrennten Länder Rwanda und Burundi wurden vor allem von Hutu-Bauern bewohnt, die im 15. und 18. Jahrhundert von den eingewanderten Hirten-Nomaden der Tutsi überlagert wurden. Diese errichteten über die Hutu-Bauern ein feudales System, das in Burundi im 17. Jahrhundert zur Monarchie ausgebaut wurde und auch in Rwanda schließlich im 19. Jahrhundert zu einem das ganze Gebiet umfassenden monarchischen System führte.

Von 1899–1916 waren Rwanda und Burundi Teil der deutschen Kolonie Ostafrika. 1918–1946 kamen beide Länder unter belgische Treuhandverwaltung unter der Oberaufsicht des Völkerbundes. Von 1946–1962 übernahmen die Vereinten Nationen die Kontrolle, doch übten weiterhin die Belgier praktisch die Regierungsverantwortung aus. Gegen Ende der Kolonialzeit bildeten sich in Rwanda Parteien der Hutu, die 1959 gegen die Tutsi-Herrschaft rebellierten. Dieser Aufstand, der von den Belgiern nicht unter Kontrolle gebracht werden konnte, führte zu blutigen Ausschreitungen und zur Vertreibung von 150 000 Tutsi in die Nachbarländer, vor allem nach dem weiterhin unter Tutsi-Herrschaft stehenden Burundi.

Es wurde ein Referendum unter der Aufsicht der UN durchgeführt, in dem sich 79% der Bevölkerung Rwandas für die Abschaffung der Monarchie erklärten. In den 1961 abgehaltenen Parlamentswahlen wurde die PARMEHUTU (Parti de Mouvement de l'Emancipation Hutu) stärkste Partei und ihr Führer G. Kayibanda Präsident der Republik, die 1962 unabhängig wurde und sich von Burundi trennte.

Als 1964 im Exil lebende Tutsi einen Invasionsversuch nach Rwanda unternahmen, kam es wieder zu blutigen Auseinandersetzungen und weitere 12 000 Tutsi flohen in die Nachbarländer. Auch in Burundi hielten die Konflikte zwischen den beiden Volksgruppen an und entluden sich 1972 in einem der größten und grausamsten Massaker der afrikanischen Geschichte, da die burundische Armee und die Jugendbrigaden der Jeunesse Révolutionnaire de Rwagosoré (JRR) fast die gesamte Hutu-Intelligenz, etwa 100 000 Menschen, ermordete und etwa 250 000 Hutu aus dem Lande vertrieb.

Während Rwanda inzwischen Republik war, dauerte die Tutsi-Monarchie in Burundi zunächst an, wurde jedoch ebenfalls 1966 durch einen Militärputsch in eine Republik umgewandelt. 1976 wurde dieses Militärregime unter General Micombero durch den jungen Tutsi-General Jean-Baptiste Bagaza gestürzt. Auch dieser wurde 1987 durch einen neuerlichen Militärputsch abgelöst. Staatsoberhaupt und Regierungschef wurde Major Pierre Buyayo, der sich bemüht, die starken Spannungen, die zwischen der Regierung und der katholischen Kirche entstanden waren, abzubauen.

In Rwanda wurde 1973 der Präsident Kayibanda durch einen Militärputsch gestürzt und durch Generalmajor Juvenal Habyarimana ersetzt, der seitdem Staatspräsident ist und die Einheitspartei MRND (Mouvement Revolutionnaire Nationale pour le Developpement) führt. Ein Gesetz legt fest, daß 10% der Positionen innerhalb der rwandischen Verwaltung den Tutsi, die etwa 10% der Bevölkerung ausmachen, eingeräumt werden.[1]

Beide Länder gehören zu den kleinsten, ärmsten und bevölkerungsreichsten Ländern Afrikas. Ihre Trennung durch die Unabhängigkeit von Belgien hat zusätzliche wirtschaftliche Probleme aufgeworfen, die durch das schnelle Bevölkerungswachstum (Burundi: 2,3%, Rwanda 3,3%) dramatisch verschärft werden.[2]

Die Flüchtlingssituation

Am 31. Dezember 1986 befanden sich in Burundi, das eine Bevölkerung von 4,8 Millionen hat, 267 500 Flüchtlinge, von denen die meisten aus Rwanda stammen. In Rwanda, mit einer Bevölkerung von 6,7 Millionen, leben z.Zt. 19 400 Flüchtlinge, die zum größeren Teil aus Burundi kommen.[3] Aber auch in anderen Ländern befinden sich Flüchtlinge aus Rwanda und Burundi: In Uganda leben 111 600 Flüchtlinge aus Rwanda, in Tanzania befinden sich 22 300 Rwandesen und 181 000 burundische Flüchtlinge. Auch in Zaire befanden sich am 31. 12. 1986 11 000 Flüchtlinge aus Rwanda und 10 000 aus Burundi. Kenya hat 1950 Flüchtlinge aus Rwanda aufgenommen. Im Gegensatz zu Flüchtlingen aus anderen Ländern, die nach Beendigung der Gefahr physischer Verfolgung und Vernichtung in ihre Heimatländer zurückkehrten, besteht wenig Aussicht, daß größere Zahlen der Tutsi nach Rwanda oder der Hutu nach Burundi zurückkehren werden.

Schon 1982 erklärte der Präsident Rwandas, Juvenal Habyarimana: „Die Flüchtlinge stellen eines der ernsten Probleme Rwandas dar, und wir wollen, daß sie sich dort niederlassen, wo sie sind, da sie sehen können, daß Rwanda 100% besetzt ist. Außer den verschiedenen Konsequenzen, die ihre Rückkehr haben würde, ist das Hauptproblem das Fehlen von Land."[4]

Auch der Präsident Ugandas erklärte kürzlich, daß die Probleme der rwandischen Flüchtlinge in seinem Land nicht einfach durch ihre Repatriierung gelöst werden können, und er hält nach Rücksprache mit dem Hochkommissar für Flüchtlinge der UN und der Regierung von Rwanda eine Einbürgerung von Flüchtlingen in Uganda für möglich.[5]

Gerhard Grohs

Anmerkungen

1 Vgl. Girrbach, B., Burundi, und Hildenbrand, A., Rwanda, in Nohlen D.,/Nuscheler, F.

2 Vgl. Fischer Weltalmanach '88, S. 103 (Burundi) und S. 459 (Rwanda).

3 Die im Abschnitt „Die Flüchtlingssituation" angegebenen Zahlen stammen aus der Übersicht: *Estimated Number of Refugees of concern to UNHCR*. Africa (Stand 31. 12. 1986), die auf den Angaben der afrikanischen Regierungen beruhen.

4 Interview mit Präsident Juvenal Habyarimana in: *Le Courrier* ACD-CEE No. 72 (1982), S. 16.

5 Interview mit Präsident Yoweri Museveni in: *Flüchtlinge* Dez. 1986 (deutsche Sonderausgabe), S. 18.

Literatur

Chénod, J., The problem of Rwandese and Sudanese refugees, in: Hamrell, S., (Hrsg.), *Refugee Problems in Africa*, Uppsala 1967, S. 45–53.

Holborn, L. W., *Refugees: A problem of our time*, Vol. 1, Nr. 40: Burundi, Metuchen 1975.

Lemarchand, R., *Rwanda and Burundi*, London 1970.

Nohlen, D.,/Nuscheler, F., (Hrsg.), *Handbuch der Dritten Welt*, Bd. 5: Ostafrika und Südafrika, Hamburg 1982, 2. Aufl.

Sayinzoga, J., Les refugiés Rwandais – Quelques repères historiques et réflexions socio-politiques, in: *Genève-Afrique* Bd. XX, No. 1 (1982), S. 49–72.

US Committee for Refugees, World Refugee Survey 1986, in: *Review*, Washington DC 1987.

Vanderlingen, J., *La Republique Rwandaise*, Paris 1970.

Weinstein, W., *Historical Dictionary of Burundi*, Metuchen 1976, 2. Aufl.

Südafrika

Der Rassenkonflikt in der Republik Südafrika hat eine Vorgeschichte von mehreren Jahrhunderten. 1652 landete Jan van Riebeck am Kap, um dort für die Schiffe der Holländischen Ostindischen Kompanie eine Proviantstation einzurichten. Später, insbesondere ab 1835, drangen die Weißen nach und nach ins Landesinnere vor. Mit den dort lebenden schwarzen Stämmen gab es zahlreiche Kriege um die Weidegebiete (zwei sogenannte Hottentotten-Kriege, acht Kaffern- und vier Basutho-Kriege).

1909 kam es für das moderne Südafrika zu einer schicksalhaften Weichenstellung. Das britische Imperium versagte bei der Aufgabe, die politischen Beziehungen zwischen den in Südafrika lebenden schwarzen, weißen und gemischtrassigen Gruppen auf der Basis der Gleichberechtigung zu regeln. In dem „South Africa Act", der 1909 vom britischen Parlament verabschiedet wurde, setzte sich die burische Philosophie vom gottgegebenen „Herr/Knecht-Verhältnis" durch. 1910 riefen die Weißen die Südafrikanische Union aus. Die Schwarzen gründeten daraufhin den African National Congress (ANC). Er ist bis zum heutigen Tage die führende Kraft im Kampf und Widerstand gegen die weiße Vorherrschaft.

Erst mehrere Jahrzehnte später jedoch konnten die Buren ihren politischen Machtanspruch in vollem Umfange durchsetzen. 1948 errang die Nationale Partei unter Führung von Malan die absolute Mehrheit im Kapstädter Parlament. Nun begann die Phase der umfassenden Apartheid. Rassentrennung und -diskriminierung wurde zur obersten Maxime des südafrikanischen Staates und in allen Bereichen gesetzlich implementiert. Darüber hinaus wurde die Politik, die schwarze Bevölkerung in Reservaten – den sogenannten Bantustans – anzusiedeln, intensiviert.

Auch diese Ausweitung der weißen Macht nahm die schwarze Bevölkerung nicht stillschweigend hin. Unter Führung des ANC, später auch des von ihm abgespaltenen Pan-Africanist-Congress (PAC), kam es in den fünfziger Jahren zu Verweigerungsaktionen und Protestdemonstrationen, an denen Hunderttausende teilnahmen. Die burische Regierung antwortete mit Gewalt und schärferen Gesetzen. Diese erste Phase des modernen schwarzen Widerstandes endete im Massaker von Sharpeville (März 1960). Der ANC und PAC wurden verboten; sie mußten sich ins Exil und in den Untergrund zurückziehen. Beide entschlossen sich zur Aufnahme des bewaffneten Kampfes. Vier Jahrzehnte des gewaltfreien Widerstandes hatten nicht zum Erfolg geführt.

Es dauerte über ein Jahrzehnt, bis sich der schwarze Widerstand von dem Schock von 1960 erholt hatte. Im Juni 1976 brachen in Soweto Aufstände der Schüler und Jugendlichen aus. Anlaß war die Absicht der burischen Regierung, Afrikaans auch in den Schulen der Schwarzen als Unterrichtssprache einzuführen. In kürzester Zeit griffen die Unruhen auf fast alle Townships über. Mit ihrer unsinnigen Anordnung hatte die Regierung unter den Jugendlichen eine Lawine an Erbitterung über die Apartheidpolitik losgetreten. Einmal mehr reagierten Polizei und politische Führung mit äußerster Härte. Viele Jugendliche wurden verhaftet, über dreihundert erschossen.

Die Revolte der Jugendlichen blieb auf die internationale Öffentlichkeit und die weiße Politik jedoch nicht ohne Wirkung. 1978 übernahm der frühere Verteidigungsminister Botha die Regierung. Es begann die Phase der „Reformpolitik". Sie zielte jedoch, anders als viele im Westen anfänglich meinten, nicht auf eine Beseitigung der weißen Vorherrschaft, sondern auf ihre Modernisierung. Ihr Kernstück wurde die 1983/84 durchgeführte Verfassungsreform. Durch die Errichtung von zwei weiteren Kammern im Kapstädter Parlament wurden die sogenannten Coloureds und die zumeist indischstämmigen Asiaten in das politische System der Weißen kooptiert. Die Schwarzen blieben von dieser Reform jedoch ausdrücklich ausgespart. Denn zu diesem Zeitpunkt sollten nach den Vorstellungen Bothas und seiner Berater die schwarze Bevölkerung ihre politischen Rechte in den Bantustans (jetzt „Homelands" genannt) verwirklichen, und nicht in dem von den Weißen beherrschten Südafrika. Zu diesem Zwecke waren bereits vier von ihnen (Transkei, Bophutatswana, Venda, Ciskei) in die „Unabhängigkeit" geschickt worden. Das Gesetz über die Landverteilung aus dem Jahre 1936 allerdings blieb unverändert. Hierin wird das der schwarzen Bevölkerung zustehende Land auf 13 Prozent des südafrikanischen Territoriums beschränkt, obwohl ihr Anteil an der Gesamtbevölkerung bei fast 80 Prozent liegt. In der Praxis hatte die Homelandpolitik für die meisten Schwarzen deswegen katastrophale Auswirkungen. Mit dem Tag der Unabhängigkeit desjenigen Homelands, dem sie zugeordnet waren, verloren sie automatisch ihre Staatsbürgerschaft und damit den letzten Rest der ihnen in Südafrika noch verbliebenen Rechte. Diese Tatsache überschattete völlig die Reformschritte, die die Regierung Botha im ökonomischen und sozialen Bereich unternahm (Tariffähigkeit der schwarzen Gewerkschaften, Abschaffung des Verbots gemischter Ehen etc.).

Die Verfassungsreform wurde daher zum Fanal für eine neue, die bisher intensivste Phase des schwarzen Widerstandes. In zahlreichen Townships gelang es der Bevölkerung, die Vertreter der weißen Staatsmacht zu vertreiben und alternative Selbstverwaltungsorgane einzurichten. Als Antwort auf die Verfassungsreform hatte die Opposition im Lande die United Democratic Front (UDF) gegründet. In ihr verbündeten sich über 500 Anti-Apartheid-Organisationen gegen die Regierung. Die UDF spielte bei den Aufständen von 1983–1986 eine führende Rolle. Die Botha-Regierung erwies sich letztlich ähnlich unfähig wie ihre Vorgängerin, mit der schwarzen Bevölkerung in einen konstruktiven Dialog einzutreten. Im ganzen Lande wurde der Ausnahmezustand verhängt, das Militär besetzte die Townships und eine gewaltige Verhaftungswelle setzte ein. 20000 bis 30000 Menschen verschwanden zeitweilig in den südafrikanischen Gefängnissen, darunter mehrere tausend Jugendliche.

Ende 1987 war in den meisten Townships die Ruhe wiederher-gestellt, zumindest an der Oberfläche. Die Regierung hofft nun, durch eine Mischung aus kompromißloser Härte und gewissen Konzessionen gegenüber der schwarzen Bevölkerung die Lage in den Griff zu bekommen. Eine echte Beteiligung der Schwar-zen an der Macht ist nach wie vor nicht ihr Ziel. Der Kampf für eine gerechtere Ordnung wird also nicht aufhören. Durch den Ausnahmezustand ist der Widerstand zwar gelähmt, jedoch keineswegs beendet worden.

Die Flüchtlingssituation

Trotz der in den letzten Jahren eskalierten Auseinandersetzung zwischen den Schwarzen und der weißen Minderheitsregierung ist Südafrika bisher kein Flüchtlingsland im engeren Sinn des Wortes. Die Statistiken der VN geben eine Zahl von etwas über 30 000 Menschen an (also knapp ein Prozent der Gesamtbevölke-rung; z. Vgl.: Namibia ca. acht Prozent). Der Grund liegt darin, daß die Auseinandersetzung bisher nicht den Charakter eines umfassenden, weite Teile des Landes erfassenden Krieges ange-nommen hat, obwohl eine revolutionäre Stimmung durchaus gegeben ist.

Zwar verlassen aufgrund der politischen Bedingungen monat-lich einige Menschen Südafrika. Die überwiegende Zahl der Flüchtlinge ist jedoch auf drei große Schübe zurückzuführen. Um nicht Opfer massiver staatlicher Repression im Anschluß an intensive Phasen des Widerstandes (nach 1960, 1976 und 1986) zu werden, entschlossen sich vor allem jüngere Schwarze, über Botswana, Lesotho, Zimbabwe, Swasiland, Mosambik etc. zu fliehen. Der überwiegende Teil von ihnen fand Aufnahme in Lagern in Zambia, Angola und Tanzania. Andere gingen in westliche, östliche oder afrikanische Länder, um ihre Ausbil-dung fortzusetzen. Nicht wenige entschlossen sich allerdings auch, das System nun mit der Waffe in der Hand zu bekämpfen. Sie wurden zumeist Mitglieder der Guerilla- und Untergrundor-ganisation der ANC/SACP (South African Communist Party)-Allianz, Umkhonto we Sizwe. Sie soll heute über 8000 bis 10 000 ausgebildete Guerillas beziehungsweise Freiheitskämpfer verfügen.

Das Leben in den Lagern und im Exil ist hart. Unter anderem ist ständig mit südafrikanischen Angriffen zu rechnen. Denn in den Augen der südafrikanischen Militärs ist jeder Flüchtling ein potentieller Guerilla, den es zu bekämpfen und zu vernichten gilt. Der ANC und die Flüchtlingsorganisationen haben wiederholt darüber Klage geführt, daß Einrichtungen ohne Rücksicht auf ihren nichtmilitärischen Charakter angegriffen werden. Es ist bekannt, daß die südafrikanische Regierung auf Länder wie Lesotho, Botswana, Zimbabwe, Zambia etc. beträchtlichen Druck ausübt, auf ihrem Territorium möglichst überhaupt keine Flüchtlinge aus Südafrika zu beherbergen.

Die Beschreibung Südafrikas als Flüchtlingsland ändert sich radikal, wenn man die „internally displaced persons" hinzunimmt, obwohl sie formal nicht unter die Definition der UN Convention on Refugees fallen. Seit 1961 sind im Zuge der umfassenden Implementierung der Rassen- und Homelandpolitik über 3,5 Millionen Menschen zwangsweise umgesiedelt worden. Die Existenzgrundlagen vieler schwarzer Gemeinschaften sind durch diese Politik auf eine willkürliche und rücksichtslose Weise zerstört worden. Die Politik der Zwangsumsiedlung ist maßgeblich dafür verantwortlich, daß in Südafrika heute ca. zwei Millionen Menschen von kirchlichen und anderen internationalen nichtstaatlichen Organisationen täglich mit Nahrungsmitteln versorgt werden müssen.

Winrich Kühne

Literatur

Bay. Landeszentrale für Pol. Bildung (Hrsg.), *Südafrika, Krise und Entscheidung*, Bd. 1 u. 2, München 1987.
Hanf, Th., Weiland, H., Vierdag, G., *Südafrika: Friedlicher Wandel?* München/Mainz 1978.
Lelyveld, J., *Die Zeit ist schwarz – Tragödie Südafrika*. München 1986.
S. A. Institute of Race Relations (Hrsg.), *Race Relations Survey*, Johannesburg, jährlich.

Sudan

Mit 21,9 Millionen Einwohnern gehört der Sudan zu den bevölkerungsstärksten Staaten Afrikas. Mit 2,5 Millionen km^2 Fläche ist er der flächenmäßig größte Staat des Kontinents, zehnmal so groß wie die Bundesrepublik Deutschland. Mit einer Länge in Nord-Süd-Richtung von über 2000 km (von Wadi Halfa im Norden bis Yei im Süden), hat der Sudan gemeinsame Grenzen mit neun Nachbarstaaten: mit dem zweiten Nilland Ägypten im Norden; mit dem seit 1974 von sozialistisch orientierten Militärs regierten Äthiopien im Osten; mit Libyen, der Zentralafrikanischen Republik und dem Tschad auf seiner Nordwest- und Westseite und schließlich mit Kenia, Uganda und Zaire im Süden. Nur im Nordosten hat der Sudan eine natürliche Grenze – die ca. 700 km lange Küste am Roten Meer. Seine geopolitische Position an der Nahtstelle zwischen der arabisch-muslimischen Welt einerseits und den schwarzafrikanischen Ländern andererseits hat die politische Geschichte des Landes stark mitgeprägt: Zum einen haben sich seine politischen Repräsentanten, vor allem Staatspräsident Gaafar Numeiri 1969–1985, oft als Mittler und Brückenbauer zwischen beiden Welten verstanden und dementsprechend eine Außenpolitik des regionalen Ausgleichs und der guten Nachbarschaft angestrebt; zum anderen hat sich seine Position als riesiger dünnbesiedelter Flächenstaat mit offenen Grenzen zu neun Nachbarn dahin ausgewirkt, daß der Sudan von den politischen Turbulenzen seiner Nachbarn stark in Mitleidenschaft gezogen wurde.

Seit Jahrzehnten schon werden die Völker und Staaten am „Horn von Afrika" von kriegerischen Grenz- und Dekolonisationskonflikten, von sozialen Umwälzungen, politischen Revolutionen und von militärischen Interventionen von Ost und West heimgesucht; hinzu kamen Dürrekatastrophen, Überschwemmungen und Heuschreckenplagen. Seit Beginn der 70er Jahre waren Hunderttausende von Kriegs- und Hungertoten sowie weitere Hunderttausende von Flüchtlingen die menschlichen Opfer einer vielfältigen politischen, ökonomischen, sozialen und ökologischen Tragödie. Sie ist das Produkt der Rückkoppelung verschiedener Krisenprozesse, die sich wechselseitig zu verstärken scheinen.

Mit Zahlen von mehr als einer Million Flüchtlingen ist der Sudan in den 70er Jahren zum Land mit der größten Ansammlung von Flüchtlingen geworden. Für 1986 weisen die „World Refugee Statistics" eine Gesamtzahl von 914000 auf, die sich aus drei Kontingenten zusammensetzt: Der größte Teil der Flüchtlinge stammt aus Äthiopien/Eritrea (656000); aus dem noch immer unter dem Idi-Amin-Schock und dessen Folgen leidenden Uganda stammen 165000, und weitere 93000 kommen aus den Hunger- und Dürregebieten des *Tschad*. Allen drei Herkunftsländern der Sudan-Flüchtlinge ist die Tatsache gemeinsam, daß in ihnen seit vielen Jahren *Bürgerkriege* geführt werden, die keine Seite militärisch ganz gewinnen kann.

Flüchtlingssituation

Der Sudan ist aber nicht nur ein Land, das Flüchtlinge aufnimmt, sondern hat auch selbst politische Verhältnisse hervorgebracht, die Ursache für Flüchtlingsströme geworden sind. Schon bei seiner Unabhängigkeit von Großbritannien im Jahr 1955 hatte der Konflikt zwischen den muslimisch-arabischen Bewohnern des Nordens und der Minderheit der „Southerners" begonnen: Es kam zu einem 17jährigen Bürgerkrieg, der erst durch das Friedensabkommen von Addis Abeba 1972 beendet werden konnte. Den christlich oder animistischen Volksgruppen im Süden (den Dinkas, Nuer und Schilluk sowie vielen anderen kleineren Stämmen) wurde eine relative Autonomie in religiösen, politischen und sozialen Fragen gewährt. Weshalb Präsident Numeiri zehn Jahre später – inzwischen als Diktator, der unzählige Attentatsversuche unversehrt überlebt hatte, mit rücksichtslosen Herrschaftspraktiken fest etabliert – das relativ friedliche Nebeneinander der Sudanesen in Nord und Süd leichtfertig aufs Spiel setzte, ist schwer nachvollziehbar. Im Zuge der „Dezentralisierung" der Verwaltung des Landes veränderte er die politische Machtbalance zwischen den Ethnien im Süden, löste das Parlament auf, ließ oppositionelle Abgeordnete inhaftieren und schreckte die Bevölkerung (wohl auf Druck der intern immer stärker werdenden „Muslim Brothers") mit der Einführung der „Sharia", dem islamischen Gesetzeskodex.

Im Jahr 1983 ereigneten sich dann die ersten Überfälle auf arabische Händler im Süden (der von den Briten jahrzehntelang als „closed district" vom Rest des Landes isoliert worden war). Im gleichen Jahr machte erstmalig eine Sudan People's Liberation Army (SPLA) unter Führung des Dinka-Politikers und ehemaligen Hauptmanns der Armee Dr. John Garang de Mabior von sich reden, die seitdem die Befreiung des gesamten Landes von der Herrschaft der muslimisch-arabischen „Northeners" zum Ziel hat. Die SPLA-Rebellen, bald unterstützt von einer schon älteren Oppositionsgruppe gegen Khartoum, die Anyanya, haben seitdem erfolgreich den gesamten Südsudan unregierbar gemacht und die Bevölkerung in Hungersnot, Flüchtlingselend und Ungewißheit gestürzt. Auch nachdem der auf allen Ebenen gescheiterte Staatspräsident Numeiri im März 1985 endlich auf Druck der städtischen Bevölkerung und durch einen Putsch seines gerade erst ernannten Generalstabschefs aus dem Amt gejagt worden war und sich unter dem gewählten Sadig el Mahdi ein formal-demokratisches Mehrparteiensystem, dem allerdings die Südsudanesen die Beteiligung an der Wahl verweigerten, etabliert hatte, legten die Rebellen ihre Waffen nicht nieder: Sie konnten von Khartoum keine hinreichenden Garantien dafür erreichen, daß eine Wiederholung ihrer religiösen und wirtschaftlichen Diskriminierung durch die Zentralregierung in Zukunft ausgeschlossen wäre.

Infolge des gnadenlosen Bürgerkriegs, den keine Seite auf Grund mangelnder militärischer Mittel – trotz logistischer Unterstützung der SPLA durch Äthiopien und Libyen – gewinnen kann, traf die Hungersnot von 1986 die fünf Millionen Menschen des Südsudan schwer: Hunderttausende flohen vom Land in die Städte, südwärts über die Grenzen zu Verwandten nach Uganda oder nordwärts in Gegenden, die von den akuten Kämpfen der Bürgerkriegsparteien weniger gefährdet schienen.

Die SPLA hält seit Jahren die größeren Städte im Süden im Belagerungszustand. Gelegentlich verübt sie Überfälle auf Garnisonen der nationalen Armee; es gelang ihr, alle Flugzeuge der Armee abzuschießen. Im Jahr 1986 sollen 120000 Sudanesen nach Äthiopien geflohen sein, während ca. eine Million Zivilisten, die im Süden in der Falle saßen, dem Hungertod entgegensahen. Da es die SPLA-Führer ablehnten, daß internationale Hilfsmaßnahmen mit national-sudanesischen Transportmitteln in die Hungergebiete befördert würden – worauf die Regierung in Khartoum bestand –, werden inzwischen viele tausend Menschen verelendet sein. Das Verhalten der politischen Führer sowohl in Khartoum als auch bei den „Rebellen der Befreiung" im Süden gegenüber der Zivilbevölkerung ist mit dem Prinzip der Achtung der Menschenrechte nicht zu vereinbaren. Vor allem ist es schwer nachvollziehbar, daß eine zivile Regierung unter dem gebildeten Ministerpräsidenten Sadig el Mahdi, umgeben von zahlreichen Akademikern als Minister, es nicht fertiggebracht hat, die Gültigkeit der Sharia für den Südsudan aufzuheben und ein glaubwürdiges Angebot der politischen Versöhnung zu unterbreiten. Statt dessen wird der aussichtslose Bürgerkrieg fortgesetzt – wie es scheint, mit allen Mitteln.

Im Zuge dieser neu entflammten Konflikte zwischen ethnisch-religiös-politisch unterschiedlichen Bevölkerungsgruppen kam es am 27./28. März 1987 zu einem Ereignis, das an die finsteren Zeiten der Sklaverei erinnert, die von arabischen Jägern und Händlern im heutigen Südsudan im 19. Jahrhundert eifrig betrieben worden ist: In der 60000-Menschen-Stadt Diein im westlichen Sudan wurden an jenem Tag mehr als 1000 Frauen, Kinder und Männer vom Volk der Dinka von Milizen der arabischen Volksgruppe der Rizeigat, mit Duldung der Regierungsbehörden, bei lebendigem Leibe verbrannt. Hunderte von gefangenen Dinka-Frauen und Kinder wurden in die Sklaverei verschleppt (nach einer Untersuchung von Ushari Ahmad Mahmud und Suleyman Ali Baldo, University of Khartoum 1987). Bei den ermordeten Dinkas handelte es sich um Menschen, die auf Grund der jahrzehntelangen Kämpfe in ihrer Heimat nach Diein geflohen waren und nun wahrscheinlich im zweiten Bürgerkrieg die Rebellen im Sudan unterstützt hatten. Dieses Ereignis ist als Indiz dafür zu werten, wie unendlich schwierig es sein wird, eine heterogene Bevölkerung zu einer politischen Gemeinschaft zu führen, die von allseits anerkannten Prinzipien der Toleranz und von demokratischen Institutionen geprägt sein muß.

Rainer Tetzlaff

Literatur

Bohle, H.-G., Internationales „Hunger-Management" und lokale Gesellschaft. Fallstudien über den Umgang mit Hunger im Tschad und Sudan, in: *Geographische Rundschau,* 1986, S. 565-574.

Ushari Ahmad, M./Ali Baldo, S., *Al Diein Massacre. Slavery in the Sudan. Human Rights Violations in the Sudan 1987* (Original in Arabic), Khartoum University 1987.

Matthies, V., Konfliktherd Horn von Afrika, in: *Geographische Rundschau,* 1986, S. 550–556.

Tetzlaff, R., Sudan – Der zweite Bürgerkrieg, in: *Internationales Afrikaforum,* 4/1984, S. 369–378.

ders.: Sudan (Länderbeitrag), in: Steinbach, U., Robert, R. (Hrsg.), *Der moderne Nahe und Mittlere Osten,* Opladen 1988.

Tschad

Auf der Konferenz von Berlin im Jahre 1884 wurde Afrika unter den europäischen Kolonialmächten aufgeteilt – ein Akt, der dazu führte, daß der Tschad für Frankreich an strategischer Bedeutung gewann: Er war die Verbindung zwischen den französischen Gebieten in Nord- und Zentralafrika und trennte gleichzeitig die britischen Besitzungen in Nigeria und im Sudan. In den folgenden Jahren begann Frankreich daher, in den Tschad vorzudringen und die dort siedelnden Stämme zu unterwerfen. Als sich Frankreich – nach dem Ende des 1. Weltkrieges – militärisch durchsetzte, wurde der Tschad zur französischen Kolonie mit ziviler Verwaltung.

Während der Kolonialzeit begann Frankreich, den fruchtbaren Süden – *„le Tschad utile"* – wirtschaftlich und administrativ zu entwickeln, wohingegen der Norden weitgehend sich selbst überlassen blieb. Die französische Verfassung von 1946 gewährte dem Tschad im Rahmen der *Union Française* eine beschränkte

Autonomie und führte zur Entwicklung politischer Strukturen: Es entstanden politische Parteien und eine von Afrikanern mitgetragene Administration. Im Rahmen der Dekolonisierungspolitik de Gaulles sah Frankreich auch für den Tschad die Unabhängigkeit vor.

Am 11. August 1960 deklarierte Präsident François Ngarta Tombalbaye die Unabhängigkeit des Tschad von Frankreich. Tombalbaye konnte in den folgenden Jahren seine Herrschaft zwar zunächst stabilisieren, zog sich dabei jedoch die Feindschaft zweier wichtiger Gruppen zu: der islamischen Bewegung – im Sommer 1963 fand ein Schauprozeß gegen führende Vertreter des islamischen Nordens statt – und der links orientierten Opposition, deren Erwartung auf Reformen von Tombalbaye enttäuscht wurde.

Die Entmachtung der Moslempolitiker aus dem Norden machte erstmals den Nord-Süd-Gegensatz innerhalb des Landes offenkundig. Tombalbayes hartes Vorgehen machte einen friedlichen Ausgleich der unterschiedlichen Bevölkerungsgruppen unmöglich. Im Juni 1966 schlossen sich einige Oppositionsgruppen zur *Front de Liberation National (FROLINAT)* zusammen. Bald darauf stellte die FROLINAT Guerillaverbände auf und begann, die Regierung in N'djamena zu bekämpfen. Der Bürgerkrieg führte dazu, daß Frankreich auf Bitten der Regierung 1969 seine Truppenpräsenz im Tschad verstärkte. Doch trotz der Spaltung der FROLINAT und einer vorübergehenden Stabilisierung der militärischen Lage brachte der Bürgerkrieg Tombalbaye in eine immer schwierigere Situation: 1973 begann der Präsident eine von Mobutus *„Authenticité"* beeinflußte Politik, die die afrikanischen Traditionen des Landes betonte – und daher zu einer weiteren kulturellen Entfremdung des Südens vom islamisch bestimmten Norden führte.[1]

Als der Präsident begann, sich verstärkt auf seine eigenen Sicherheitskräfte zu verlassen und damit den Streitkräften politischen Einfluß zu entziehen, kam es 1975 zu einer Militärrevolte, in deren Verlauf Tombalbaye getötet wurde[2]; sein Nachfolger, General Felix Malloum, versuchte, sich mit Hissène Habré, dessen Guerillatruppe *„Armee du Nord"* eine maßgebliche militärische Kraft im Tschad geworden war, zu einigen. Für kurze Zeit kam es so zu einer Koalitionsregierung Malloum/ Habre, doch im Frühjahr 1979 brach erneut der Bürgerkrieg aus.[3]

Noch im gleichen Jahr wurde, um den Krieg zu beenden, von allen am Bürgerkrieg beteiligten Parteien in Kano, Nigeria, eine provisorische Regierung unter Goukouni Queddei vereinbart (*Gouvernement de l'Unité Nationale Transitoire, GUNT*). Auch Goukouni war – wie Habré – ein ehemaliger Rebellenführer. Schon im März kam es jedoch erneut zu Feindseligkeiten: Verteidigungsminister Hissène Habré putschte gegen Goukouni. Für kurze Zeit konnte sich Habré in N'djamena behaupten, dann aber gelang es Goukounis Truppen, mit libyscher Unterstützung die Hauptstadt zurückzuerobern. Habre mußte in den Süden ausweichen, wo er seinen Guerillakrieg – mit französischer und amerikanischer Unterstützung – fortführte.

Im Januar 1981 schlug Mu'ammar al Qadhafi – der wichtigste politische Verbündete Goukounis – die Vereinigung von Tschad und Libyen vor, konnte sich mit diesem Vorschlag aber nicht durchsetzen. Qadhafis Expansionismus, seine Vorstöße auf tschadisches Gebiet 1981/82 und die offensichtliche Bereitschaft Frankreichs, dies zu dulden, solange der „*Tschad utile*" nicht betroffen war, alarmierten andere afrikanische Staaten. Nigeria führte eine Gruppe von Staaten an, die Qadhafi in der OAU heftig attackierte. Libyen zog sich darauf bis auf den Aouzou-Streifen im Grenzgebiet zwischen den beiden Staaten zurück. Habre konnte nun den größten Teil des Landes zurückerobern und seine Macht konsolidieren. Mitte 1983 – als Unterstützung für den ehemaligen Präsidenten Goukouni – intervenierte Libyen erneut im Tschad. Unter dem Druck sowohl einiger konservativer frankophoner Staaten in West- und Zentralafrika als auch der USA erhöhte Frankreich sein Truppenkontingent im südlichen Tschad.

Ende 1986 verschlechterte sich die militärische Lage für Goukounis Truppen, und Anfang 1987 gelang es den tschadischen Truppen, die libyschen Einheiten vollständig aus dem Territorium des Tschad zu verdrängen. Auch der politisch und juristisch zwischen Libyen und dem Tschad umstrittene Aou-zou-Streifen wurde von den tschadischen Soldaten zurücker-obert, konnte gegen den libyschen Gegenangriff aber nur kurze Zeit gehalten werden. Im September 1987 begannen unter der Schirmherrschaft des sambianischen Präsidenten und gegenwär-tigen Vorsitzenden der OAU, Kenneth Kaunda, Verhandlungen zwischen Habre und Libyen in Lusaka.

Trotz der militärischen Erfolge Habres kann der Bürgerkrieg jedoch nicht als beendet betrachtet werden, zumal Ende 1987 in der Guera Provinz – dem Stammesgebiet der Hadjerai – erneut Unruhen ausbrachen.[5]

Die Flüchtlingssituation

Als der Bürgerkrieg nach 1979 heftiger wurde, flohen Tausende von Menschen in die benachbarten afrikanischen Staaten[6]: Auf der Höhe des Bürgerkrieges 1980 verließen so ca. 260000 Menschen den Tschad. Nachdem es Präsident Hissène Habré 1982 gelang, seine Macht zu festigen und den Bürgerkrieg für beendet zu erklären, kehrten die meisten dieser Flüchtlinge wieder in den Tschad zurück. Als die militärische Situation Habres 1983 jedoch wieder schlechter wurde und die Rebellen von Libyen erstmals direkte militärische Unterstützung erhiel-ten, erlebte das Land seine zweite – bis heute andauernde – Flüchtlingswelle.

Von 1984 bis 1986/87 haben schätzungsweise 175000 Ein-wohner des Tschad das Land verlassen. Die größte Gruppe (ca. 120000) floh über die gemeinsame Grenze in den Sudan. Etwa die Hälfte dieser Flüchtlinge lebt in drei großen Camps in der Darfur-Provinz. Die Lager werden von der sudanesischen Re-gierung *(Sudanese Commission for Refugees)* mit der Unterstüt-zung des *United Nations High Commissioner for Refugees (UNHCR)* und der *Islamic African Relief Agency* unterhalten. Die anderen ca. 60000 Flüchtlinge dieser Gruppe ließen sich im sudanesisch-tschadischen Grenzgebiet nieder, dessen Bevölke-rung von derselben ethnischen und kulturellen Herkunft wie die tschadischen Flüchtlinge ist. Da wegen der anhaltenden Trokkenheit auch viele Sudanesen in dieses Gebiet geflüchtet sind, hat sich nicht nur die Ernährungslage der Flüchtlinge, sondern auch die der einheimischen Bevölkerung drastisch verschlechtert. Nur mit Hilfe internationaler Organisationen konnte der Sudan bisher die Flüchtlinge ernähren. Nachdem sich die Lage im Tschad seit den militärischen Erfolgen Habres gegen die Libyer zu stabilisieren scheint, wird erwartet, daß die meisten dieser Flüchtlinge – wie Anfang der achtziger Jahre die erste Flüchtlingswelle – wieder in den Tschad zurückkehren.

Eine zweite große Gruppe von Flüchtlingen (ca. 40 000) suchte in der Zentralafrikanischen Republik Zuflucht. Damit dürfte die Zahl der tschadischen Flüchtlinge in der Zentralafrikanischen Republik ca. 47 000 Personen betragen, da etwa 7000 Menschen, die zu Beginn der achtziger Jahre nach Zentralafrika geflüchtet waren, 1982 nicht in den Tschad zurückgekehrt sind. Zumeist leben diese Flüchtlinge in der Umgebung von Bangui oder in der zentralafrikanischen Hauptstadt selbst. Viele Flüchtlinge wurden nach 1984 auch in Dörfern entlang der Grenze zum Tschad angesiedelt. Seit Mitte der achtziger Jahre versuchte die Regierung in Bangui jedoch, diese Flüchtlinge dazu zu bewegen, in das Landesinnere der Republik zu ziehen. Vier Gebiete, die ca. 150 Meilen von der Grenze entfernt sind, wurden dafür von der zentralafrikanischen Regierung vorgesehen.

Nahezu 13 500 Flüchtlinge zogen nach Kamerun, das 1982 dem UNHCR erlaubte, ein permanentes Lager für tschadische Flüchtlinge in Poli – nahe der Grenze zu Nigeria – einzurichten. Poli war ursprünglich für die Aufnahme von 15 000 Flüchtlingen geplant, die schlechte Wasserversorgung erlaubt es jedoch nur, 6000 Personen eine Zuflucht zu gewähren. Eine kleinere Gruppe von ca. 3600 Menschen floh nach Benin.

Einer Schätzung des *U. S. Committee for Refugees* zufolge sind diese Zahlen eher zu niedrig angesetzt. Tausende von Flüchtlingen dürften sich noch in anderen zentral- und westafrikanischen Ländern befinden. Im November 1982 fand auf Einladung der UNDP in Genf eine Konferenz über die Lage der Flüchtlinge aus dem Tschad statt. – Seither versuchen die mit der Betreuung der Flüchtlinge befaßten Organisationen, ihre Aktionen zu koordinieren. Sollte sich die Lage im Tschad im Laufe des Jahres 1988 weiter stabilisieren, so ist damit zu rechnen, daß ein großer Teil der Flüchtlinge in ihr Heimatland zurückkehren wird.

Dietmar Herz

Anmerkungen

1 Wrobel-Leipold (1986), S. 172f.
2 Wrobel-Leipold (1986), S. 176.
3 Vgl. Le Tchad, in: *Politique Africaine*, Paris, 16, Decembre 1984.
4 Griffiths, L. L., An Atlas of African Affairs, London/New York 1985, S. 62f.
5 Zur aktuellen Entwicklung im Tschad: The Year of pushing north. Chad 1987, in: *West Africa*, January 11th, 1988, No. 3673, S. 34f.
6 Vgl. hierzu Kennedy, Chadian Refugees: Coming and Going, in: *World Refugee Survey 1985*, in *Review*, U.S. Committee for Refugees, New York and Washington 1986.

Literatur

Buijtenhuijs, R., *Le FROLINAT et les revoltes populaires du Tchad*. 1965–1976, The Hague/Paris/New York 1978.
Chapelle, J., *Le Peuple Tchadien. Ses racines, sa vie quotidienne et ses combats*, Paris 1980.
Decalo, S., *Historical Dictionary of Chad*, London 1977.
Kennedy, J., Chadian Refugees: Coming and Going, in: *World Refugee Survey 1985*, in *Review*, U.S. Committee for Refugees, New York/ Washington 1986.
Lanne, B., *Tchad-Libye. La querelle des frontieres*, Paris 1982.
Le Tchad, in: *Politique Africaine*, Paris, 16, Decembre 1984, publiée par l'Association des Chercheurs de Politique Africaine.
Thompson, V./Adloff, R., *Conflict in Chad*, London 1981.
Wrobel-Leipold, A., *Zur Genese von Massenfluchtsituationen in Tropisch-Afrika: Die Fallstudien Äthiopien und Tschad*, Frankfurt/Main, Bern, New York 1986.

Uganda

Uganda liegt seit Beginn der 80er Jahre in der Spitzengruppe der vom UNHCR erstellten Statistik über die Herkunftsländer von Flüchtlingsströmen. Die Statistik sagt jedoch wenig über die Dramatik des Fluchtgeschehens in diesem ruinierten und demoralisierten ostafrikanischen Land aus. Als diese ehemalige „Perle Afrikas", wie Winston Churchill sie nannte, 1962 unabhängig wurde, war es schon Gastland von rund 100 000 Flüchtlingen, die durch Bürgerkriege aus den Nachbarstaaten Rwanda, Zaire und Sudan vertrieben worden waren; und es war Einwanderungsland von Minderheiten, die nun den kolonialen Schutz verloren. Bis zum Jahr 1982 verfolgten seine nachkolonialen Regimes sogar eine relativ tolerante Politik gegenüber Flüchtlingen aus den Nachbarländern, trieben aber gleichzeitig Minderheiten und immer mehr eigene Bürger zur Flucht.

Das Gemenge der Ursachen für den politischen und wirtschaftlichen Ruin des Landes und damit auch für Flucht und Vertreibung ist komplex und kann hier nur in einer überblicksartigen Faktorenauswahl und Reihenfolge skizziert werden:

– politische Repression als Folgewirkung der mit ethnischen und religiösen Rivalitäten vermengten Machtkämpfe zwischen regionalen Führungsgruppen, die nur vordergründig dem „Syndrom des Tribalismus" als der „politischen Krankheit Afrikas" angelastet werden können;

– Entwicklungskrisen (Landknappheit und Arbeitslosigkeit) sowie der Kampf um Ressourcen in einem regional sehr unterschiedlich entwickelten Land, der zu populistischen Zwangsmaßnahmen gegenüber wirtschaftlich erfolgreichen Minderheiten verführte;

– die Brutalisierung der Politik und des Lebens durch das Terrorregime von Idi Amin, nach dessen Vertreibung durch tansanische Interventionstruppen eine marodierende Soldateska plündernd und mordend durch die nördlichen Landesteile zog;

– der Wahlbetrug und die kaum geringere Gewalttätigkeit des zweiten Obote-Regimes, die den militärischen Widerstand der von Yoweri Museveni geführten NRA (National Resistance Army) auslösten, den völligen Zerfall der politischen Ordnung und militärischen Disziplin beschleunigten und einen „Kampf aller gegen alle" einleiteten, in dem die teilweise miteinander um Beuteanteile kämpfenden Regierungstruppen ein terroristisches Raubrittertum veranstalteten;

– der wirtschaftliche Ruin des potentiell reichen Landes und die

Verwüstung ganzer Distrikte, die Hungersnöte auslöste und die Überlebenden über die Grenzen trieb, wenn sie dazu physisch noch in der Lage waren.

Der erste nachkoloniale Präsident Milton Obote trieb nach 1966 prominente Angehörige des wirtschaftlich und kulturell führenden Kernvolkes der Baganda, die sich seinem Versuch widersetzten, das traditionelle Königtum von Buganda auszuschalten, ins Exil. Unter dem Druck wachsender Wirtschaftsprobleme schickte er im Jahre 1970 33000 Kenianer über die Grenze zurück. „Feldmarschall" Idi Amin, der den „afrikanischen Sozialisten" Obote nicht ohne mehr oder weniger klammheimliche Genugtuung im Westen aus dem Amt geputscht hatte, verschaffte sich breite Popularität durch die Ausweisung von rund 50000 Asiaten, die wichtige Sektoren der Wirtschaft kontrollierten, allerdings auch in Gang hielten.

Während diese Ausweisung der Asiaten, die größtenteils im britischen „Mutterland" Asyl suchten und dort rassistische Abwehrreaktionen auslösten, noch die Weltöffentlichkeit erregte, kümmerte sich kaum jemand um die Ausweisung von rund 80000 Banyarwanda durch den 1980 auf den Präsidentenstuhl zurückgekehrten Obote. Diese Minderheit aus Rwanda war schon in Kolonialzeiten dem von den Belgiern verhängten Arbeitszwang entflohen und hatte im südwestlichen Grenzgebiet eine erfolgreiche Viehzucht aufgebaut. Da die Banyarwanda nicht nur als Katholiken mehrheitlich der oppositionellen „Demokratischen Partei" nahestanden und dem Amin-Regime wohlwollend gegenüberstanden, sondern auch noch in der Region lebten, in der Museveni seine Rebellenarmee aufbaute, wurden sie als Komplizen verdächtigt und verfolgt. Weil sie außerdem als erfolgreiche Land- und Viehbesitzer den Konkurrenzneid der ansässigen Bauern (Ankole) erregten, fand ihre Zwangsausweisung mehr Beifall als Kritik.

Das Terrorregime von Idi Amin hat zwar mindestens 50000, möglicherweise sogar 300000 Menschen (nach Angaben von *amnesty international*) das Leben gekostet, aber keine größeren Flüchtlingsströme ausgelöst. Der drohenden Folter und Liquidation entflohen kleinere Gruppen sogenannter Stadt- oder

Mittelstandsflüchtlinge (unter ihnen fast alle Professoren des einst berühmten Makerere College) und Angehörige des Acholi-Volkes, das zusammen mit dem ermordeten Bischof Janani Luwum kollektiv der Verschwörung verdächtigt wurde. Erst nach dem Sturz von Amin und der Wiederkehr von Obote schwoll der Flüchtlingsstrom schnell an.

Zuerst setzten sich die Handlanger von Amin in Verwaltung und Armee ab, unter ihnen viele Nubier aus dem Sudan. Dann folgte ein Massenexodus aus den grenznahen Distrikten am Westnil, die einerseits als Hochburgen der „Demokratischen Partei" und andererseits als Heimatregion von Idi Amin von der UNLA (Uganda National Liberation Army) systematisch durchkämmt und entvölkert wurden. In den Jahren 1980/81 flohen 70 Prozent der hier ansässigen Bevölkerung, rund 300000, nach Zaire, weitere 50000 in den Sudan. In den Jahren 1982/83 fingen allein die vom UNHCR im Sudan eingerichteten Lager 200000 ugandische Flüchtlinge auf. Nicht viel weniger dürften sich irgendwo im Grenzgebiet versteckt haben oder in Dörfern untergetaucht sein. Ermordete oder Verhungerte tauchen ohnehin in Flüchtlingsstatistiken nicht auf.

Ein anderes Gebiet, das weitgehend entvölkert wurde, war das Luwero-Dreieck in Buganda, wo die NRA operierte. Die Regierungstruppen (UNLA) plünderten und mordeten, zerstörten Hütten und Vorräte, vertrieben die Bauern aus den Dörfern und später auch aus den Auffanglagern der internationalen Hilfsorganisationen. Hauptursache für das Flüchtlingselend war auch hier der Bürgerkrieg, also der von der NRA organisierte Widerstand und der vom Obote-Regime einer Soldateska überlassene Kampf um die Machterhaltung.

Nach dem militärischen Sieg der NRA und dem Einzug des Rebellenführers Yoweri Museveni in den Präsidentenpalast (Anfang 1986) kehrten etwa 100000 Flüchtlinge aus den Nachbarländern zurück. Da ihre Heimatgebiete am Westnil und im Luwero-Dreieck verwüstet sind, kann die vom UNHCR geleistete Rehabilitationshilfe nur die Wiederaufnahme eines produktiven Lebens erleichtern. Mindestens 200000 Flüchtlinge warten noch in Lagern in Zaire und im Sudan die weitere Entwicklung in ihrem Heimatland ab, wenn ihr Entschluß nicht durch Überfälle von ugandischen Freischärlern beschleunigt wird. Sie haben Grund zur Vorsicht, weil es der neuen Regierung noch nicht gelungen ist, den Norden und Osten zu befrieden und seit Anfang 1987 der Bürgerkrieg an vielen Punkten wieder aufgeflammt ist.

Je mehr die NRA Methoden der Machtsicherung ergreift, die auch schon Amin und Obote anwandten, desto mehr verliert Museveni seinen Vertrauensvorschuß und seine revolutionäre Legitimationsbasis; um so mehr wächst auch die Gefahr neuer Flüchtlingsströme. Museveni betonte in einem Interview mit der vom UNHCR herausgegebenen Zeitschrift „Flüchtlinge" (Dezember 1986): „Nur Sicherheit, Frieden und Demokratie können die Flüchtlingslager beseitigen." Uganda braucht Frieden, aber auch Demokratie, für deren Herstellung er nun selbst verantwortlich ist.

Franz Nuscheler

Literatur

Clay, J. W., *The Eviction of the Banyarwanda*. The Story Behind the Refugee Crisis in Southwest Uganda, Cambridge/Mass. 1984.

Gruppe für den Schutz der Rechte von Minderheiten, *Uganda and Sudan*, Report Nr. 66, London 1984.

Kyemba, H., *State of Blood*. The Inside Story of Idi Amin's Reign of Terror, London 1977.

Pirouet, M. L., Flüchtlinge in und aus Uganda in der nachkolonialen Zeit, in: *epd-Dokumentation*, Nr. 26a/86.

Rogge, J. R., *Too Many, Too Long*. Sudan's Twenty-Year Refugee Dilemma, New Jersey 1985.

Westsahara

Río de Oro, Provincia de Sahara, Qued ed-Dahab sind wechselnde Namen für koloniale Eroberung und Fremdherrschaft einer Region, die wohl zu den ödesten und zugleich konfliktreichsten Schauplätzen moderner Dekolonisation gehört: die Westsahara.

Mit 266000 km², etwas größer als Großbritannien, war die Westsahara, seit 1884 spanische Kolonie, ursprünglich aber das Land der Ahel es-Sahel (Tekna, Réguibat, Ouled Delim), deren nomadische Lebensweise trotz frühen Widerstandes durch Kolonialismus, Industrialisierung und den jüngsten Exodus weitgehend zerstört und heute endgültig verloren scheint. Ihr Kampf um nationale Eigenstaatlichkeit, der seit 1973 von der Befreiungsfront POLISARIO (Frente Popular para la Liberación de Saguiet el-Hamra y Río de Oro) geführt wird, ist bislang trotz internationaler Bemühungen um ein Referendum über die Westsahara ohne Aussicht auf Erfolg geblieben. Die Hauptursache dafür aber ist der seit 1975 tobende Krieg zwischen der POLISARIO und dem marokkanischen Königreich Hassans II.

Dieser Konflikt ist jedoch mehr als der verzweifelte Kampf eines kleinen Volkes um seine Souveränität oder die alles verbrämende marokkanische Philosophie eines „dar-islam". Eigentliches Ziel der marokkanischen Politik war die Inbesitznahme des sogenannten „triangle utile" von El Aïoun, Smara und Bou-Craâ, der durch die Entdeckung riesiger Phosphatvorkommen (1947) regionale und internationale Bedeutung gewonnen hat. Diesem Interesse – Marokko ist der größte Phosphatexporteur der Welt – würde ein Referendum entgegenstehen. Es geht somit um die Frage ökonomischer Macht und damit um eine Neuverteilung des politischen Gleichgewichts im Maghreb.

Noch vor Ende der spanischen Kolonialherrschaft hatte Marokko durch den sogenannten „Grünen Marsch" seinen Anspruch auf das Gebiet demonstriert und dieses Ziel mit dem Abkommen von Madrid (14. Nov. 1976) auch erreicht. Saguiet el-Hamra und ein Großteil des Río de Oro fiel an Marokko, während der unbedeutendere Teil Mauretanien zugesprochen wurde. Auch Tiris el-Gharbia wurde 1979 von Marokko annektiert.

Seitdem führt Marokko einen kostspieligen Krieg mit der POLISARIO, die seit 1975 von Algier unterstützt wird: Seine Kosten werden auf eine Milliarde Dollar im Jahr veranschlagt; ein Drittel davon trägt Saudi Arabien. In den vergangenen zehn Jahren hat die 200000 Mann starke Armee trotz modernster

Waffenlieferungen (Frankreich, USA) die von Algerien aus operierenden 30 000 Guerillakämpfer nicht besiegen können. Allerdings hat der Bau der „Großen Mauer der Sahara" – ein inzwischen auf 2800 km angewachsener und mit elektronischen Detektoren versehener Sandwall – dem Guerillakampf praktisch ein Ende gesetzt.

Während der Krieg Marokko in die diplomatische Isolation führte, hat die POLISARIO und die von ihr gegründete „République arabe sahrawie démocratique" (SADR) (27. Feb. 1976) international an Bedeutung gewonnen: 1983 wurde sie in Addis Abeba bereits von 51 Staaten der OAU und Mitte 1987 von insgesamt 70 Drittweltstaaten anerkannt. Auch der Internationale Gerichtshof hat das Recht auf Eigenstaatlichkeit (hinsichtlich Bevölkerung, gemeinsamer Sprache, „hassaniya" – einem Arabisch, das sich seit dem 12. Jahrhundert in seiner ursprünglichen Form erhalten hat – und des kult.-ethnischen Lebensraums) bestätigt.

So gesehen, könnte die SADR – ihrer inneren Verfassung nach auf einem „islamischen Sozialismus" gegründet mit dem vorrangigen Ziel gerechter Verteilung und Arabisierung der Erziehung – eine den Golfstaaten ähnliche Existenz führen.

Der Weg dahin aber führt allein über eine Lösung auf internationaler Ebene – und das, wie Hassan II. heute bereits eingesteht, nur „im Rahmen eines völlig freien Referendums".

Die Flüchtlingssituation

Der durch das Abkommen von Madrid ausgelöste Exodus ist wohl der größte und leidvollste in der Geschichte der Saharaúi. Wegen der Brutalität, mit der sie verfolgt und ihr Recht auf Selbstbestimmung mißachtet wurden, hat man sie auch als „Palästinenser des Maghreb" bezeichnet.

Frühere Flüchtlingsbewegungen waren der Aufmerksamkeit der Weltöffentlichkeit weitgehend entgangen. Die erste große Flüchtlingsbewegung wurde durch den marokkanischen Befreiungskrieg ausgelöst. Nach den blutigen Unruhen und Kämpfen um Ifni und Sahara 1957/58 war ein beachtlicher Teil der

Bevölkerung vor den spanischen Truppen in angrenzende Gebiete geflohen. Fluchtziel der am marokkanischen Befreiungskampf der Jaich at-Tahir beteiligten Stämme, Tekna und Réguibat, waren die Städte Tarfaya und Agadir. Die Aufständischen im Süden flohen über die Grenze ins benachbarte Mauretanien, natürliches Rückzugsgebiet für die Stämme, die ohnehin beiderseits der Grenzen lebten. Allein die Zahl der nach Agadir geflüchteten Reguibat wurde auf 12 000 geschätzt. Anfang der 70er Jahre führte ein neuer Flüchtlingsstrom Tausende in die benachbarten Staaten; erstmals auch nach Algerien. Bis zum Ausbruch des Befreiungskrieges im Jahr 1974 hatten mindestens 75 000 Ahel es-Sahel ihr Gebiet verlassen.

Wirklich dramatische Formen aber nahm das Flüchtlingsproblem erst an, als mauretanische und marokkanische Truppen Ende 1975 die Westsahara okkupierten. Nach einer Meldung des Internationalen Roten Kreuzes befanden sich bereits Anfang Januar 40 000 Saharaúi auf der Flucht. Die eine Hälfte gelangte binnen kurzer Zeit nach Algerien, die andere zog sich in den unzugänglicheren Teil der Westsahara zurück. Wegen der Massaker glichen El-Aïoun, wie auch Smara und Villa Cisneros, einer Geisterstadt; von 29 000 Saharaúi waren nur noch 6000 in der Hauptstadt verblieben.

Im Februar wurden bei Guelta Zemmour und weiter südlich bei Oum Dreiga zwei große Flüchtlingslager mit je über 10 000 Menschen von marokkanischen Jagdbombern entdeckt und mit Napalmbomben unter Beschuß genommen. Um ein weiteres Blutbad zu verhindern, begann die POLISARIO mit der sofortigen Evakuierung der Bevölkerung nach Algerien. Zielort war Tindouf, wo seit 1972 ein Lager von etwa 5000 Saharaúi bestand. Bis zum Oktober hat sich laut Angabe der algerischen Regierung ihre Zahl auf 50 000 erhöht.

Ohne Schutz des traditionellen Wohnzeltes („khaimat") und ausreichender Versorgung starben Tausende, vor allem Kinder, bereits im ersten Jahr an Epidemien und Unterernährung. Die Internationale Menschenrechtskommission sprach von einem „véritable entreprise de génocide". Weitere Flüchtlingsströme aus Südmarokko und Nordmauretanien trafen ein. 1985 belief sich die Gesamtbevölkerung auf rund 165 000 Personen (UNHCR). Der Algerische Rote Halbmond (ARC) rechnet 1987 bereits mit 240 000 Flüchtlingen in Algerien. Während die internationale Hilfe noch nicht einmal 10% der Gesamtausgaben ausmacht und ihr Mangel an Koordination bereits häufiger zu tragischen Engpässen geführt hat, leistet die algerische Regierung eine jährliche Unterstützung von über 100 Millionen US-Dollar; die Projekte aber werden von den Flüchtlingen selbst ausgeführt.

Dank dieser Hilfe entstand hier in der Hamada von Tindouf, rund 2000 Kilometer südwestlich von Algier gelegen, unter extrem feindlichen Bedingungen eine der fortschrittlichsten Flüchtlingssiedlungen der Welt. Besondere Erwähnung verdient, neben dem Fehlen jeglicher Geldgeschäfte, die erfolgreiche Selbstverwaltung und die großen Anstrengungen auf dem Gebiet der Bildung, Gesundheitsfürsorge, Erwerbstätigkeit und Selbstversorgung (Gemüsegärten, Geflügelfarm). Die erstaunlichste Veränderung aber betrifft die Rolle der Frau; inwieweit sie diese für die zukünftige Gestaltung der saharaúischen Gesellschaft nutzen kann, hängt nicht zuletzt von dem Referendum ab. Vielleicht weiß sie den Untergang einer der letzten „Zivilisationen der Wüste" zu verhindern.

Ingrid Langer

Literatur

Barbier, M., *Le Conflict du Sahara Occidental*, Paris 1982.
Beslay, F., *Les Réguibats. De la paix française au Front Polisario*, Paris 1984.
Bontems, C., *La Guerre du Sahara Occidental*, Paris 1984.
Hodges, T., *Western Sahara. The Roots of a Desert War*, Westport 1983.
ders., *The Western Saharans*. The Minority Rights Group Report Nr. 40, London 1984.
Price, L., Morocco and the Sahara Conflict and Development, in: *Conflict Studies* 88/1977.
Saad, Z., *Les chemins de l'éspérance*, Paris 1987.

Zaïre

Zaïre, als Kongo 1884–1960 unter belgischer Herrschaft, erlangte die völkerrechtliche Unabhängigkeit unvorbereitet und hatte 1960–66 Sezessionsbestrebungen (Katanga, heute Shaba; Kasai) und Aufstände (Kwilu-Rebellion) zu überstehen, die durch massive westliche Interventionen erstickt wurden. Erst Mobutu gelang es nach der Machtübernahme am 24. 11. 65 mit beträchtlicher belgischer und US-Militärhilfe und durch den Einsatz von Söldnertruppen, Zaïre als Einheitsstaat zu bewahren.

Mobutu regierte mit harter Hand, um die Bereicherungspraktiken der Staatsklasse im System der Korruption zu schützen, eine ruinöse Entwicklungsgigantomanie durchzusetzen und den Unmut, der aus der finanziellen Ausblutung des Landes und der Massenverelendung der Bevölkerung erwuchs, zu bekämpfen – vor allem als das bankrotte und kreditunwürdige Zaïre ab 1975/76 zum Dauerkunden des Internationalen Währungsfonds wurde, an den Mobutu 1978 die Souveränität über die Zentralbank abtreten mußte. Das überaus repressive Mobutu-Regime duldete keine Opposition, verfolgte Andersdenkende und ließ manchen Gegner exekutieren, suchte aber auch Oppositionelle zu kooptieren und durch die Zuweisung von Pfründen in das geschickt austarierte Herrschaftsgebäude einzubinden. Willkür, Unberechenbarkeit, Verhaftungen ohne Gerichtsverfahren, Verbannungen, Folter und Exekutionen entwickelten sich zu Charakteristika des Regimes. Nicht selten sahen sich Amnestierte kurz nach der Haftentlassung oder Rückkehr aus dem Exil erneut verfolgt. In Haftanstalten, etwa dem berüchtigten Makala-Gefängnis in Kinshasa, herrschen menschenunwürdige Verhältnisse; wiederholt starben Insassen den Hungertod, weil die Regierung bei der Zuteilung von Nahrung sparte.[1] Die staatlichen Sicherheitsorgane, voran die Geheimdienste, erwarben sich – im Unterschied zum übrigen von Korruption und Mißmanagement geprägten staatlichen Bereich – den Ruf, effizient zu arbeiten.

Als Antwort auf die brutale Willkürherrschaft bildete sich ein breites Spektrum von Oppositionsgruppen, die, meist im Exil, für einen Umsturz arbeiteten, aber infolge von Zersplitterung und gegenseitiger Rivalität nichts auszurichten vermochten; daran wird auch der Zusammenschluß von einem Dutzend Gruppen zu einer Exilregierung im September 1987 wenig ändern.[2] Mehr Brisanz gewannen für das Regime andere Organisationen:

– 1977 und 1978 drohte die „Front de Libération Nationale Congolais" (FLNC) in zwei Attacken das zaïrische Zentrum der Devisenerwirtschaftung in Shaba zu lähmen und das Regime zu stürzen, wurde aber infolge der Intervention marokkanischer, französischer und belgischer Truppen sowie logistischer Hilfe der USA zum Rückzug gezwungen.[3]

– Die „Parti Révolutionnaire du Peuple" (PRP), unter der Führung von Kabila, begann in der Kivu-Provinz und im Nordosten Shabas einen Guerillakrieg und besetzte im November 1984 und im Juni 1985 die an der tansanischen Grenze gelegene Stadt Moba, welche jeweils die zaïrische Armee – unter schwersten Menschenrechtsverletzungen – zurückeroberte.[4]

– Das „Mouvement National Congolais" (MNC) brüstete sich im Juli 1987 damit, den militärischen Kampf gegen das Regime aufgenommen und im Grenzgebiet zu Uganda 200 Soldaten der zaïrischen Armee getötet zu haben.[5]

– Die „Union pour la Démocratie et le Progrès Social" (UDPS) rang seit 1982 politisch für eine pluralistische Demokratie in Zaïre. Ihre Führer wurden mehrfach verhaftet, verbannt, amnestiert und wieder verfolgt. 1987 gelang es Mobutu, mehrere von ihnen in die Einheitspartei MPR (Mouvement Populaire de la Révolution) zurückzuführen (weshalb die UDPS an der Exilregierung nicht beteiligt wurde). Andere UDPS-Mitglieder, die von oppositionellen Forderungen nicht abließen, wurden Anfang 1988 erneut festgenommen.[6]

Die Flüchtlingssituation

Flüchtlingsbewegungen entstanden als Folge der Willkürherrschaft des Regimes, der kriegerischen Auseinandersetzungen in Shaba und im Nordosten Zaïres sowie aus den unhaltbaren

Lebens- und Arbeitsbedingungen der bäuerlichen Bevölkerung, die unter den Schikanen korrupter und repressiver Staatsorgane, aber auch unter der desolaten Wirtschaftslage und Infrastruktur zu leiden hatte.

Mehrere tausend Regimegegner setzten sich nach Europa, vor allem Belgien und Frankreich, ab; die Zahl der politischen Flüchtlinge zaïrischer Nationalität schwoll in Frankreich allein 1978–80 von 10 auf ca. 1000 an.[7] Die Shaba-Krisen von 1977 und 1978 hatten zur Konsequenz, daß ca. 220000 Personen aus dem Kampfgebiet nach Angola und einige tausend nach Zambia flohen. Zwei Drittel sollen, durch eine von Mobutu erlassene Amnestie gelockt, bis Juni 1979 in ihre Heimat zurückgekehrt sein. 135 Menschen, die im Vertrauen auf die Amnestie zurückkamen, wurden vom Regime als FLNC-Mitglieder verdächtigt, verhaftet und – nach Informationen oppositioneller Kreise – hingerichtet.[8] Laut „World Refugee Survey 1984" führten Amnestien seit 1978 zur Heimkehr von 190000 Flüchtlingen. 82000 Personen befanden sich weiterhin im Exil, davon 77000 in afrikanischen Nachbarländern. 20000 weilten in Angola, 9000 in Zambia; 48000 zaïrische Flüchtlinge lebten in den östlichen Nachbarländern Uganda (31000), Tanzania (15000) und Burundi (2000).[9]

Gemäß einem Abkommen zwischen Zaïre, Angola und dem UNHCR werden 1988 ca. 1000 rückkehrwillige Flüchtlinge aus der Zeit der Shaba-Krisen repatriiert. In den ersten Januartagen waren bereits mehr als 800 von Luanda nach Kinshasa geflogen worden, von wo aus ihnen die Heimfahrt nach Shaba ermöglicht werden soll. Angeblich wurden über 50 Personen von den zaïrischen Behörden an der Rückkehr gehindert.[10]

Die Menschenrechtssituation in Zaïre hat sich nicht grundlegend gebessert, doch hat sich das Regime – wie zuvor 1978/79[11]–1986/87 unter dem Druck der Gläubigerstaaten ein wenig geöffnet. Im Oktober 1986 richtete Mobutu ein Ministerium für Bürgerrechte ein und ernannte einen Untersuchungsausschuß, der Menschenrechtsverletzungen der zaïrischen Armee bei der Rückeroberung der Stadt Moba namhaft machte;[12] im Oktober 1987 nahm das Regime gar Arbeitsbeziehungen zu der bisher unwillkommenen „Amnesty international" auf.[13] Die erneute Verfolgung von UDPS-Mitgliedern und -Sympathisanten Anfang 1988 zeigt jedoch, daß sich das Klima für rückkehrwillige Flüchtlinge nicht wirklich verändert hat und weiterhin mit der Willkür und Unberechenbarkeit des Regimes zu rechnen ist.

Peter Körner

Anmerkungen

1 Vgl. allgemein Amnesty international, *Menschenrechtsverletzungen in Zaïre*, Bonn 1980; dies., *Zaïre: reports of torture and killings committed by the armed forces in Shaba region*, London 1986; dies., Jahresbericht, diverse: *Economist Intelligence Unit*, Quarterly Economic Review of Zaïre, Rwanda, Burundi, London, No. 1, 1984, S. 7; *Afrique-Asie* 16. 1. 84, S. 29f.

2 *Economist Intelligence Unit*, Country Report of Zaïre, Rwanda, Burundi, London, No. 4, 1987, S. 8.

3 Vgl. Schümer, M., *Zaïre und der Westen: Die amerikanische Zaïre-Politik*, Bonn 1984, S. 8ff.

4 Vgl. Amnesty international, 1986, a.a.O.

5 Vgl. *Economist Intelligence Unit*, Country Report of Zaïre, Rwanda, Burundi, London, No. 4, 1987, S. 11.

6 Vgl. Amnesty international, *Jahresbericht 1987*, Frankfurt a. M. 1987, S. 171ff. sowie zurückliegende Jahresberichte; *Economist Intelligence Unit*, Country Report of Zaïre, Rwanda, Burundi, London, No. 4, 1987, S. 11; *Le Monde* 19. u. 21. 1. 88.

7 Vgl. *Africa Contemporary Record* (hrsg. v. C. Legum, London, 1981/82, S. B452.

8 Vgl. *Africa Contemporary Record* 1979/80, S. B450; *Economist Intelligence Unit*, Quarterly Economic Review of Zaïre, Rwanda, Burundi, London, No. 3, 1978, S. 5.

9 Vgl. U.S. Committee for Refugees, *World Refugee Survey 1984*, New York 1984, S. 39 u. 48.

10 Vgl. *Southscan* 6. 1. 88; *Monitordienst der Deutschen Welle*, Köln, 11. 1. 88.

11 Vgl. *Africa Contemporary Record* 1980/81, S. B445ff.

12 Vgl. Amnesty international, *Jahresbericht 1987*, a.a.O., S. 171f.

13 Vgl. *Monitordienst der Deutschen Welle*, Köln, 20. 10. 87.

Literatur

Callaghy, T., *The state-society struggle: Zaïre in comparative perspective*, New York 1984.

Körner, P., *Zaïre: Verschuldungskrise und IWF-Intervention in einer afrikanischen Kleptokratie*, Hamburg, 1988.

Simon, D., *Internationale Abhängigkeit und nationale Entwicklung seit der Unabhängigkeit am Beispiel Zaïre,* Frankfurt a. M. u. a. 1987.

Streiffeler, F., *Sozialpsychologie des Neokolonialismus. Interessengruppenbeziehungen in Zaïre,* Frankfurt a. M. 1982.

Young, C./Turner, T., *The rise and decline of the Zaïrian state,* Madison/London 1985.

II. Amerika

Chile

Während in den 60er und 70er Jahren Militärdiktaturen die politische Landschaft Südamerikas prägten, trat seit Beginn der 80er Jahre ein grundlegender Wandel ein. In Argentinien, Uruguay und Brasilien wurden die Militärs durch demokratisch legitimierte Regierungen ersetzt und auch in anderen Staaten des Subkontinents machte der Demokratisierungsprozeß weitere Fortschritte. Die wichtigste Ausnahme blieb Chile, wo inzwischen seit mehr als 14 Jahren staatliche Repression, politische Verfolgung und, damit eng zusammenhängend, Flucht und Exil andauern.

Das chilenische Flüchtlingsproblem beginnt mit dem Sturz der *Allende-Regierung* durch das Militär am 11. September 1973. *Salvador Allende,* der erste aus freien Wahlen (1970) hervorgegangene marxistisch orientierte Staatspräsident der Welt, hatte versucht, durch umfassende Reformen – Enteignung des Großgrundbesitzes, Verstaatlichung von Banken und Industriebetrieben – sowohl die wachsenden sozialen Gegensätze als auch die ökonomische Rückständigkeit Chiles zu überwinden. Der Widerstand der parlamentarischen Opposition, der Investitionsboykott der einheimischen Wirtschaft, der Verfall der Weltmarktpreise für Kupfer (Exportanteil 1970: 76,9%), aber auch partei- und wirtschaftspolitische Fehlentscheidungen der *Allende-Regierung* sowie die zunehmende Radikalisierung von Teilen der politischen Linken führten jedoch zu einer drastischen Verschlechterung der ökonomischen Lage und zu einer rasch fortschreitenden Polarisierung der innenpolitischen Kräfte.

Verschärfend kam noch hinzu, daß mit der Nationalisierung der Kupferindustrie (bis dahin zu 80% von US-Konzernen kontrolliert) und der außenpolitischen Neuorientierung Chiles (Aufnahme diplomatischer Beziehungen zu den Volksrepubliken Vietnam, Korea, Cuba und China) die Beziehungen zu den USA einen Tiefpunkt erreicht hatten. Um ein *zweites Cuba* in der westlichen Hemisphäre zu verhindern, versuchten die USA durch wirtschaftliche Boykottmaßnahmen (Kreditsperre) und subversive Aktivitäten (CIA und enteignete US-Konzerne) den Sturz der Linksregierung zu erreichen. Diese auf Destabilisierung zielende Einflußnahme trug zur Eskalation der wirtschaftlichen und politischen Krise bei, die schließlich in der Machtergreifung der Militärs mündete.

Die *Militärjunta* unter Führung von *General Augusto Pinochet* hatte ihren Putsch mit der revolutionären Bedrohung der bürgerlich-liberalen Demokratie gerechtfertigt. Bald zeigte sich jedoch, daß die Politik der Militärs gerade auf die Beseitigung dieser liberalen Demokratie hinauslief. So folgten auf die Verhängung des Ausnahmezustands die Aufhebung der Verfassung, die Auflösung von Parlament und Parteien sowie die Ausschaltung des chilenischen Gewerkschaftsverbands *CUT*. Parallel hierzu setzten politische Verfolgungen, Deportationen und Morde ein, die in der chilenischen Geschichte ihresgleichen suchen. Die genaue Zahl der Opfer – betroffen waren vor allem Anhänger der ehemaligen Regierungskoalition (*Unidad Popular*) – ist unbekannt. Neuere Schätzungen[1] gehen jedoch davon aus, daß bis zu 30000 Menschen, darunter auch *Allende,* getötet und allein während der ersten sechs Monate nach dem Putsch mehr als 80000 Personen inhaftiert wurden. Obwohl die brutale Verfolgung politischer Gegner allmählich zurückging, blieb auch in den folgenden Jahren die Bedrohung durch Inhaftierung, Entführung, Folter und sogar Tod bestehen.

Die Flüchtlingssituation

Während die Zahl der „internally displaced persons", der chilenischen „Binnenflüchtlinge", mit etwa 20000 angegeben wird[2], sollen mindestens 30000 Chilenen nach Schätzungen des *UNHCR* seit 1973 ihre Heimat aus politischen Gründen verlassen haben.[3] Unmittelbar nach dem Sturz *Allendes* flüchteten sie vor allem nach Argentinien, wo bereits Ende 1974 mehr als 15 000 Chilenen lebten. Nachdem jedoch auch im Nachbarland (1976) die Militärs die Macht übernahmen, befanden sich viele Chilenen einmal mehr in einer bedrohlichen Lage. Mehr als die Hälfte der im argentinischen Exil lebenden Flüchtlinge mußten mit Hilfe des *UNHCR* nach Europa, Kanada und Australien umgesiedelt werden. In dieses Umsiedlungsprogramm wurden auch die ca. 1500 nach Peru geflüchteten Chilenen einbezogen, da ihnen im nördlichen Nachbarland nur kurzfristig Aufenthalt gewährt worden war. Insgesamt sollen bis 1979 6000 Chilenen in Kanada Zuflucht gefunden haben; jeweils 4000 in Frankreich und Großbritannien, je 3000 in der Bundesrepublik und Schweden sowie weitere 1800 in Griechenland und rund 1000 in Australien.[4]

Die tatsächliche Zahl der im Ausland lebenden Chilenen liegt jedoch weitaus höher. So geht das *U. S. Committee For Refugees* in seinem Jahresbericht 1986 davon aus, daß seit 1973 zwischen 200 000 und 1 000 000 Chilenen aus wirtschaftlichen Gründen – zumeist nach Argentinien – emigriert sind.[5] Gerade in Chile hängen allerdings die ökonomischen Ursachen der Auswanderung eng mit der Politik der Militärregierung zusammen. So führte deren monetaristische Politik trotz gewisser wirtschaftlicher Erfolge – Senkung der extremen Inflationsrate, Ausgleich der Handelsbilanz, relativ niedriges Haushaltsdefizit – zu einem nahezu völligen Rückzug des Staates aus dem sozialen Bereich und zu einer Verarmung weiter Bevölkerungskreise: Seit 1973 hat sich die Zahl der Slumbewohner auf eine Million verdoppelt; ein Drittel der Chilenen lebt unterhalb des Existenzminimums; ein Viertel der erwerbsfähigen Bevölkerung ist arbeitslos und rund 40% sind unterbeschäftigt.[6]

Nicht zuletzt deshalb muß auch in Zukunft mit einer hohen chilenischen Emigrationsrate gerechnet werden. Darüber hinaus bleibt eine umfassende Repatriierung der politischen Flüchtlinge – bisher sind lediglich ca. 3000 Chilenen zurückgekehrt[7] – solange ausgeschlossen, bis das Pinochet-Regime durch eine demokratisch gewählte Regierung ersetzt wird. Denn eine für die Chilenen spürbare Entspannung, sowohl in ökonomischer als auch in politischer Hinsicht, kann nur eine Demokratisierung Chiles bringen. Ob allerdings die für 1989 geplanten Wahlen einen solchen Demokratisierungsprozeß einleiten werden, ist mehr als zweifelhaft, da nur ein Kandidat zur Wahl steht – der Kandidat der Junta.

Werner Brecht

Anmerkungen

1 Vgl. Angell, A., Carstairs, S., The Exile Question in Chilean Politics, in: *Third World Quarterly*, 9/1987, S. 149.
2 Vgl. U. S. Committee For Refugees, (Hrsg.), *World Refugee Survey*, Washington (DC) 1986, S. 38.
3 Vgl. Angell/Carstairs, S. 150; dort auch die folgenden Schätzungen hinsichtlich der nach Argentinien und Peru geflüchteten Chilenen, S. 152.
4 Vgl. Dossier „Chile", in: *World Refugee Crisis*, hrsg. v. Congressional Research Service, Washington (DC) 1979, S. 205.
5 Vgl. U. S. Committee For Refugees, S. 59.
6 Vgl. D. Nohlen, Chile, in: *anno 87*, 1987, S. 137; siehe auch *Handelsblatt*, 8. 4. 1986 und *SZ*, 16. 7. 1987.
7 Vgl. Angell/Carstairs, S. 156.

Literatur

Angell, A., Why is the Transition to Democracy Proving so Difficult in Chile?, in: *Bull. Latin. Am. Res.*, 5/1986.
Bustos, I., *Die Verfassung der Diktatur*, Berlin 1987.
Chile ein Land des Terrors, in: *ai-info*, 9/1986.
Nohlen, D., Chile, in: *Handbuch der Dritten Welt*, Bd. 2, Hamburg 1982.
Rojas, A., (Hrsg.), *Chile, mein gemartertes Land*, Reinbek 1987.
U. S. House Committee on Foreign Affairs, *Hearings, The United States and Chile during the Allende Years*, 1975.
Valenzuela, J., A. Valenzuela, (Hrsg.), *Military Rule in Chile*, London/Baltimore 1986.

Cuba

Seit dem Sieg der cubanischen Rebellenarmee gegen das Regime von Batista im Jahr 1959 ist der „proceso revolucionário" keineswegs geradlinig verlaufen; nicht nur die gegebenen internen und externen Rahmenbedingungen haben sich seither mehrmals geändert, sondern es gab zudem eine Konkurrenz verschiedener Konzeptionen, die sich teils nacheinander, teils in widersprüchlicher Gleichzeitigkeit durchgesetzt haben.

Auch die cubanische Politik gegenüber den – je nach Sprachgebrauch – Auswanderern bzw. Flüchtlingen hat sich mehrmals geändert, wobei es widersprüchliche Motivationen gab: Einerseits konnte die innere Stabilität des sozialistischen Systems erhöht werden, indem die „bourgeoisen und konterrevolutionären Elemente" das Land verließen, andererseits bedeutete dies einen schmerzlichen brain-drain sowie eine Alimentierung der militanten antisozialistischen Exilorganisationen. Zugleich hatte diese Problematik immer einen sehr ambivalenten Stellenwert in den Beziehungen zwischen Cuba und den USA, weil beide im Grunde an einer kontrollierten Emigration aus Cuba interessiert waren und sind, was mit manchen Widersprüchlichkeiten bezüglich der jeweiligen deklamatorischen Politik verbunden ist.

In den ersten Jahren nach dem Sieg der Revolution flohen ca. 800 000 Cubaner vor allem in die USA, überwiegend Angehörige der Mittelschicht. Zwischen 1963 und 1965 war eine legale Ausreise aus Cuba kaum möglich; erst Ende 1965 setzte wieder eine Auswanderungswelle ein, die zum Teil von den USA finanziert wurde. Zuletzt geschah dies während der Carter-Administration, als zwischen 1980 und 1981 über 100 000 Cubaner das Land verließen, wobei offensichtlich auch Strafgefangene, Geisteskranke und sonstige unliebsame Personen aus Cuba abgeschoben wurden. Angesichts dieser Lawine stellten die USA ihre deklamatorische Politik ein, die darauf abzielte, daß Cuba alle auswanderungswilligen Bürger wegziehen lassen sollte, damit sie in den USA eine neue Heimat fänden.

Seit der Revolution haben rund eine Million Cubaner das Land verlassen; dies entspricht etwa zehn Prozent der Gesamtbevölkerung. Dieser Anteil ist zwar hoch, fällt innerhalb der Karibik aber nicht völlig aus dem Rahmen (zwischen 1962 und 1976 – d. h. innerhalb von vierzehn Jahren – sind z. B. acht Prozent der Bevölkerung von Barbados und sieben Prozent der Bevölkerung von Jamaica in die USA abgewandert).

Obwohl die bürgerlichen Freiheiten und politischen Rechte in Cuba eingeschränkt sind, sollte nicht unerwähnt bleiben, daß dieser Staat innerhalb Lateinamerikas eine geradezu vorbildliche Sozialpolitik betreibt, so daß die Lebensbedingungen für einen großen Teil der Bevölkerung einigermaßen erträglich sind. Da trotzdem ein großes sozio-ökonomisches Gefälle im Vergleich zu den USA besteht, bleibt die Unterscheidung zwischen politischen und wirtschaftlichen Flüchtlingen schwierig.

Im Gegensatz zur Flüchtlingssituation zahlreicher anderer Länder sollte auf die großzügige Behandlung der cubanischen Flüchtlinge in den USA hingewiesen werden. Angesichts dieser Situation ist zu vermuten, daß auch weiterhin ein Auswanderungsdruck aus Cuba bestehen bleiben wird, daß die USA in Zukunft aber zurückhaltend mit diesbezüglichen Appellen sein werden. Cuba und die USA zeigen Bereitschaft, dauerhafte Vereinbarungen über eine kontrollierte Auswanderung zu erzielen.

Manfred Wöhlcke

Literatur

Edwards, D. J., The Consolidation of the Cuban Political System, in: *World Affairs,*Vol. 139 No. 1, 1976, S. 10–16.

Institut für Iberoamerika-Kunde (Hrsg.), *Kuba. Politik – Wirtschaft – Außenbeziehungen* 1959–1975, Hamburg 1975.

Leogrande, W. M., The Demilitarization of the Cuban Revolution, in: *Armed Forces and Society,* Vol. 3 No..4, 1977, S. 609–631.

Loescher, G. D., Scanlan, J., „Mass asylum" and US policy in the Caribbean, in: *The World Today,* Vol. 37, No. 10, 1981, S. 387–395.

Mesa-Lago, C., The Sovietization of the Cuban Revolution: its Consequences for the Western Hemisphere, in: *World Affairs,* Vol. 136 No. 1, 1973, S. 3–35.

ders., *Cuba in the 1970's. Pragmatism and Institutionalization,* Albuquerque 1974.

Scanlan, J., Loescher, G. D., U.S. Foreign Policy, 1959–80: Impact on Refugee Flow from Cuba, in: *The Annals of the American Academy of Political and Social Science,* No. 467, 1983, S. 116–137.

Wöhlcke, M., *Modellexport und Revolutionshilfe: Umfeld- und Motivationsanalyse des kubanischen Engagements in der Dritten Welt,* Ebenhausen (Stiftung Wissenschaft und Politik, SWP-AP 2189) 1978.

El Salvador

Seit Mitte der 70er Jahre wird Zentralamerika von revolutionären Unruhen erschüttert. Die Herausforderung der traditionellen Macht- und Herrschaftseliten durch starke revolutionäre Bewegungen, die im Sieg der sandinistischen Revolution von 1979 ihren vorläufigen Höhepunkt fand, konzentrierte sich auf Nicaragua, El Salvador und Guatemala. Bei allen drei Ländern handelte es sich um repressive, autoritäre Regime, in denen eine Koalition aus Militär und Besitzoligarchie die systematische soziale Diskriminierung und politische Ausgrenzung der Mehrheit der Bevölkerung betrieb. Ein hohes Maß an Armut und Verelendung bei extrem ungleicher Verteilung der „Lebenschancen" (Landbesitz, Einkommen, soziale Mobilität etc.) und die Unterdrückung und Verfolgung oppositioneller Vereinigungen und Parteien, die in regelrechten Massakern unter der Zivilbevölkerung gipfelten, bereiteten den Boden für breiten Widerstand.

Am 15. Oktober 1979 putschte ein Teil der salvadorianischen Armee gegen die innen- und außenpolitisch zusehends in Bedrängnis geratene Regierung unter General Carlos Humberto Romero, um – die Revolution in Nicaragua vor Augen – die wachsende Gefahr eines Bürgerkrieges zu bannen und eine kontrollierte Liberalisierung des Regimes einzuleiten. Das Reformprojekt der jungen Offiziere scheiterte jedoch schon bald am Widerstand der sozialkonservativen Militärführung. Nach der militär-internen Entmachtung des reformistischen Offiziersflügels scherten Anfang 1980 der sozialdemokratische MNR (Movimiento Nacional Revolucionario) und Teile des christdemokratischen PDC (Partido Democrático Cristiano) aus dem Regierungslager aus und schlossen sich wenige Monate später mit anderen in sogenannten „Volksorganisationen" organisierten oppositionellen Gruppen und der Guerilla zu einer gemeinsamen revolutionären Front FDR/FMLN (Frente Democrático Revolucionario/Frente Farabundo Martí de Liberación Nacional) zusammen. Spätestens seit Januar 1981 befindet sich das Land in einem offenen Bürgerkrieg. Der unter Führung von José

Napoleon Duarte in der Regierung verbliebene PDC bemühte sich zwar mit Unterstützung der USA weiterhin um eine Demokratisierung des politischen Systems, eine effektive Reform der traditionellen Macht- und Sozialstrukturen fand jedoch nicht statt.

Angesichts der faktischen Vetomacht, die das sozialkonservative Militär nach wie vor in allen wichtigen Politikbereichen ausübt, dem anhaltend großen Einfluß der traditionellen Wirtschaftseliten und einer auf die militärische Niederwerfung linksrevolutionärer Bewegungen festgelegten US-Administration ist es kaum vorstellbar, wie die Guerilla-Bewegung samt ihres politischen Anhanges dauerhaft in das politische System El Salvadors integriert werden könnten.

Die Flüchtlingssituation

Von den mehr als zwei Millionen Menschen in Zentralamerika, die seit 1979 ihre Heimat verlassen mußten, stellt El Salvador mit ca. 750000 Auslandsflüchtlingen und über 500000 „internal displaced persons", also Binnenflüchtlingen, den weitaus höchsten Anteil.[1] Dies entspricht in dem 5,5-Millionen-Volk etwa 25% der Gesamtbevölkerung. Nur ein geringer Teil, ca. 30000, sind sogenannte Mandatsflüchtlinge und unterstehen dem Schutz der UNHCR.[2]

Der größte Strom an Auslandsflüchtlingen fiel in die Zeit zwischen Anfang 1980 und Mitte 1981, als im Schutz eines Ausnahmezustandes, der von der regierenden Junta zur besseren Durchsetzung der nach dem Putsch proklamierten Agrarreform verhängt worden war, Streit- und Sicherheitskräfte im Verein mit rechtsextremen Todesschwadronen tausende von Campesinos ermordeten, jede Form auch gemäßigter Opposition blutig unterdrückten und Kampfhandlungen zwischen Armee und Guerillagruppen alle Landesteile zu erfassen begannen. Anfang 1982 suchten an die 280000 Salvadorianer Zuflucht in den benachbarten Ländern, mindestens 200000 weitere hatten illegal die Grenze in die USA überschritten.

Die meisten der bisher über 20000 nach Honduras geflohenen

Salvadorianer leben in Flüchtlingslagern und werden vom UNHCR unterstützt. Größere Bewegungsfreiheit und Integrationshilfen genießen die ca. 10000 Salvadorianer in Costa Rica und die ca. 17000 in Nicaragua. Manche Schätzungen sprechen von 70000 salvadorianischen Flüchtlingen in Guatemala, 7000 in Belize und 1000 in Panama. Die von den Aufnahmeländern selbst genannten Zahlen sind in entsprechender Reihenfolge 10000, 3000 und 900, davon unter UNHCR-Mandat 267, 2135 und 824. Konservativen Schätzungen zufolge beherbergt Mexico allein 120000 bis 150000 Flüchtlinge aus El Salvador, nur 3% werden vom UNHCR betreut. Der Anteil der in den USA lebenden Salvadorianer wird auf annähernd eine Million geschätzt, die der illegal Eingewanderten auf 500000 bis 750000.[3] Während die amerikanischen Einwanderungsbehörden davon ausgehen, daß mindestens die Hälfte der letzteren vor 1982 ins Land gekommen ist und damit gemäß einer im November 1986 verabschiedeten Gesetzesreform legal um Aufenthalts- und Arbeitserlaubnis nachsuchen kann, sprechen mit den illegalen Einwanderern unmittelbar befaßte Hilfsorganisationen von lediglich 10 bis 15%, die diese Voraussetzung erfüllen.[4] Da die USA illegale Einwanderer aus El Salvador in der Regel als Wirtschaftsflüchtlinge definiert, sind diese grundsätzlich in Gefahr, deportiert zu werden. Zum Schutz vor einer erzwungenen Abschiebung hat sich in den USA das sogenannte „sanctuary movement" gebildet. Ihm ist es mit zu verdanken, daß am 28. Juli 1987 das amerikanische Repräsentantenhaus sich schließlich für eine zweijährige Aussetzung von Verhaftungen und Deportationen illegal eingewanderter Salvadorianer aussprach.

Während der Flüchtlingsstrom aus El Salvador seit 1982 deutlich nachließ, stieg die Zahl der Binnenflüchtlinge allein zwischen Januar 1982 und Juni 1983 von ca. 175000 auf fast 450000 und überschritt in den Folgejahren die halbe Millionengrenze. Hauptursache dafür sind die jahrelangen Anstrengungen der salvadorianischen Streitkräfte, durch eine Politik der verbrannten Erde die Zivilbevölkerung aus von der Guerilla kontrollierten Gebieten zu vertreiben, um so dem „Fisch" (Guerilla) das „Wasser" (Zivilbevölkerung) zu entziehen. Zu einem geringeren Maß an den Vertreibungen mitverantwortlich waren auch zeitweise von der Guerilla praktizierte Zwangsrekrutierungen. Zusätzlich zu den Kriegsflüchtlingen machte das schwere Erdbeben vom Oktober 1986 300000 weitere Menschen obdachlos.

Für die Mehrheit der Flüchtlinge sind die Chancen auf eine Rückkehr in ihre Heimatgebiete gering. Der im August 1987 in Guatemala unterzeichnete Friedensplan für die Region hat zwar auch in El Salvador Hoffnungen auf eine friedliche Regelung der bewaffneten Konflikte geweckt, die Aussichten auf ein baldiges Ende des Bürgerkrieges sind jedoch schlecht. Selbst wenn eine Änderung der regionalen Rahmenbedingungen die Friedenschancen erhöhten, würde das wirtschaftlich ausgeblutete und hoffnungslos überbevölkerte Land die Rückkehr von weit über einer halben Million von Auslandsflüchtlingen wohl kaum verkraften.

Willibald Gietl

Anmerkungen

1 Vgl. u. a. Ambos, K., (1987), Annex, Table 1, Zahlen nach Schätzungen des UNHCR der Zufluchtsländer.
2 *Refugees*, August 87, S. 33.
3 Vgl. Anm. 1 und 2; sowie *Refugees*, September 1987, S. 9.
4 Vgl. *Refugees*, September 1987, S. 10.

Literatur

Ambos, K.,*The Central American Refugees Crises:*A comparative study of the refugee situation and refugee policies of Costa Rica, Honduras and Nicaragua, Refugees Studies Program, University of Oxford, Oxford, 1987.
American Civil Liberties Union and Americas Watch, Report on Human Rights in El Salvador, 1982.
Americas Watch, *Settling into Routine: Human Rights Abuses in Duarte's Second Year,* Eighth Supplement to the Report on Human Rights in El Salvador, 1986.
Dunkerley, J., *The Long War: Dictatorship and Revolution in El Salvador,* London 1982.
McClintock, M., *The American Connection,* Vol. 1: State Terror and Popular Resistance in El Salvador, London 1985.
Nuhn, H., (Hrsg.), *Krisengebiet Mittelamerika:* Interne Probleme, weltpolitische Konflikte, Braunschweig 1985.

Stanley, W. D., Economic Migrants or Refugees from Violence? A Time-Series Analysis of Salvadorian Migration to the United States, in: *Latin American Research Review*, Vol. XXII No. 1, 1985.

Guatemala

Nach Angaben des UNHCR haben auf dem Höhepunkt der Fluchtbewegung zu Beginn der 80er Jahre „rund 250000 Guatemalteken, meist Indios, ihre Heimat" verlassen, um Zuflucht in Mexiko, Belize oder Honduras zu suchen.[1] Diese Zahlen beruhen auf dem restriktiven Flüchtlingsbegriff, den der UNHCR gemäß der Definition des Flüchtlings in der *Genfer Konvention* von 1951 anlegt. Die Katholische Bischofskonferenz von Guatemala bezifferte dagegen die Zahl der Flüchtlinge in und aus Guatemala auf 1,5 Millionen, unter ihnen rund eine Million „entwurzelter Personen" („desplazados"), die im eigenen Land umherirren. Niemand weiß genau, wie viele Menschen sich in „geheimen" Bergdörfern verstecken, irgendwo bei Verwandten untertauchen, sich diesseits oder jenseits der Grenze in Lagern verstecken, die vom dichten Regenwald von der Außenwelt abgeschlossen werden. Nur die vom UNHCR versorgten Flüchtlinge sind registriert, alle anderen Zahlen sind nur geschätzt, je nach Argumentationsbedarf über- oder untertrieben. Wer auf der Flucht umkommt, taucht in keiner Flüchtlingsstatistik auf.

Die hauptsächlichen Fluchtursachen liegen in Guatemala – wie in El Salvador – erstens in der politischen Unterdrückung durch Militärdiktaturen; zweitens in dem durch Aufstandsbewegungen ausgelösten Bürgerkrieg; drittens in der Brutalisierung von Counter Insurgency-Operationen; viertens in der „strukturellen Gewalt" von ländlichen Lebens- und Arbeitsverhältnissen, die „Elendsflüchtlinge" erzeugen; fünftens in einer gegen die Lebensinteressen der indianischen Bevölkerungsmehrheit gerichteten Modernisierungspolitik.

Kleinere Gruppen von Flüchtlingen überschritten schon seit der Mitte der 70er Jahre die Grenze nach Mexiko. Zu einer

Massenfluchtbewegung kam es aber erst in den Jahren 1981–83. Sie wurde durch verstärkte Aktivitäten der vier Guerilla-Gruppen, die durch den Sieg der Sandinisten Auftrieb erhielten, und durch massive Counter Insurgency-Operationen der Sicherheitskräfte ausgelöst. Der staatliche Terror gegen die indianische Bevölkerungsmehrheit, an dem sich (zumindest halbstaatliche) Todesschwadronen beteiligten, war aber nicht nur eine Reaktion auf die Aktionen der relativ schwachen Guerilla-Organisationen, sondern auch auf ein „Entwicklungsmodell" zurückzuführen, dem die auf dem Hochland und in der nördlichen Grenzregion Franja Transversal lebenden Indios im Wege standen. Was auf dem Hochland geschah, das von dem mit Oligarchen, Landspekulanten und korrupten Generälen verbündeten internationalen „Agrobusiness" zu Versorgungsbetrieben von Supermärkten in Nordamerika und Westeuropa „modernisiert" werden sollte, sowie in der an Bodenschätzen reichen Franja Transversal, wurde als „gigantisches Projekt der Menschenverachtung, -verfolgung und -vernichtung" oder kurz als geplanter Völkermord beschrieben.[2]

Die Indios wurden mit Gewalt aus ihren Dörfern vertrieben, in militärisch organisierte und bewachte „Modelldörfer" oder „Entwicklungspole" gesteckt oder zur Flucht getrieben. Deshalb wurde auch von einer „Vietnamisierung" oder „Palästinisierung" des Hochlandes gesprochen, weil zahlreiche israelische Berater an diesem „Modernisierungsprojekt" beteiligt sind. Israel wurde während des von Präsident Carter über die Militärdiktatur verhängten Waffenembargos auch zum wichtigsten Waffenlieferanten.

General Rios Montt systematisierte und brutalisierte in den Jahren 1982/83 durch seine Operation „Bohnen und Kugeln" den Terror gegen die Indios, die als Versorgungsbasis der Guerilla verdächtigt wurden. Sogenannte „Zivilpatrouillen" überzogen das Land mit einem Spitzel- und Denunziantennetz; Todesschwadronen liquidierten in der Etappe der Regierungstruppen die Indio-Führungsgruppen (Genossenschafts- und Gewerkschaftsführer, Lehrer u. a.).

Im Jahr 1986 erreichte die Welle der „Redemokratisierung"

Lateinamerikas auch Guatemala. Nach Jahrzehnten repressiver Militärdiktaturen wurde ein Christdemokrat zum Präsidenten gewählt, der zur nationalen Versöhnung und zur Rückkehr der Flüchtlinge aufrief. Sie mißtrauten jedoch größtenteils seinen Versprechungen und schrieben in einem öffentlichen Brief: „Die paramilitärischen Banden bestehen mit Ihrer Duldung unter anderen Namen weiter. Die Zivilpatrouillen, Entwicklungspole und Modelldörfer, in welche die Bevölkerung zwangsweise umgesiedelt wird, bestehen weiter… Wir wissen, daß sich die Dinge in Guatemala nicht grundlegend geändert haben, obwohl es eine neue Regierung gibt. Das mörderische Militär regiert weiter und hat mehr Macht als Sie."[3]

Die „Dinge" haben sich geändert, aber in der Tat nicht grundlegend, vor allem nicht auf dem Land. Von Anfang 1986 bis Mitte 1987 leisteten nach Angaben des UNHCR nur knapp 1200 Flüchtlinge der Aufforderung zur Rückkehr Folge, obwohl ihnen eine durchaus attraktive Rückkehrhilfe angeboten wurde (die in den Heimatdörfern beargwöhnt wird). Die Flüchtlinge warten in der mexikanischen Grenzprovinz Chiapas das weitere Geschehen ab, obwohl sie von der mexikanischen Regierung gerade in dieser Region nicht gern gelitten werden. Nach einem Überfall der guatemaltekischen Armee auf das Lager Chupadero im April 1984 versuchte sie mit Unterstützung des UNHCR, die Flüchtlinge in die dünner besiedelten Grenzprovinzen Campeche und Quintana Roo umzusiedeln. Nur etwa 20 000 Flüchtlinge nahmen das Angebot an, obwohl ihnen die Regierung des Gastlandes 6000 Hektar Land und ordentliche Siedlungen zur Verfügung stellte. Viele tauchten aus Angst vor Zwangsmaßnahmen in den Indio-Dörfern unter, ließen sich von den Großgrundbesitzern als billige Arbeitskräfte anheuern (und verdrängten einheimische Arbeitskräfte) oder versteckten sich weiterhin im Regenwald, wo sie auch von Hilfsorganisationen nicht erreicht werden.

Im Sommer 1986 unterzeichneten die Regierungen von Mexiko und Guatemala ein Abkommen zur Rückführung der Flüchtlinge. Es ist noch ungewiß, wie sich die mexikanische Regierung gegenüber den rückkehrunwilligen Flüchtlingen verhalten wird.

Sie steht auch unter dem Druck der USA, den Zustrom von „illegalen Einwanderern" aus dem Süden zu unterbinden, von denen viele versuchen, sich in die USA und nach Kanada durchzuschlagen. Auch der UNHCR, der die Repatriierung allen anderen Lösungen vorzieht, verkannte nicht die Probleme der Heimkehrer: Schwierigkeiten, Land oder Arbeit zu finden, oder Verdächtigungen als Komplizen der Guerilla.[4] Kirchliche Quellen berichteten mit weniger diplomatischer Rücksichtnahme über Repressalien von Seiten der Sicherheitskräfte. Die Katholische Bischofskonferenz beklagte den Mangel an Sicherheitsgarantien für Rückkehrer[5], während der UNHCR zur Romantisierung der Lage neigt. Die Regierung richtete zwar eine Sonderkommission für Rückkehrerhilfe ein, schloß aber die Binnenflüchtlinge aus diesen Hilfsmaßnahmen aus, obwohl nicht nur ihre Zahl wesentlich größer, sondern auch ihr Elend nicht kleiner ist.

Die weitere Entwicklung hängt wesentlich vom Erfolg des in Guatemala-City von den Präsidenten der zentralamerikanischen Staaten unterzeichneten „Arias-Friedensplanes", also von der Beendigung des Bürgerkrieges, von Sozialreformen und von der Beendigung einer „Modernisierungspolitik" ab, die die Indios systematisch von ihrem Land und von ihren Lebensgrundlagen vertreibt. Es ist dann nur noch juristische Sophisterei, ob sie als „desplazados" im eigenen Land oder als „refugiados" gezählt werden, die sich im Nachbarland zu holen versuchen, was sie im eigenen Land nicht mehr finden: die Chance zum Überleben.

Franz Nuscheler

Anmerkungen

1 Vgl. *Flüchtlinge*, UNHCR, Nov. 1987, S. 30.
2 Grenz, W. (1986), S. 77.
3 Zitiert nach Grenz, W.(1986), S. 79 f.
4 Vgl. UNHCR, *Flüchtlinge*, Nov. 1987, S. 31 sowie 32 f.
5 Lt. Mitteilung des Sekretariats der Hilfe für guatemaltekische Flüchtlinge/ Mexico-City.

Literatur

Amnesty International, *Jahresberichte und Sonderberichte.*
Flüchtlingshilfe Mittelamerika, *Flüchtlinge in Mittelamerika*, Essen 1985.

Grenz, W., Flüchtlingsströme in Zentralamerika, in: *Lateinamerika. Analysen-Daten-Dokumentation*, Jg. 3 (1986), Heft 6/7, S. 75–81.
Hippler, J., *Krieg im Frieden*, Köln 1986.
McClintock, M., *The American Connection*. State Terror and Popular Resistance in El Salvador and Guatemala, London 1985.

Haiti

Hunderttausende des Sechs-Millionen-Volkes leben außerhalb ihres Landes. Sie entflohen Lebensbedingungen, die selbst im leidgeprüften Lateinamerika ihresgleichen suchen.

Politische Gewalt und wirtschaftliche Not, die beiden Hauptursachen der Massenflucht, haben auf Haiti Tradition. So folgte auf die Kolonisierung durch die Spanier (1496) die Ausrottung der Aruak-Indianer und auf die Ansiedlung afrikanischer Arbeitssklaven der zweifelhafte Aufstieg Haitis zur einträglichsten Kolonie der Welt. Doch auch die durch einen blutigen Guerillakrieg gegen die französische Kolonialmacht (seit 1797) errungene Unabhängigkeit (1804) brachte keine grundlegende Wende. In der ersten schwarzen Republik der Weltgeschichte herrschte seither, unterbrochen nur von einem erneuten Verlust der Souveränität (1915–1934 US-Protektorat), eine lange Reihe inländischer Despoten. Vorläufiger Höhepunkt dieser Bilanz war die Schreckensherrschaft der Duvaliers.

Drei Jahrzehnte lang hatten *Papa Doc* und *Baby Doc*, der Landarzt François Duvalier (1957–1971) und sein Sohn Jean-Claude (1971–1986), das Land mit einem nahezu perfekt funktionierenden Unterdrückungssystem überzogen und hemmungslos ausgebeutet. Willkür und Verfolgung vernichteten jede Opposition und kosteten mindestens 50 000 Menschen das Leben. Während eine kleine, 1% der Bevölkerung umfassende Clique 44% des Nationaleinkommens kontrollierte und internationale Entwicklungskredite weitgehend für ihren eigenen Bedarf mißbrauchte, kämpfte die Masse der Menschen ums nackte Überleben. Auf Haiti, nunmehr das ärmste Land Lateinamerikas, leben nach wie vor zwei Drittel aller Einwohner unter dem

125

Existenzminimum. 85% Analphabetentum, 60% Arbeitslosigkeit und eine Lebenserwartung der Bauern (80% der Bev.) von 39 Jahren – das sind die Insignien der Not.

Die Flüchtlingssituation

Um es gleich vorwegzunehmen: Eine wirkliche Lösung des haitianischen Flüchtlingsproblems ist auch in Zukunft nicht zu erreichen, zumal auch in anderer Hinsicht – Überbevölkerung, weitere Zersplitterung der Minifundien, zunehmende Erosion der Böden und Entwaldung – viele Zeichen auf Sturm stehen. Eine Demokratisierung der anarchischen politischen Kultur Haitis, in der sowohl Massenelend als auch Gewalttätigkeiten ihren wesentlichen Ursprung haben, könnte jedoch auf lange Sicht zu einer Entspannung der Situation führen. Bis auf weiteres muß freilich mit einer anhaltend hohen Auswanderungsrate gerechnet werden, die derzeit bei mindestens 25 000 Emigranten jährlich liegt.

Auswanderung und Flucht haben auf Haiti eine lange Geschichte. Sie reicht bis in die Anfänge des 20. Jahrhunderts zurück, als US-Firmen begannen, gegen Kopfgelder von der haitianischen Regierung Saisonarbeiter für ihre Plantagen in der Karibik anzuwerben. Auf diese Weise sollen allein zwischen 1915 und 1921 mehr als 80 000 Haitianer nach Cuba und bis 1935 weitere 50 000 in die Dominikanische Republik gebracht worden sein. Diese moderne Form des Menschenhandels wurde in den folgenden Jahrzehnten fortgesetzt. So verpflichtet ein 1980 geschlossener Vertrag die haitianische Regierung, jährlich für die dominikanische Zuckerrohrernte 14 000 Arbeiter abzustellen, die dort zum Teil katastrophale Lebensbedingungen erwarteten. Das Maß ihrer Entrechtung verdeutlicht die Zwangsrekrutierung von 4000 Haitianern durch dominikanische Behörden im Jahre 1986, als sich unmittelbar nach der Vertreibung der Duvaliers die neue Regierung in Port-au-Prince weigerte, den eingegangenen Vertragspflichten weiterhin nachzukommen.

Die Machtergreifung der Duvaliers löste Ende der 50er Jahre einen Flüchtlingsstrom aus, der – mit Spitzen während der 70er und zu Beginn der 80er Jahre – bis heute anhält. Diese in erster Linie illegale Migration, deren tatsächlicher Umfang durch keine offiziellen Zahlen belegt ist, geht nicht nur in den ganzen karibischen Raum, sondern auch nach Frankreich und Kanada, vor allem aber in die USA. Mehr als eine Million Haitianer, rund ein Sechstel der Bevölkerung, sollen Schätzungen des UNHCR zufolge während der letzten drei Jahrzehnte das Land verlassen haben. Gegenwärtig sollen sich 500 000 Flüchtlinge in Nordamerika befinden, 45 000 davon in Kanada; zwischen 250 000 und 500 000 Haitianer leben in der Dominikanischen Republik, 30 000 auf den Bahamas und mindestens 15 000 in Frankreich. Dieser dramatische Anstieg ist nicht zuletzt auf die drastische Einschränkung offizieller Auswanderungsmöglichkeiten sowie der äußerst restriktiven Auslegung des Asylrechts vor allem in den Hauptaufnahmeländer zurückzuführen. Waren im April 1986 in der Dominikanischen Republik immerhin 5500 Haitianer als anerkannte Flüchtlinge registriert, so sind sie seit der Verschärfung der amerikanischen Immigrations- und Asylbestimmungen (1981) praktisch völlig von der Asylgewährung und der legalen Einwanderung in die USA ausgeschlossen. Deshalb wird auch in Zukunft der ebenso schlagzeilenträchtige wie für die Flüchtlinge lebensgefährliche Strom der *boat people* aus Haiti, die auf völlig überfüllten und kaum seetüchtigen Booten die amerikanische Küste zu erreichen suchen, nicht abnehmen.

Heute, zwei Jahre nach der Flucht von *Baby Doc,* ist von der so hoffnungsvoll begonnenen Demokratisierung nur noch wenig zu spüren. Terror und staatliche Repression bestimmen erneut den Alltag der Menschen. In Haiti herrscht das Militär unter General *Henri Namphy*, der, wie die manipulierten Wahlen vom 17. Januar 1988 und die Entmachtung des zivilen Präsidenten Leslie Manigat am 19. Juni 1988 verdeutlichten, immer unverblümter an die Praktiken der gestürzten Diktatur anknüpft. Bereits im Vorfeld der gescheiterten Wahlen vom 29. November 1987 hatten Kommandos im Dunstkreis der berüchtigten *Tontons Macoutes,* der ehemaligen Schlägertruppe der Duvaliers, unter den Augen der Militärs das Land in ein Meer von Gewalt gestürzt, dem zahlreiche Menschen, darunter zwei Präsidentschaftskandidaten, zum Opfer fielen. Dieser Staatsterrorismus gleicht verblüffend genau jenem aus der Geschichte Haitis hinlänglich bekannten Prinzip politischer Organisation, das bisher immer zu Lasten der Bevölkerungsmehrheit ging: In einer Agrargesellschaft ohne Latifundien pervertiert der Kampf um die politische Macht zum „Schlüssel für die Verteilung der knappen Staatsstellungen"; Regierung wird zum „Beutegut" (Fleischmann), das innerhalb eines kleinen Kreises, der alten mulattischen Oberschicht und einer schwarzen Elite, aufgeteilt wird. Vieles deutet gegenwärtig darauf hin, daß auch die neuen Machthaber an diesem *Vorrecht* festhalten werden. Hatten unmittelbar nach dem Sturz von *Baby Doc* viele Flüchtlinge Rückkehrbereitschaft signalisiert, so stehen mittlerweile dem Wunsch nach Repatriierung nicht nur Hunger und Armut entgegen, sondern auch das Phänomen des *Duvalierismus ohne Duvalier.*

Werner Brecht

Literatur

Dossier Haiti, in: *Refugees* 39/1987.
Fleischmann, U., Haiti, in: *Lateinamerika. Analysen u. Berichte* 10/1986.
Loescher, G. u. Scanlan, J., Human Rights, U. S. Foreign Policy, and Haitian Refugees, in: *Journ. of Interamerican Studies and World Affairs* 26/1984.
Miller, J., *The Plight of Haitian Refugees,* New York 1984.
Perusek, G., Haitian Emigration in the Early Twentieth Century, in: *Intern. Migration Review* 18/1984.
Stepick, A., Haitian Refugees in the U. S., in: *Minority Rights Group* 52/1982.

Honduras

Honduras ist nicht Herkunftsland, sondern Zielland von Flüchtlingen auf dem zentralamerikanischen „Archipel der Flüchtlingslager". Es ist aber nicht nur als Nachbar von drei Staaten (Nicaragua, El Salvador, Guatemala), in denen Bürgerkriege geführt werden, sondern auch als militärisches Aufmarschgebiet der US-amerikanischen Interventionspolitik sowie als Versorgungs- und Operationsbasis der „Contras" in das regionale Krisen- und Kriegsgeschehen einbezogen, das Flüchtlingsströme produziert.

Nach Angaben des UNHCR[1] hielten sich Ende 1986 rund 68000 Flüchtlinge in Honduras auf, die sich aus den folgenden Gruppen zusammensetzten: 43000 Flüchtlingen aus Nicaragua, die sich wiederum in 25000 Miskito- und Sumo-Indianer von der Atlantikküste sowie in 18000 „Ladinos" untergliederten; 24000 Flüchtlingen aus El Salvador, den sogenannten „Guanacos"; 1000 Flüchtlingen aus Guatemala.

Es ist unklar, ob unter den Ladino-Flüchtlingen aus Nicaragua auch die ehemaligen Nationalgardisten von Somoza mitgezählt sind, die sich nach dem Sieg der Sandinisten absetzten und nun die Kerntruppe der „Contras" bzw. „Freiheitskämpfer" bilden. Während sich die Zahl der Flüchtlinge aus El Salvador und der Miskito-Flüchtlinge im Jahr 1987 durch Rückwanderung verringert hat, ist die Zahl der Ladino-Flüchtlinge aus Nicaragua deutlich angestiegen. Sie wurden in festen Häusern in Grenznähe („New Nicaragua") untergebracht und genießen als Nachschub der „Contras" eine Sonderbehandlung. Allerdings verfehlte auch bei ihnen das Amnestie-Angebot der Sandinisten für reuige Heimkehrer nicht ihre Wirkung. Einige tausend sollen in der zweiten Hälfte des Jahres 1987 zurückgekehrt sein.

Die Miskito und Sumo, die den Grenzfluß Río Coco überquert hatten, wurden zunächst in dem trostlosen Lager Mocorón zusammengepfercht, wo sie als Hilfstruppen der „Contras" rekrutiert und ausgebildet wurden, und 1983 in ländliche Siedlungen verlegt, wo sie als „Flußindianer" wiederum nur schwer Fuß fassen konnten. Die von Propaganda überlagerten Gründe ihrer Flucht werden im Länderbericht „Nicaragua" behandelt. Hier soll festgehalten werden, daß die Sandinisten aus ihren schweren Fehlern bei der Behandlung der an der Atlantikküste lebenden indianischen Minderheiten Lehren zogen. Ihre neue Verfassung sieht ein Autonomiestatut vor, das diesen Minderheiten ein hohes Maß an kultureller Autonomie verspricht. Etwa 10000 Miskito und Sumo sollen nach Angaben des UNHCR, der sich sicherlich keiner Propaganda für die Sandinisten schuldig machen möchte[2], in ihr Heimatgebiet zurückgekehrt sein. Wieviele „Freiheitskämpfer" sich unter den Rückkehrern befanden, ist unbekannt.

Wesentlich weniger zuvorkommend als die Flüchtlinge aus Nicaragua, die auch den besonderen Schutz der USA genießen, behandelt die Regierung von Honduras die Flüchtlinge aus El Salvador. Es ist eben ein Politikum, wer vor wem flieht – vor dem Feind oder Freund. Von Anfang an, d. h. seit 1979/80, als die Verschärfung des Bürgerkrieges den Flüchtlingsstrom anschwellen ließ, versuchte die Regierung, mit Unterstützung der USA und des UNHCR, aber gegen den Willen und Widerstand der Flüchtlinge, die grenznahen Lager weiter in das Landesinnere zu verlegen. Während der UNHCR dazu verpflichtet ist, die Flüchtlinge vor militärischen Angriffen von der anderen Seite der Grenze zu schützen und dennoch in Verdacht geriet, des Geldes wegen auf amerikanische Interessen Rücksicht zu nehmen, zielte die Counter Insurgency-Strategie der US-Regierung eher darauf ab, die Verbindung zwischen den Lagern und der in Grenznähe operierenden Guerilla zu unterbinden. Zunächst wurden die Insassen der Lager La Virtud und Guarita in das 50 km landeinwärts gelegene Sammellager Mesa Grande verlegt und das Grenzlager Colomoncaqua von Elitetruppen besetzt.

Seit Jahren wurde eine weitere Verlegung von Mesa Grande in das Landesinnere geplant. Dieser Verlegungsplan stieß aber nicht nur auf Proteste der Flüchtlinge und internationalen Hilfsorganisationen, sondern auch auf den Widerstand der einheimischen Bevölkerung, deren Abneigung gegen die „Guanacos" seit dem „Fußballkrieg" von 1969 auch von oben angeheizt worden war. Damals wurden viele „Guanacos", die der Landknappheit und Überbevölkerung in ihrem Heimatland auszuweichen versuchten, über die Grenze zurückgetrieben. Sollten sie nun Land, Wasser und Siedlungsrechte bekommen?

Flüchtlinge sind selten gern gesehene Gäste; sie sind vor allem dann unwillkommen, wenn sie als wirtschaftliche Konkurrenten erscheinen oder Ressourcen (Land, Wasser, Strom, Brennholz) verknappen. Solche Probleme des Zusammenlebens entstanden auch in „New Nicaragua", wo sich ansässige Dorfbewohner von der wachsenden Zahl von Flüchtlingen majorisiert fühlten. Obwohl die Flüchtlinge in der Endabrechnung dem Staat mehr einbringen als kosten (durch Flüchtlingshilfe, Ausgaben der internationalen Hilfsorganisationen auf dem lokalen Markt oder Verbesserungen der Infrastruktur), wurden sie wiederholt von Politikern zur populistischen Stimmungsmache mißbraucht.

Nach der „Demokratisierung" in El Salvador wuchs der Druck auf die Flüchtlinge, in ihr Heimatland zurückzukehren, obwohl dort der Bürgerkrieg eher verschärft wurde. Aber auch die Regierung dieses heillos übervölkerten und mit einer Millionenschar von „desplazados" (Binnenflüchtlingen) geplagten Kleinstaates machte keine sonderlichen Anstrengungen, um ihre „verlorenen Söhne und Töchter" heimzuholen. Unter diesen wuchs jedoch der Überdruß am Lagerleben, das ihnen zwar Sicherheit und Versorgung bietet, aber eine ständige Bevormundung und Gängelung zumutet. Im Oktober 1987 wurden in einer Blitzaktion 4400 „Guanacos" aus dem Lager Mesa Grande unter dem Schutz des UNHCR repatriiert.

In Herkunfts- und Zielländern der Völkerwanderung in Mittelamerika hängt die weitere Entwicklung wesentlich von der Beendigung der Bürgerkriege ab. Diese können aber nicht durch Vertragswerke, sondern nur durch eine grundlegende Veränderung der Herrschafts- und Sozialstrukturen, die den revolutionären Widerstand provoziert haben, beendet werden. Honduras wäre gut beraten, am Friedensprozeß mitzuwirken, statt sich weiterhin als militärisches Aufmarschgebiet der USA zur Verfügung zu stellen, wenn es seine laut beklagte, aber gar nicht so große Flüchtlingsbürde loswerden möchte.

Franz Nuscheler

Anmerkungen

1 UN-General Assembly, *UNHCR Activities Financed by Voluntary Funds* (A/AC. 96/693, Part IV), 27 July 1987.
2 *Flüchtlinge*, UNHCR, Nov. 1987, S. 16.

Literatur

Flüchtlingshilfe Mittelamerika, *Flüchtlinge in Mittelamerika*, Essen 1985.
Grenz, W., Flüchtlingsströme in Zentralamerika, in: *Lateinamerika. Analysen-Daten-Dokumentation*, Jg. 3 (1986), Heft 6/7, S. 75–81.
Guest, I./Orentlicher, D., *Honduras: a Crisis on the Border*, New York (Lawyers Committee for Human Rights) 1985.
Hippler, J., *Krieg im Frieden*, Köln 1986.
UNHCR, *Flüchtlinge* (Monatszeitschrift).

Nicaragua

Im Juli 1979 besiegte die Sandinistische Befreiungsfront (Frente Sandinista de Liberación Nacional, FSLN) an der Spitze eines veritablen Volksaufstandes nach langem und blutigem Bürgerkrieg die Truppen des nicaraguanischen Diktators Anastasio Somoza Debayle und beendete damit eine über vierzigjährige Ära rechtsautoritärer Sippenherrschaft durch die Somoza-Dynastie. Das Regierungsprogramm, auf das sich Sandinisten und bürgerliche Opposition bereits im Vorfeld geeinigt hatten (Pluralismus, Gemischtwirtschaft, Blockfreiheit) sowie die Zusammensetzung der Übergangsregierung unterstrichen den Eindruck, daß es sich bei der auch vom westlichen Ausland unterstützten nicaraguanischen Revolution nicht um eine marxistische Machtergreifung, sondern um eine „nationale" Revolution handelte.

Das sandinistisch-bürgerliche Koalitionsregime zerbrach bereits 1980 am Führungsanspruch der FSLN. Die Auseinandersetzung um die künftige Staats- und Gesellschaftsordnung führte zu einer erneuten innenpolitischen Polarisierung und Radikalisierung. Während die Sandinisten ihre Führungsmacht ausbauten und konsolidierten, begannen Teile des bürgerlichen Lagers offen auf den Sturz des Regimes hinzuarbeiten. Die Wahlen von 1984, die den Sandinisten die absolute Regierungsmehrheit brachten und trotz des Boykotts einiger Oppositionsparteien insgesamt ordnungsgemäß verliefen, führten zu keiner Befriedung des erneut von schweren Kämpfen heimgesuchten Landes.

Mit finanzieller, militärischer und logistischer Unterstützung durch die US-Regierung unter Präsident Reagan, die ihrerseits

132

aus Sorge um die sicherheitspolitischen Folgen eines Einflußver-
lustes der USA in der Region und aus Angst vor einer „Regiona-
lisierung der Revolution" nicht bereit war, das sandinistische
Regime zu tolerieren, entstand eine konterrevolutionäre Armee
von ca. 15 000 Mann, die über Operationsbasen in Honduras
und zeitweilig in Costa Rica verfügte. Die militärische Führung
der sogenannten Contras lag mehrheitlich in den Händen ehemaliger Offiziere der somozistischen Nationalgarde, die politischen Führungspositionen wurden von bürgerlichen Oppositionellen besetzt. Das Gros der Kämpfer bildeten aus den Grenzprovinzen geflüchtete Kleinbauern. Die Ausbreitung von
Kampfhandlungen in die östlichen Grenzregionen an der nicaraguanischen Atlantikküste, Zwangsumsiedlungen und eine verfehlte Minderheitenpolitik führten auch zu schweren Konflikten
zwischen den Sandinisten und den dort ansässigen Indiostäm-
men der Miskito, Sumu und Rama.

Während sich zwischen der Regierung und den Indios die
Möglichkeit einer dauerhaften Konfliktlösung abzeichnet, haben sich die gegensätzlichen Positionen von Sandinisten und
Contras bisher nicht als ausgleichsfähig gezeigt. Darüber hinaus
hat die Reagan-Administration sich bisher gegen eine verhandel-
te Regelung ihrer Sicherheitsansprüche, sei es durch einen
bilateralen Vertrag mit den Sandinisten, sei es durch Unterzeichnung eines regionalen Abkommens, gewandt, da dies die FSLN
an der Macht beließe.

Die Flüchtlingssituation

Während des Bürgerkriegs 1978 und 1979 bis zum Sieg der
Revolution waren zwischen 100 000 und 200 000 Nicaraguaner
ins Ausland geflohen, in erster Linie nach Costa Rica und
Honduras. Der größte Teil von ihnen kehrte nach der Revolution in ihre Heimat zurück.

Genaue Angaben über die Zahl der Flüchtlinge nach 1979
liegen nicht vor. Nach Schätzungen sind über 200 000 Menschen
aus politischen Motiven, wegen der andauernden Kämpfe oder
aus wirtschaftlicher Not ins Ausland geflohen. Alarmierend ist

auch die Zahl der etwa 300 000 Binnenflüchtlinge, die durch den Contra-Krieg ihre Heimat verloren.[1]

In den Monaten nach dem Sturz Somozas haben etwa 20 000 Menschen das Land verlassen, in der Mehrheit Angehörige der somozistischen Nationalgarde und Anhänger des alten Regimes. Aus ihnen rekrutierten sich die ersten konterrevolutionären Guerillagruppen. Die nach dem Beginn des Contra-Krieges zum Jahreswechsel 1981/82 durchgeführten Zwangsumsiedlungen in den bisher von der Revolution unberührt gebliebenen, kulturell eigenständigen Ostregionen führten zur Flucht von 10 000 bis 20 000 Indios, vorwiegend Miskito, über den Grenzfluß Río Coco ins honduranische „Mosquitia". Andauernde Kämpfe im Grenzgebiet ließen weitere folgen. Ca. 9000 wurden ins nicaraguanische Inland verlegt. Ein Teil schloß sich der Guerilla an. Die sandinistische Führung hat mittlerweile ihre Politik gegenüber der indianischen Minderheit selbstkritisch korrigiert und durch eine Autonomiegesetzgebung sowie eine allgemeine Amnestie den Weg zur einer Repatriierung der Flüchtlinge geebnet. Über die Hälfte der vom UNHCR in honduranischen Lagern betreuten Miskito haben bisher die Chance zur Rückkehr genutzt.[2]

Etwas weniger Entgegenkommen seitens der Sandinisten können rückkehrwillige Ladinos erwarten, da ihre Flucht nicht als Folge falscher Regierungspolitik betrachtet wird. Schätzungen über die Zahl nicaraguanischer Flüchtlinge (Ladinos) in Honduras schwanken zwischen 30 000 und 100 000, in Costa Rica spricht man von zwischen 100 000 und 150 000 illegal eingewanderten Nicaraguanern. Nur ein geringer Prozentsatz der Auslandsflüchtlinge, mit Ausnahme der erwähnten Miskito, Sumu und Rama, stehen unter UNHCR-Mandat. Etwa 60 000 Flüchtlinge leben in den USA.

Der im August 1987 in Guatemala von allen fünf zentralamerikanischen Regierungen unterzeichnete regionale Friedensplan hat zu Waffenstillstandsverhandlungen zwischen Sandinisten und Contras geführt. Eine friedliche Beilegung der jahrelangen Kämpfe setzt jedoch nicht nur den entsprechenden politischen Willen der beiden Lager voraus, sondern auch eine Revision der auf den Sturz des sandinistischen Regimes festgelegten amerikanischen Nicaragua-Politik. Ob dies in absehbarer Zeit geschehen wird, ist fraglich.

Willibald Gietl

Anmerkungen

1 Zu den Flüchtlingszahlen siehe unter anderem Ambos, K., (1987) Annex, Table 1, Zahlen nach Schätzungen des UNHCR und Angaben der Zufluchtsländer; Radosh, R., Feet People in: *The New Republic*, 9. März 1987, S. 15–17; *Refugees*, August 1987, S. 27–30; *Neue Zürcher Zeitung*, 22. 10. 1987, S. 3/4.
2 Vgl. *Neue Zürcher Zeitung*, 22. 10. 1987, S. 3/4; *Refugees*, August 1987, S. 27–30.

Literatur

Ambos, K., *The Central American Refugee Crisis*, Refugees Studies Program, University of Oxford, Oxford 1987.
Americas Watch Committee, *Violations of the Laws of War by Both Sides in Nicaragua 1981–1985*, New York 1985.
Amnesty international, *Nicaragua. The Human Rights Record*, London 1986.
Krumwiede, H.-W., *Revolution in Zentralamerika als Problem westlicher Außenpolitik*, Ebenhausen 1987.
Nicaragua. Chronik der innenpolitischen Entwicklung 1980 bis 1985, in: *Weltgeschehen*. Analysen und Berichte zur Weltpolitik für Unterricht und Studium, Nr. 2, 1985, S. 167–331.

Surinam

Surinam liegt an der atlantischen Küste im Nordosten Südamerikas mit Grenzen zur Republik Guyana, zum französischen Überseedépartement Guyane sowie zu Brasilien. Mit einer Fläche von rund 160000 km^2 ist Surinam etwa fünfmal so groß wie sein ehemaliges Mutterland, die Niederlande. Das Land ist nur wenig erschlossen, und zwar vor allem an der Küste, in der Umgebung der Hauptstadt Paramaribo. Einige Wirtschafts- bzw. Entwicklungsprojekte bilden isolierte Pole der Zivilisation im kaum erforschten Hinterland, das größtenteils von tropischem Urwald bedeckt ist.

Surinam gehört zu den wenigen Entwicklungsländern, die unterbevölkert sind. Die Bevölkerungsangaben schwanken zwischen 300 000 und 400 000; rund die Hälfte der Bevölkerung lebt in der näheren Umgebung der Hauptstadt, so daß sich die andere Hälfte – zwischen 150 000 und 200 000 Menschen – auf die übrigen Regionen des Landes verteilt. Die Bevölkerungsdichte liegt bei rund zwei Einwohnern pro Quadratkilometer.

Die nach der Unabhängigkeit von den Niederlanden eingerichtete parlamentarische Demokratie wurde 1980 durch einen Militärputsch abgeschafft. Dieser Putsch war nicht geplant, sondern entwickelte sich eigendynamisch aus einem bestimmten innenpolitischen Konflikt (gewerkschaftliche Assoziation von Unteroffizieren). Die Putschisten waren völlig unvorbereitet, um die Macht zu übernehmen. Sie hatten kein Programm und keine politische Erfahrung. So sicherten sie ihre Macht zunächst nur halbherzig. Es entstanden sehr ambivalente politische Institutionen, und es kam zu erheblichen ideologischen Schwankungen sowie zu mehreren, zum Teil blutigen „Säuberungen", bis sich Desi Bouterse als starker Mann endgültig durchsetzen konnte. Das Regime pflegt eine sozialistische Rhetorik, folgt in der Praxis jedoch mehr dem sogenannten Dritten Weg als einem sozialistischen Kurs: Weil die Revolution keine Massenbasis hat; weil keine zentrale Planwirtschaft durchgeführt wird; weil keine Alimentierung durch sozialistische Staaten erfolgt; weil keine arbeitsteilige Einbindung in das sozialistische Lager besteht und weil eine Instrumentierung Surinams für die sowjetischen Interessen kaum möglich ist, da die Sowjetunion über keinen geeigneten Hebel verfügt.

Außenpolitisch war Surinam zunächst an Cuba angelehnt, seit einiger Zeit sind diese Beziehungen aber auf ein Minimum reduziert; statt dessen wird ein zunehmender Einfluß Brasiliens spürbar. Während eine pro-cubanische bzw. pro-sowjetische Orientierung der „Revolution" auf absehbare Zeit nicht zu erwarten ist, verbleiben als Möglichkeiten: Die bisherige oder eine andere Variante des Dritten Wegs, die Wiederherstellung des parlamentarisch-demokratischen Systems oder eine Konterrevolution von rechts.

Unter wirtschaftlichem und politischem Druck interner und externer Art hat sich Bouterse im Sommer 1987 auf ein Redemokratisierungsexperiment eingelassen, offenbar in der Absicht, die Macht des Regimes scheindemokratisch abzusichern. Die Wahlen vom November desselben Jahres erbrachten einen überwältigenden Sieg der oppositionellen „Front für Demokratie und Entwicklung". Da sich das Regime eine maßgeschneiderte Verfassung gegeben hat und einen entscheidenden Machthebel im Staatsrat behält, ist eine volle Redemokratisierung zur Zeit noch nicht in Sicht.

Seit Mitte 1986 gibt es in Surinam auch eine rechtsgerichtete Guerillabewegung – offensichtlich mit ausländischer Unterstützung – unter der Führung von Ronny Brunswijk, einem früheren Leibwächter von Bouterse. Inwieweit dessen erklärtes Ziel, das Land zu redemokratisieren, glaubwürdig ist, muß sich erst noch erweisen. Skepsis ist jedenfalls angebracht.

Die Flüchtlingssituation

Der überwiegende Teil der Flüchtlinge Surinams besteht im weiteren Sinn aus „Wirtschaftsflüchtlingen": Als die Bevölkerung im Zusammenhang mit der Unabhängigkeit (1975) zwischen der surinamesischen und der niederländischen Staatsbürgerschaft wählen konnte, entschlossen sich damals rund 150 000 Surinamesen zur Auswanderung in das ehemalige Mutterland. Dieser Exodus, der auch einen massiven „brain drain" bedeutete, war für die junge Republik ein schwer zu verkraftender Aderlaß, obwohl sich die Niederlande mit einem „goldenen Händedruck" verabschiedet hatten.

Politische Flüchtlinge gibt es erst seit dem Militärputsch von 1980. Zunächst handelte es sich lediglich um einzelne Personen, die auf Oppositionskurs gegangen waren (darunter der erste Ministerpräsident des Regimes, Chin A Sen). Seit Beginn des Guerilla-Krieges gibt es eine zunehmende Zahl von Menschen, die aus den umkämpften Gebieten fliehen; es sind zur Zeit ca. 5000, die größtenteils über die Grenze in das französische Überseedépartement Guyane kommen. Ob ein (zur Zeit nicht sehr wahrscheinlicher) Sieg der Guerilla zu einer Lösung des Flüchtlingsproblems führen würde, erscheint allerdings zweifelhaft, da dies keineswegs mit einer innenpolitischen Befriedung identisch wäre.

Manfred Wöhlcke

Literatur

Brana-Shute, G., Politicians in Uniform. Suriname's Bedeviled Revolution, in: *Caribbean Review,* Vol. 10 No. 2, 1981, S. 24–27, 49–60.

Dew, E., The Year of the Sergeants. What Happened in Suriname, in: *Caribbean Review,* Vol. 9, No. 2, 1980, S 5–7, 46–47.

ders., Suriname Tar Baby. The Signature of Terror, in: *Caribbean Review,* Vol. 12, No. 1, 1983, S. 4–7, 34.

Kroes, R., The Small-Town Coup. The NCO Political Intervention in Surinam, in: *Armed Forces and Society,* Vol. 9 No. 1, 1982. S 115–134.

Regierung der Republik Surinam (Hrsg.), *Government Statement and Plan of Action for 1983–1986,* Paramaribo, 1. Mai 1983.

Serbin, A., Las experiencias recientes del socialismo caribeño, in: *Nueva Sociedad,* No. 63, 1982, S. 95–102.

Suriname Insurrection Adds to Economic Ills, in: *International Herald Tribune,* 3. 2. 1987, S. 3.

Wöhlcke, M., *Zur Lage in Surinam,* Ebenhausen (Stiftung Wissenschaft und Politik, SWP-AP 2365), 1983.

III. Asien

Afghanistan

Das Binnenland im südlichen Zentralasien, seit 1747 ein eigener Staat, konnte sich direkter Kolonialherrschaft in drei anglo-afghanischen Kriegen (1839–42, 1878–80, 1919) entziehen, mußte aber als Spielball britischer und russischer Kolonialkonkurrenz Einschränkungen seiner Souveränität und territoriale Verluste hinnehmen und erbte infolge willkürlicher Abgrenzung von Britisch Indien gravierende Grenzprobleme mit seinem östlichen Nachbarn Pakistan. Der bis 1973 monarchisch verfaßte Staat war durch eine schwache Zentralgewalt und starke lokale Partikulargewalten (Grundbesitzer, Stammeshäuptlinge, Geistliche), durch autonome Dorfgemeinden und eine vom Stammesempfinden geprägte Vielvölkerstruktur aus Paschtunen, Tadjiken und Turkvölkern charakterisiert. Einheitsstiftend in dieser Vielheit war vor allem der Islam.

Staatsgelenkten Reformversuchen, so unter König Amanullah 1919–29, waren enge Grenzen gesetzt. In die empfindliche Balance zwischen Zentral- und Partikulargewalt griff die sogenannte „April-Revolution" von 1978 und die aus ihr hervorgehende Regierung der „Demokratischen Volkspartei Afghanistans" (DVPA) in verheerender Weise ein. Die 1964 gegründete Partei strebte auf extrem schmaler sozialer Basis eine radikale Umwandlung des in Traditionalismus verharrenden rückständigen Afghanistan auf etatistischem Weg an. Sie orientierte sich an marxistischen Revolutionsvorstellungen, die auf die afghanische Wirklichkeit nicht anzuwenden und den afghanischen Massen nicht zu vermitteln waren. Zudem war die DVPA in zwei einander bekämpfende Fraktionen – Khalq (Volk) und Parcham (Banner) – gespalten.

Außenpolitisch stützte sich das Revolutionsregime auf die

Sowjetunion, zu der Afghanistan seit Mitte der 50er Jahre gute Beziehungen unterhält (Entwicklungs- und Militärhilfe). Eine direkte Mitwirkung der Sowjetunion bei dem Staatsstreich vom 27. 4. 1978 ist nicht nachzuweisen. Das Verhältnis der KPdSU zu den afghanischen Marxisten war bis dahin eher distanziert. Nach dem Putsch stellte sich Moskau allerdings entschieden hinter das neue Regime in Kabul, bezeichnete seine Beziehungen zu ihm als „brüderlich", ordnete sie in den ideologischen Rahmen des „proletarischen Internationalismus" ein und schloß wenige Monate später einen Freundschaftsvertrag mit der afghanischen Regierung.

Mit solcher Rückendeckung ließ sich die DVPA unter ihrem Generalsekretär Taraki und dem Organisationssekretär Amin, dem Organisator der „April-Revolution", auf einen Eskalationskurs ein. Anfängliche ideologische Zurückhaltung („Wir sind keine Marxisten, sondern orientieren uns am Islam") wurde aufgegeben und unausgereifte Reformprojekte mit Gewalt und dröhnender Revolutionsrhetorik gegen Widerstände in der Bevölkerung durchgesetzt. Afghanistan sollte einen Sprung „unmittelbar vom Feudalismus in den Sozialismus" machen. Eine übereilte Agrarreform zerstörte gewachsene Sozial- und Wirtschaftsbeziehungen auf dem Land, ohne neue Institutionen an ihre Stelle zu setzen; eine Kulturrevolution wollte „antiquierte Sitten" liquidieren und die Frauen aus den „Ketten des Islam" befreien und stieß die Bevölkerung, wo es nur ging, vor den Kopf; eine dringend notwendige Alphabetisierungskampagne geriet zum Propagandamedium des Regimes und zum Haßobjekt der Bevölkerung. Das Regime wurde von breiten Teilen der Bevölkerung als von einer fremden Macht abhängig, gottlos, gewalttätig und gewaltanmaßend perzipiert.

Das rief in verschiedenen Segmenten der afghanischen Gesellschaft (Grundbesitzer, Klerus, bestimmte Stämme und Ethnien, aber auch linke Dissidenten) einen Widerstand hervor, der sich islamisch artikulierte. Mit Widerstand und eskalierendem Gegenterror, der sich systematisch gegen bestimmte Sozialgruppen richtete (Klerus, Stammesnotabeln, Intelligenzia) wuchsen die ersten Fluchtbewegungen aus Afghanistan. Schon vor dem sowjetischen Einmarsch verließen etwa 200 000 Afghanen ihre Heimat. Der moralische und physische Verfall des Revolutionsregimes (Meutereien in den Streitkräften, Massendesertion) und seine Unfähigkeit, mit dem Widerstand fertig zu werden, machte aus Moskauer Sicht eine Intervention notwendig, wenn nicht ein Regime „sozialistischer Orientierung" unmittelbar vor der sowjetischen Grenze in Chaos versinken sollte.

Als Hafizullah Amin im Herbst 1979 Taraki stürzen und ermorden ließ und ein eigenes, besonders brutales Terrorregime etablierte, avisierte die sowjetische Führung eine Militärintervention mit dem Ziel, Amin zu stürzen und ihn durch den in der Sowjetunion befindlichen Parcham-Führer B. Karmal zu ersetzen, die afghanische Armee zu rekonstruieren und sie bei der Bekämpfung des Widerstandes mit einem sowjetischen Kontingent zu unterstützen. Die Intervention wurde am 25. Dezember 1979 mit Panzer- und Luftlande-Einheiten begonnen. Das „begrenzte und nur vorübergehend stationierte Kontingent" wuchs schnell auf über 100 000 Mann an und steht nunmehr seit acht Jahren in Afghanistan. Die Intervention führte zur immer weiteren Verwicklung der sowjetischen Streitkräfte in die Bekämpfung des Widerstandes und auch zur völligen Abhängigkeit des DVPA-Regimes von Moskau, seit 1984 zur totalen Konterguerilla, d. h. zum „schmutzigen Krieg" gegen die Zivilbevölkerung, um die Nachschub-Strukturen für den Widerstand zu zerschlagen, der als nationaler und religiös motivierter „Jihad" geführt wird, seine politischen Niederlassungen in Pakistan unter der Flüchtlingsbevölkerung hat und von dort tief ins Innere Afghanistans hineinwirkt. Bislang konnte der Widerstand trotz Eskalation der Kriegsmaßnahmen nicht merklich zurückgedrängt werden. In letzter Zeit gibt die sowjetische Führung deutlich ihre Bereitschaft zum „disengagement" in Afghanistan zu erkennen, verpflichtet das Kabuler Regime auf eine Politik der „nationalen Versöhnung" und auf Konzessionen bei den indirekten Genfer Verhandlungen zwischen Pakistan und Afghanistan unter Vermittlung des VN-Beauftragten Diego Cordovez.

Kein anderer bewaffneter Konflikt der Gegenwart hat die demographische Struktur eines Landes dermaßen erschüttert wie der Afghanistan-Krieg. Massentod und Massenflucht haben etwa 40% der Bevölkerung Afghanistans berührt. Von schätzungsweise 16 Millionen Einwohnern des Landes vor 1978 wurden über eine Million getötet. Hauptursache dieser Todesrate sind Flächenbombardements auf Wohngebiete. Da die landwirtschaftliche Struktur Afghanistans, insbesondere das lebenswichtige Bewässerungssystem, weitgehend zerstört wurde, entstanden Hungersnöte. Die medizinische Versorgung liegt brach. Afghanistan hat die höchste Kindersterblichkeitsquote der Welt.

Fluchtbewegungen größten Ausmaßes führten über fünf Millionen Afghanen außer Landes. Dazu kommen kriegsbedingte Binnenmigrationen, infolge deren z. B. Kabul von ehemals etwa 700000 auf über 1,5 Millionen Einwohner (1985) angeschwollen ist. Flucht wird vor allem durch die Flächenbombardements ausgelöst, zum Teil aber auch durch die Auswirkungen des Bürgerkrieges, in dem das Land sich befindet. In Gebieten, in denen sich radikale Widerstandsgruppen durchsetzten, kam es mitunter zur Hexenjagd auf gemäßigte Kräfte. So flohen Familien aus Gebieten, in die nie ein afghanischer oder sowjetischer Soldat vorgedrungen ist (Hazarajat, Nuristan).

Der afghanische Exodus bewegte sich vor allem in die Nachbarländer Pakistan und Iran. Exil-Afghanen bilden heute die größte Vertriebenenbevölkerung der Welt. In Pakistan wurden im Sommer 1987 2,9 Millionen afghanische Flüchtlinge registriert, dazu kommt eine Dunkelziffer von 500000 nichtregistrierten Flüchtlingen. Im Iran befinden sich zwischen 1,5 Millionen und zwei Millionen Afghanen. Kleinere Flüchtlingsgruppen leben in der Türkei und in Indien sowie in einigen westlichen Ländern.

Über die 2400 Kilometer lange Grenze nach Pakistan flohen zunächst überwiegend Paschtunen aus den östlichen Grenzprovinzen, die an kleinen Grenzverkehr mit der ethnisch verwandten Bevölkerung auf pakistanischer Seite gewöhnt waren. Mit der Eskalation des Bombenterrors kamen Bevölkerungsgruppen aus anderen Teilen Afghanistans hinzu. Pakistan beherbergt mit den Afghanen die größte zusammengehörende Flüchtlingsbevölkerung der Welt in 320 Flüchtlingsdörfern, sogenannten „Refugee Tent Villages" (RTV). 75% davon ist auf die „Nordwestliche Grenzprovinz" (NWFP) konzentriert. Hier gibt es Distrikte mit einem 1:1-Verhältnis von Flüchtlings- zu einheimischer Bevölkerung. Der Rest verteilt sich auf die Landesteile Beluchistan und Pandschab. Pakistan war von 1978 an das Hauptfluchtziel. Die Millionengrenze wurde Mitte 1980 erreicht, einige Monate nach der sowjetischen Intervention. Die heutige Zahl von etwa drei Millionen Flüchtlingen hat sich seit 1984 stabilisiert. 1987 gab es geringfügige Rückwanderungen auf Grund der werbenden Politik der „nationalen Versöhnung" in Afghanistan. Dem stehen aber neue Fluchtbewegungen aus Afghanistan gegenüber.

Die Afghanistan-Krise machte Pakistan zu einem Frontstaat. Seine Unterstützung für die Flüchtlinge und die aus ihnen rekrutierten Mujahedin – die Sowjetunion moniert 120 „militärische Stützpunkte der Rebellen" im Flüchtlingsgebiet in Pakistan – setzt es den Anfeindungen Kabuls und Moskaus aus. Verstärkte amerikanische Militär- und Wirtschaftshilfe für Pakistan schafft kaum einen Ausgleich für den Destabilisierungseffekt, den die Flüchtlingssituation bedeutet. 1987 wurden erhebliche Konflikte zwischen der autochthonen und der Flüchtlingsbevölkerung gemeldet, angeheizt durch eine Serie von Bombenattentaten in der Nordwestprovinz, hinter denen der afghanische Geheimdienst vermutet wird, und zahlreichen Übergriffen der sowjetisch-afghanischen Luftverbände auf pakistanisches Territorium.

Die Situation afghanischer Flüchtlinge im Iran ist weniger bekannt. Dorthin flohen vor allem Familien aus der westlichen Grenzprovinz Herat und mit den Iranern ethnisch oder religionsverwandte Gruppen aus anderen Teilen Afghanistans (Tadjiken und schiitische Hazara). In Transitlagern werden die Flüchtlinge relativ gut versorgt. Sie sollen allerdings unter dem ideologischen Druck des Chomeini-Regimes stehen, verwaltet

von einem „Rat für afghanische Flüchtlinge", der dem Innenministerium angehört.

Uwe Halbach

Literatur

Afghanistan. Ländermonographie. Schriftenreihe der Stiftung Bibliotheca
    Afghanica, Bd. 4, Liestal 1986.
Barry, M., International Humanitarian Enquiry Commission on Displaced
    Persons in Afghanistan, in: *Central Asian Survey*, Bd. 1, 1986.
Duran, Kh., Wie lange noch? Zur Lage der Afghanen in Pakistan, in:
    Deutsches Übersee-Institut Hamburg, Report Nr. 2, 1985.
Edwards, D. B., Marginality and migration: cultural dimensions of the
    Afghan refugee problem, in: *International Migration Review* 20 (1986),
    74, S. 313–325.
Kutschera, Ch., Forgotten refugees: Afghans in Iran, in: *The Middle East*,
    Aug. 1986.

Bangladesch

Das Flüchtlingsproblem der Chakma-Stammesbevölkerung ist
fast unbekannt. Gelegentliche Berichte in indischen Zeitungen,
ausgelöst durch die wachsenden Flüchtlingsströme in die nord-
ostindischen Landesteile (vor allem nach Tripura), gaben die
ersten Hinweise. Die indische Zentralregierung zögerte, das
Problem auf Regierungsebene mit General Ershad, dem Präsidenten von Bangladesch, ernsthaft anzusprechen. Erst als amnesty international (ai) in den letzten Jahren nachdrücklich auf die
Menschenrechtsverletzungen durch Bangladeschi-Regierungs-
truppen an der Chakma-Bevölkerung hinwies und die spärlichen
Informationen in einem Bericht[1] zusammenfaßte, wurde ein
etwas breiteres Interesse geweckt und der politische Druck auf
die Regierung von Bangladesch verstärkt.

In dem 101 Mio.-Volk Bangladeschs (Stand von 1985) bilden
die ca. 600 000 „Chakmas" eine verschwindende Minderheit.
Unter diesem Oberbegriff werden 13 Stämme zusammengefaßt.
Mehr als die Hälfte gehört dem Stamm der Chakmas an, der Rest
verteilt sich hauptsächlich auf die beiden Stämme der Marmas
und der Tripuras.

Die Stammesbevölkerung ist chinesisch-tibetischen Ursprungs, verwandt mit der mongoloiden Bevölkerung in Burma, Nordost-Indien und im chinesischen Himalaja-Gebiet. Die Chakmas sind überwiegend Buddhisten mit einem geringen Anteil an Hindus. In ihrer Religion und Sprache, in ihren Sitten und landwirtschaftlichen Anbaumethoden (Subsistenzwirtschaft im hügeligen Waldgebiet) unterscheiden sie sich deutlich von der moslemischen Bevölkerung Bangladeschs, die auf dem flachen Land von Reisnaßanbau lebt.

Der Konflikt hat eine politische, ethnische und sozio-ökonomische Dimension. In politischer Hinsicht fordern die Chakmas die Wiederherstellung ihrer semi-autonomen Selbstverwaltung und des Siedlungsverbots. Beides besaßen sie unter der britischen Kolonialherrschaft. In ethnischer Hinsicht besteht die Furcht vor der Assimilierung mit der moslemischen, bengalischsprachigen Bevölkerung Bangladeschs. Konfliktauslösend war allerdings die sozio-ökonomische und demographische Dimension.

Bangladesch ist einer der am dichtesten besiedelten Staaten der Erde. Der jährliche Bevölkerungszuwachs von knapp 2,8 % erhöht noch zusätzlich den Druck auf das knappe landwirtschaftlich nutzbare Land. Im Gegensatz dazu ist das fruchtbare Chakma-Siedlungsgebiet, die Chittagong Hill Tracts (CHT), relativ dünn besiedelt. Während die CHT 10 % des Territoriums von Bangladesch ausmachen, werden sie von weniger als ein Prozent der Gesamtbevölkerung bewohnt.[2] Die Chakmas argumentieren allerdings, daß die ökologische Belastbarkeit der CHT in Verbindung mit der besonderen Anbaumethode in dem Bergland keine dichtere Besiedlung erlaubt.

Der Konflikt bahnte sich bereits bei der Unabhängigkeit 1947 an. Die Chakmas forderten die Anerkennung als „native state" oder den Anschluß an das ethnisch verwandte Tripura in der Indischen Union. Der Unwillen gegen den aufgezwungenen Anschluß an das damalige Ostpakistan wuchs, als die CHT durch eine Verfassungsänderung 1963 ihren besonderen Status als „excluded area" verloren. Die Verfassungsänderung bildete offensichtlich die gesetzliche Grundlage für das große Karnaphuli Wasserkraftwerk mit dem Kastai-Damm in den CHT, dessen Bau 1957 begonnen und Anfang der 60er Jahre abgeschlossen wurde, und den Chakmas einen erheblichen Anteil der landwirtschaftlichen Nutzfläche raubte.[3] Die Kompensationszahlungen der pakistanischen Regierung wurden von den Chakmas als unzureichend bezeichnet.[4]

Nach der Entstehung des unabhängigen Staates Bangladesch 1971 trug eine Chakma-Delegation der neuen Regierung unter Sheikh Mujibur Rahman die alten Forderungen nach Autonomie und Siedlungsverbot in den CHT erneut vor. Die abschlägige Antwort manifestierte sich 1972 in der neuen Verfassung von Bangladesch, in der den CHT kein besonderer Status gewährt wurde. Gleichzeitig setzte eine verstärkte Ansiedlung von moslemischen Flachland-Bengalen ein. Die Chakmas reagierten darauf mit der Gründung einer politischen Organisation, der JSS[5], am 7. 3. 1972, der am 7. 1. 1973 die Gründung des militanten Armes, der Shanti Bahini („Friedenstruppe"), folgte. Seit Mitte der 70er Jahre setzte die militante Konfrontation zwischen der Shanti Bahini einerseits und den Regierungstruppen und moslemischen Siedlern andererseits ein.

Die berechtigte Sorge der Chakmas, durch die Siedlungspolitik in ihrem seit Jahrhunderten angestammten Siedlungsgebiet immer weiter eingeengt zu werden, wird durch die folgenden Zahlen gestützt: 1951 betrug der Chakma-Anteil in den CHT noch 91 %, bengalische Siedler machten dagegen nur 9 % aus. 1974, nach der Aufhebung des besonderen Status der CHT, war der Anteil der bengalischen Siedler auf 11,5 % gestiegen und betrug 1980 sogar schon knapp 34 %. Von ai genannte Schätzungen sprechen davon, daß sich inzwischen die Situation einem Verhältnis von fast 50:50 annähert.[6] Nach anderen Quellen soll der bengalische Anteil inzwischen bei 39 % liegen[7], doch erscheint diese Zahl angesichts der forcierten Siedlungspolitik in den 80er Jahren und der gleichzeitigen massiven Fluchtbewegung zu gering.

In den 80er Jahren verschärfte sich der Konflikt. Immer mehr Chakmas wurden von den Regierungstruppen zwangsweise in „geschützten Dörfern" angesiedelt, um Agrarboden für bengalische Neusiedler freizumachen. Die Chakmas reagierten mit Überfällen sowohl auf Regierungstruppen als auch auf Neusiedler.

Eine empfindliche Schwächung erlitten die militärischen Führer der Chakmas durch interne Machtkämpfe. Die inzwischen offenbar gut organisierten Chakma-Guerillas zerstritten sich über die Kontroverse, ob sie sich den Truppen Bangladeschs ergeben und auf das Amnestie-Angebot von Präsident Ershad eingehen sollten. Bei der Kontroverse wurde am 10. 11. 1983 der Chakma-Führer Manabendra Narain Larma von seinem Rivalen Priti Kumar Chakma getötet.[8] Priti Kumar setzte seitdem den Kampf fort.

Seit dem Frühjahr 1986 eskalierte die militärische Konfrontation von beiden Seiten aus.[9] Die brutalen Übergriffe der Regierungstruppen auf die Zivilbevölkerung ließen den Flüchtlingsstrom in das benachbarte indische Tripura gewaltig anschwellen.

Die Flüchtlingssituation

Die große Mehrzahl der Flüchtlinge ist seit dem Frühjahr 1986 nach Tripura geflohen. Die Zahlenangaben weichen erheblich voneinander ab. Angesichts der gesamten Chakma-Bevölkerung von nur 600000 ist in jedem Fall ein erheblicher Anteil der Stammesbevölkerung geflohen.

Der Außenminister Bangladeschs, Humayun Rashid Choudhry bestätigte offiziell, daß 24329 Personen als Flüchtlinge in Lagern in Südtripura anerkannt wurden. Diese Zahl wird auch von ai als Mindestgröße angegeben. Von indischer Regierungsseite wurde der Zustrom auf 26000 beziffert. Laut „India Today" sollen bis zum Februar 1987 ca. 45000 Personen geflohen sein. Von dem Chakma Guerilla-Führer Ushadan Talukdar wurde sogar eine Zahl von über 50000 Flüchtlingen behauptet.[10]

Die Situation in den Flüchtlingslagern ist katastrophal. Die – glaubwürdigen – Berichte von Folterungen, Vergewaltigungen und Tötungen durch Truppen Bangladeschs erklären[11], warum sich die Flüchtlinge weigern, in die CHT zurückzukehren. Die indische Regierung hat mit Bangladesch Verhandlungen über eine Rückkehr der Chakmas aufgenommen, aber bislang ohne Ergebnis. Möglicherweise beunruhigt durch die jüngste Intervention Indiens im srilankischen Tamilen-Konflikt versucht jetzt die Regierung Bangladeschs, unter Ausschaltung von indischen Beamten direkte Gespräche mit den Chakmas aufzunehmen. Zu diesem Zweck wurde am 19. 9. 1987 ein sechsköpfiges hochrangiges Komitee eingesetzt, das am 29. 9. 1987 zu einer Informationstour in die CHT aufbrach. Lösungsvorschläge wurden bislang jedoch nicht bekannt.

Citha D. Maaß

Anmerkungen

1 ai, Bangladesh, *Unlawful Killings and Torture in the Chittagong Hill Tracts*, London 1986. ai Index: ASA/13/21/86.
2 vgl. *Times of India*, 2.11. 1986.
3 vgl. ai (Anm. 1), S. 4 u. 7.
4 vgl. Link, 29. 7. 1984, S. 39–40.
5 JSS = Parbottya Chattagram Jana Sanghati Samity (Chittagong Hill Tracts People's Solidarity Association).
6 vgl. ai (Anm. 1), S. 7.
7 vgl. *India Today*, 15. 8. 1986, S. 40; in einer späteren Ausgabe sprach *India Today* (15. 3. 1987, S. 35) von ungefähr 30 %.
8 vgl. Link (Anm. 4), S. 40.
9 vgl. den derzeit aktuellsten ai-Bericht vom März 1987: ai Index: ASA 13/01/87.
10 vgl. *Bangladesh Observer*, 26. 3. 1987; ai (Anm. 9), S. 6; *India Today*, 15. 3. 1987, S. 32–35.
11 vgl. die beiden ai-Berichte, sowie *India Today*, 15. 3. 1987, S. 32–35.

Birma

Die Flüchtlingsbewegungen in Birma sind sowohl Resultat der innenpolitischen Entwicklung Birmas, insbesondere der ethnischen Zusammensetzung der Bevölkerung und der damit verbundenen Problematik, als auch der jüngeren südasiatischen und südostasiatischen Geschichte.

Das Staatsvolk Birmas setzt sich aus vier ethnisch verschiedenen Bevölkerungsgruppen zusammen: Die Arakanesen, die an der westlichen Küste Birmas leben; dann die Shan, verwandt mit den Thai in China und Thailand, die im Landesinneren siedeln. Im Delta des Irrawaddy River entlang der Küste Tenasserims leben die Mon, die – als erstes der Völker Birmas – in regen Kontakt mit Indern und Europäern traten. Und schließlich die Birmesen, die im zentralen Hochland Birmas leben und im Lauf der Geschichte immer wieder versuchten, die anderen Völker der Region unter ihren politischen und kulturellen Einfluß zu bringen.[1] Daneben lebt in Birma seit der englischen Kolonialzeit zudem eine große Gruppe Chinesen und Inder.

Die strategische Position Birmas machte das Land zu einem umkämpften Gebiet: Am 1. Januar 1886 annektierte Großbritannien Birma und integrierte das Land in sein indisches Reich. In drei Kriegen gegen das Königreich Birma hatte die Regierung in London damit das strategische Ziel ihrer Südostasienpolitik erreicht. Die Beherrschung Birmas sollte Frankreich ein weiteres Vordringen in Südostasien mit Stoßrichtung auf Indien verwehren und zugleich die britischen Einflußmöglichkeiten auf China erweitern.

In den folgenden Jahrzehnten gelang es Großbritannien, seine politische Position in Birma zu festigen. Damit entfiel die Notwendigkeit, Birma in die Planungen bezüglich einer indischen Autonomie miteinzubeziehen. Gegen diese englische Politik richtete sich in den späten zwanziger und frühen dreißiger Jahren der Widerstand birmesischer Nationalisten, vor allem von Studentengruppen und buddhistischen Mönchen.

Einen ersten Erfolg im Kampf gegen die englische Vorherrschaft erreichten die Studenten und die nationalistische Thakin-Bewegung unter der Führung von Aung San im April 1937: Großbritannien löste Birma aus seinem indischen Imperium und gewährte dem Land eine Teilautonomie. Den im Anschluß an die Erlangung der Teilautonomie gebildeten birmesischen Regierungen gelang es jedoch nicht, die wirtschaftlichen und politischen Probleme des Landes unter Kontrolle zu bringen. Es kam zu Aufständen ethnischer Minderheiten gegen die Vorherrschaft der Birmesen. Als 1939 der Zweite Weltkrieg ausbrach, war die politische Klasse des Landes uneinig darüber, ob sich

Birma auf die Seite von England oder Japan stellen sollte. Einige wichtige Politiker der Thakin-Bewegung – später als die „dreißig Kameraden" berühmt – flohen nach Japan, wurden dort militärisch ausgebildet und kehrten 1942 mit den japanischen Truppen nach Birma zurück.

Nachdem Japan seine militärische Position in Thailand gefestigt hatte, begannen die Truppen des *Tenno* 1942 mit der Eroberung Birmas. Nach der schnellen Niederschlagung des britischen Widerstandes erklärte Japan Birma am 1. August 1943 für „unabhängig".

Da Japan von Birma aus versuchte, Indien anzugreifen und die Briten deswegen der Rückeroberung Birmas Priorität einräumen mußten, war das Land von 1943 bis 1945 Schauplatz erbitterter Kämpfe. Aung San, obwohl Befehlshaber der pro-japanischen *Birma Defense Army*, nahm Kontakt zu den Briten auf und gründete die *Anti-Fascist People's Freedom League* (AFPFL). Für die Zeit nach dem Krieg versprach Großbritannien Verhandlungen über die Unabhängigkeit Birmas. Nach dem Ende des 2. Weltkrieges begannen in London Verhandlungen über die politische Zukunft des Landes: bereits im April 1947 fanden Wahlen statt, die die AFPFL mit großer Mehrheit gewann. Auch die Bergstämme, die mit den Briten und Birmesen getrennt verhandelt hatten, votierten für eine Union mit Birma. Doch auf der Höhe seines politischen Erfolges wurden der Wahlsieger Aung San und sechs seiner Kabinettskollegen von politischen Rivalen ermordet. Der britische Gouverneur Sir Hubert Rance beauftragte nun U Nu mit der Regierungsbildung. Am 4. Januar 1948 wurde Birma von Großbritannien in die Unabhängigkeit entlassen. Der neue Staat war weitgehend von Birmesen beherrscht, so daß in den anderen Bevölkerungsgruppen sehr schnell der Unmut über die birmesische Vorherrschaft wuchs.

Als in den fünfziger Jahren – trotz weiterer Wahlsiege der AFPFL – die Partei zerfiel, trat U Nu zurück und beauftragte General Ne Win mit der Ausarbeitung einer neuen Verfassung. Ne Win versuchte die Minoritätenproblematik zu entschärfen, indem er einigen Volksgruppen Minderheitsrechte gab. Durch einen Friedens- und Nichtangriffsvertrag mit der VR China suchte er die nördliche Flanke Birmas zu sichern und die strategische Lage des Landes zu verbessern.

1962 putschte Ne Win – nach einer erneuten kurzen Regierungszeit von U Nu – und schaffte die Verfassung und alle Parteien außer der *Birmese Socialist Program Party* (BSPP) ab. Am 30. April 1962 erklärte die neue Regierung ihr Programm: Birmas Weg zum Sozialismus. Ne Win führte zwar die traditionelle birmesische Politik der Neutralität und Isolation fort, suchte aber gleichzeitig, die Beziehungen zu China zu verbessern und weiter zu entwickeln. Im Bereich der Wirtschaftspolitik erklärte die Regierung den Vorrang der Landwirtschaft vor der Industrie und führte weitgehende Verstaatlichungen im Industriebereich durch. 1974 gab Ne Win Birma schließlich auch eine neue Verfassung. Neben der Einheitspartei BSPP wurde eine gesetzgebende Versammlung eingeführt und sieben Minderheitsstaaten mit eingeschränkter Autonomie geschaffen: Arakan, Chin, Kachin, Karen, Kayah, Mon und Shan. Als Ne Win 1981 ankündigte, daß er sich wegen seines Alters und seiner schlechten Gesundheit aus der Politik zurückziehen werde, wurde sein langjähriger politischer Weggefährte San Yu sein Nachfolger.

Die Minderheitsproblematik verschärfte sich erneut 1982, als die Regierung eine – bis heute geltende – „dreistufige" Staatsbürgerschaft einführte: Die erste Kategorie umfaßt die Birmesen und „reinblütigen" – zum birmesischen Staatsvolk zählenden – ethnischen Minderheiten, denen die Verfassung von 1974 eine eingeschränkte Autonomie zugestanden hatte. Die zweite Kategorie ist für „mischblütige" Abkömmlinge einer der Gruppen der ersten Kategorie vorgesehen. Die dritte Kategorie schließlich ist Bürgern vorbehalten, die keiner der genannten Nationalitäten angehören und während oder nach der Kolonialzeit mit der Erlaubnis der Regierung nach Birma eingewandert sind. Mitte der achtziger Jahre bestand diese Gruppe aus ca. drei Millionen Indern, Pakistani, Bangladeschi und Chinesen. Die staatsbürgerlichen Rechte dieser Gruppe, insbesondere der Zugang zu Ämtern,[2] sind stark eingeschränkt; die Regierung in Rangun versucht auf diese Art, Einwanderer nach Birma zu entmutigen.

Im Lauf der achtziger Jahre gab Birma seine wirtschaftliche Isolation weitgehend auf. Vor allem Japan unterstützt seither durch Wirtschaftshilfe und Investitionen die Stabilisierung der birmesischen Wirtschaft.

Die Flüchtlingssituation

Die Zentralregierung in Rangun kontrolliert heute trotz verstärkter militärischer Anstrengungen in den letzten Jahren nur etwa zwei Drittel des Landes. Große Gebiete – meist Grenzgebiete – werden von bewaffneten Organisationen politischer, ethnischer oder religiöser Minderheiten beherrscht. Für 1986 wurde geschätzt, daß der birmesischen Armee 28 000 bis 29 000 bewaffnete Rebellen gegenüberstehen.[3]

Die wichtigste Gruppe dieser Minderheiten sind die Karen: Bereits 1949, nur wenige Jahre nach der Unabhängigkeit, erhoben sich die Karen des Irrawaddy Delta gegen die Zentralregierung. Die *Karen National Defense Organization* (KNDO) war bereits während der japanischen Besetzung gegründet worden. General Ne Win gelang es nur mühsam, die Autorität der birmesischen Regierung wiederherzustellen. Als sich auch in anderen Teilen des Landes Minderheiten erhoben, mußte die Regierung darauf verzichten, den Widerstand der Karen vollständig zu brechen. In den folgenden Jahrzehnten organisierten sich die Karen im Delta und im an Thailand grenzenden Tenasserim in der *Karen National Union* (KNU), die in der *Karen National Liberation Army* (KNLA) über eine schlagkräftige Armee von ca. 10 000 Mann verfügt. Seit 1985 geht die birmesische Regierung zwar verstärkt gegen die Karen im Grenzgebiet von Thailand vor, ohne aber bisher einen entscheidenden militärischen Erfolg verbuchen zu können. Als Folge dieser Kämpfe halten sich zur Zeit ca. 14 000 Karen als Flüchtlinge in Thailand auf.

Bereits in den Jahren zwischen 1962 und 1967 kam es auch im Norden Birmas (Arakan) zu einer großen Flüchtlingswelle: Als Folge der Nationalisierungspolitik Ne Wins und der Diskriminierung der nicht-birmesischen Bevölkerung wurden ca. 177 000

Inder und Pakistani vertrieben. Kurzfristig kam es zu Spannungen zwischen Birma und der Regierung in New Delhi. Birmas Beziehungen mit Indien entspannten sich jedoch wieder, und die Regierung in Rangun erkannte als einer der ersten Staaten die Unabhängigkeit Bangladeschs von Pakistan an. Als Konsequenz des indisch-pakistanischen Krieges von 1971 und der sich in den siebziger Jahren verschlechternden Wirtschaftssituation in Bangladesch flohen mehr als 23 000 Menschen nach Birma. Die meisten dieser Flüchtlinge waren Moslems. Birma erklärte die Flüchtlinge für illegale Einwanderer und ging militärisch gegen sie vor. Tausende von Flüchtlingen und birmesischen Moslems wurden getötet, weitere Tausende flohen nach Bangladesch. Nur der Protest islamischer Staaten und Organisationen hinderte die Regierung in Rangun daran, alle Moslems aus Birma zu vertreiben. 1978 vereinbarten Birma und Bangladesch die Repatriierung von ca. 206 000 moslemischen Flüchtlingen nach Birma, falls diese nachweisen können, daß sie birmesische Staatsangehörige sind. Trotz dieser Vereinbarungen verläuft die Rückführung der Flüchtlinge nur sehr zögernd. Vereinzelte Aufstände und die Aktivitäten indischer Rebellen aus Assam und Manipur, die Birma als Sanktuarium in ihrem Kampf gegen die indische Regierung betrachten, erschweren eine Befriedung der Grenzregion.

Entlang der Grenze zu Thailand und Laos sind auch die Gebiete der Shan-Rebellen, die über mehrere Guerilla-Organisationen verfügen; die größte dürfte die *Shan United Army* sein. Ein beträchtlicher Teil der autonomen Shan-Region wird von den Guerillas der *Birma Communist Party* (BCP) kontrolliert. Obwohl die BCP nicht mehr von China unterstützt wird, ist sie nach wie vor eine starke militärische Kraft (ca. 12 000 Guerillas) und in den Grenzgebieten weitgehend unangefochten.[5]

Dietmar Herz

Anmerkungen

1 Vgl. Esterline, Esterline (1986), S. 209.
2 *Asia Record*, July 1982, S. 8.; vgl. auch Esterline/Esterline (1986), S. 228.

3 Vgl. Simmers, G., Die birmesischen Streitkräfte, in: *Südostasien aktuell*, November 1985, S. 566–580.
4 Winter (1986), S. 1–4.
5 Colin, C., Boredom and Cynicism Wilt, Burma's Political Life, in: *New York Times*, July 25, 1983.

Literatur

Esterline, J., Esterline, M. H., *How the Dominoes Fell. Southeast Asia in Perspective*, Lanham and London 1986.
Silverstein, J., *Burmese Politics. The Dilemma of National Unity*, New Brunswick, N. J. 1980.
Simmers, G., Die birmesischen Streitkräfte, in: *Südostasien aktuell*, November 1985, S. 566–580.
Winter, R. P., The Karens of Burma: Thailand's Other Refugees, United States Committee for Refugees, in: *Issue Brief*, August 1986, S. 1–8.

China

Als sich Ende der vierziger Jahre die Entstehung einer chinesischen Volksrepublik abzuzeichnen begann, löste dies eine doppelte Reaktion aus: Angst bei der eigenen Bevölkerung, soweit sie regierungstreu geblieben war, und Hoffnung bei den asiatischen Revolutionsbewegungen, die sich hier ein festes Hinterland erwarteten, in dem sich notfalls auch Asyl finden ließe. In der Tat sollte China in den nachfolgenden Jahren sowohl zum Flucht- als auch zum Aufnahmeland werden.

Vier umfangreiche Fluchtbewegungen hat es bisher gegeben, nämlich zwischen 1945 und 1949, also zur Zeit des Bürgerkriegs und der Machtergreifung durch die KPCh, 1959 in Tibet, 1962 in Xinjiang und verteilt über viele Jahre nach Hongkong und Macao.

Rund fünf Millionen Chinesen verließen zwischen Juli 1946, dem Beginn des Bürgerkriegs zwischen Guomindang und KPCh, und Dezember 1949, also dem Zeitpunkt der Machtergreifung der KPCh, ihre Heimat und flohen entweder nach Taiwan (ungefähr zwei Millionen), Hongkong (1,28 Millionen), Macao oder in die USA und andere Teile der Welt, u. a. nach Australien und Europa, vor allem aber nach Südostasien. Die Ursachen der Flucht lassen sich schon aus der sozialen Zusammensetzung der Emigranten erkennen: Nach Taiwan kamen hauptsächlich Reste der Nationalarmee, Verwaltungsbeamte, des weiteren das Führungscorps der Guomindang und nicht zuletzt eine Reihe von Unternehmern, Kaufleuten und Handwerkern. Unter den Flüchtlingen nach Hongkong waren wiederum viele Soldaten, Polizisten, Verwaltungsbeamte, Intellektuelle und Angestellte. Was die Flüchtlinge in andere Gebiete anbelangt, so handelte es sich meist um Angehörige bürgerlicher und kleinbürgerlicher Gesellschaftsschichten, die Anschluß an ihre bereits früher emigrierten Verwandten im Ausland suchten. Bauern oder Arbeiter waren kaum unter den Flüchtlingen. Wer sein Land damals verließ, hatte überwiegend politische Gründe dafür; Wirtschaftsflüchtlinge spielten kaum eine Rolle, zumal kein Chinese auf Dauer sein Land verläßt, nur um es anderswo wirtschaftlich besser zu haben. Die Bindung an den Heimatort und nicht zuletzt auch an die Ahnengräber war zumindest damals noch beträchtlich. Man vergesse auch nicht, daß die Auswanderer in Richtung Südostasien am Ende des 19. und im ersten Drittel des 20. Jahrhunderts keineswegs für immer an ihrem Zuzugsort bleiben, sondern vielmehr mit den Früchten ihrer Arbeit zurückkommen und auf heimatlichem Boden beerdigt werden wollten; wenn es dann anders kam, so war dies zumindest ursprünglich nicht beabsichtigt. Wer demgegenüber 1949 China verließ, mußte damit rechnen, vielleicht nie wieder zurückkehren zu können; die Fluchtmotivation muß also mächtig gewesen sein. Dies traf vor allem für Polizei, Beamtenapparat, Militär und Führungscorps der Guomindang zu, deren Mitglieder befürchten mußten, die kommunistische Machteroberung womöglich nicht zu überleben. Aber auch die „Kapitalisten" Shanghais und anderer Küstenstädte wie Tianjin, Fuzhou oder Guangzhou wußten recht wohl, warum sie sich mit ihren Geldern ins Ausland absetzten – von den Angehörigen des sogenannten „bürokratischen Kapitals" gar nicht erst zu reden –, man denke an die Mitglieder der so häufig zitierten „Vier Großen Familien", die sich unter Ausnutzung ihrer hervorragenden, zum Teil verwandtschaftlich unterbauten Beziehungen zum Regierungsapparat persönlich bereichert hatten.

Die Zuwanderung der Flüchtlinge brachte den Aufnahmegebieten zum Teil erhebliche Vorteile. Taiwan profitierte langfristig von dem Trauma der Niederlage, insofern die Guomindang dort bereits Anfang der fünfziger Jahre mit Schwung nachholte, was sie auf dem Festland jahrelang versäumt hatte, nämlich die Bodenreform. Die Gesundung der Landwirtschaft aber war wiederum Voraussetzung für jenen wirtschaftlichen Aufstieg, der den Inselstaat zu einem der heute in aller Welt geachteten und gefürchteten „Vier Kleinen Drachen" gemacht hat.

In Hongkong wurden die Flüchtlinge zum Grundstock einer soliden Arbeiter- und Angestelltenschaft, nachdem die Kronkolonie bis dahin zumeist nur von saisonalen oder aber mittelfristig tätigen Arbeitskräften aufgesucht worden war. Vor allem aber wäre das „Wirtschaftswunder Hongkong" ohne die „Injektion" von Shanghaier Erfahrungen und Shanghaier Kapital gar nicht denkbar.[1]

Die zweite Flüchtlingswelle kam aus Tibet, das 1950/51 unter Androhung militärischer Maßnahmen „friedlich befreit" wurde. Zwar gab es in den nachfolgenden Jahren geringfügige Fluchtbewegungen, die sich zumeist freilich auf Gruppen von Stammesangehörigen beschränkten, die im nepalisch-indischen Grenzbereich ohnehin häufig hin- und herzogen – und nun eben eines Tages nicht mehr nach Tibet zurückgekehrt waren. Das eigentliche Trauma kam jedoch 1959 im Zusammenhang mit dem Aufstand in Lhasa, dessen Vorspiel bis in die Jahre 1952/53 zurückreichte. Träger dieser Bewegung waren Tibeter, die außerhalb des eigentlichen Tibet, vor allem in der Provinz Qinghai gelebt und dort – im Gegensatz zu ihren Landsleuten in und um Lhasa – die sozialen Umwälzungen der Volksrepublik, vor allem die Vergenossenschaftungsbewegung und den „Großen Sprung" über sich hatten ergehen lassen müssen. Dort, in Osttibet, war es schon 1952/53 und dann 1955/56 zu Erhebungen gekommen, die dann jeweils zu innertibetischen Fluchtbewegungen vom Äußeren Tibet ins eigentliche Tibet führten. Getragen war die Aufstandsbewegung von 1959 von rund 80 000 Personen, die sich zum Teil aus Osttibet-Flüchtlingen, zum Teil aus den Stämmen der „Khamba" und „Amdowas", darüber hinaus aber auch aus

Westtibetern und nicht zuletzt aus Teilen der rund 20 000 Mönche umfassenden Gelben Kirche zusammensetzten. In der Sprache der Aufständischen galten die Chinesen als „Tendra" (Feinde des Glaubens), die Angehörigen der eigenen Reihen dagegen als „Ten sung" (Verteidiger des Glaubens).[2] Im Zusammenhang mit dem Aufstand floh der Dalai Lama nach Indien – ihm folgten ganze Mönchsgemeinschaften. Wer heutzutage nach Nepal, Butan, Sikkim oder ins nördliche Indien reist, wird überall Klöster mit tibetischen Lama-Mönchen antreffen, die zum einen zwar schon seit Jahrhunderten, zum anderen Teil aber auch erst seit wenigen Jahrzehnten dort angesiedelt sind. Die Zahl der Geflohenen läßt sich schwer ermitteln, da sowohl die chinesische als auch die tibetische Seite mit propagandistisch überzogenen Angaben arbeiten. Die Chinesen wollen von Flüchtlingen am liebsten überhaupt nichts gehört haben, während die Tibeter die Zahlen gewaltig aufblähen – und damit übrigens auch Eindruck zu machen wissen, so z. B. beim amerikanischen Kongreß, der am 15. und 16. Dezember 1987 ein Amendment über die „Verletzung der Menschenrechte in Tibet durch die Volksrepublik China" billigte, in dem es unter anderem heißt, daß zwischen 1959 und 1979 mehr als eine Million Tibeter zum Teil an politischen Verfolgungen und zum Teil an Unterernährung gestorben, und daß viele ins Ausland geflohen seien.[3]

1962 flohen 67 000 Kasachen aus dem Yili-Gebiet (Xinjiang) hinüber ins sowjetische Kasachstan, wofür die chinesische Propaganda die „Hetzpropaganda der Sowjetrevisionisten" verantwortlich machte. Auch während der Kulturrevolution kam es zu Fluchtbewegungen aus Xinjiang – diesmal in Richtung Afghanistan. Von hier wurden die Flüchtlinge in aller Regel in die Türkei umgesiedelt. Ende 1966 waren dort 157 174 „ostturkistanische" Flüchtlinge als Asylanten registriert.[4] Die Flucht war in der Regel durch Sozialisierungsmaßnahmen, chinesischen Bürokratismus, vor allem aber durch kulturrevolutionäre Übergriffe ausgelöst worden.

Was schließlich Hongkong anbelangt, so zählen die meisten hier einsickernden Flüchtlinge zu einer, im Zusammenhang mit

China sonst nicht üblichen Kategorie – nämlich zu den Wirtschaftsflüchtlingen. Seit Jahrzehnten übt die Kronkolonie magische Anziehungskraft vor allem auf Jugendliche aus, die häufig als „Friedensschwimmer" die gefährlichen, weil haifischverseuchten Gewässer vor der Hongkonger Bucht durchschwommen haben. Seit es die neue Wirtschaftssonderzone Shenzhen gibt, dient dieses vorgelagerte Gebiet als eine Art Fluchtstollen nach Hongkong. Allein zwischen dem 20. und 23. Juni 1987 beispielsweise reisten 30 000 Personen nach Shenzhen ein, um von dort in Richtung Hongkong zu verschwinden. Auf der Hongkonger Seite erhöhte sich währenddessen die Zahl der an der Grenze festgenommenen illegalen Einwanderer rasch auf 600 pro Tag. Gleichzeitig erlebte die Kronkolonie eine neue Flut von „boat people", die sich zumeist aus ehemaligen vietnamesischen Flüchtlingen rekrutieren, die 1979 von der Volksrepublik China aufgenommen worden waren, die nun aber ins westliche Ausland entkommen wollen. So besorgniserregend stiegen die Flüchtlingszahlen nach Hongkong, daß es am 19. August 1987 zu einer Vereinbarung zwischen der Kronkolonie und der Provinz Guangdong kam, derzufolge die Grenzüberwachung auf chinesischer Seite verschärft und den Behörden Hongkongs gleichzeitig die Möglichkeit eingeräumt werden soll, festgenommene Einwanderer wieder nach China zurückzuschicken.[5] China ist aber nicht nur ein Flüchtlings-„Abgabe"-, sondern auch ein -Aufnahmeland.

Seit ihrer Gründung am 1. Oktober 1949 verstand sich die Volksrepublik China nicht nur als irgendein Nationalstaat, sondern als Zentrum der Revolution in der Dritten Welt. Unter diesen Umständen war es nur konsequent, wenn auch das Asylrecht großgeschrieben wurde – zumindest theoretisch. Schon im Allgemeinen Programm vom 28. September 1949, der ersten, allerdings nicht als solche bezeichneten Verfassung, hieß es in Art. 60, daß die Volksrepublik „fremden Staatsangehörigen Aufenthaltsrecht gewährt, die auf chinesischen Boden fliehen, weil sie von ihrer eigenen Regierung unterdrückt werden, weil sie zum Schutz der Interessen des Volkes an einem Kampf für Frieden und Demokratie teilgenommen haben". In Art. 99 der

Verfassung von 1954 wurde diese Linie beibehalten und bis zur neuesten Verfassung von 1982 fortgesetzt (Art. 32, Abs. 2).

Was die Praxis anbelangt, so hat China im Lauf der Jahre zahlreichen in ihren eigenen Ländern verbotenen oder zerschlagenen Revolutionsbewegungen und -führern das Aufenthaltsrecht eingeräumt, vor allem Mitgliedern kommunistischer Parteien aus dem südostasiatischen und arabischen Raum. Besonders attackiert wurde Peking wegen des Asyls für die Reste der 1965 zerschlagenen Kommunistischen Partei Indonesiens sowie für das Gastrecht, das es vor allem dem Prinzen Sihanouk gewährt hat, der sich nach seinem Sturz (März 1970) in Peking für den Vorsitz der damaligen Khmer-Befreiungsfront gewinnen ließ, an der auch die Roten Khmer beteiligt waren. In neuester Zeit hat China einem der engsten Mitarbeiter Ho Chi Minhs, dem früheren Politbüromitglied Hoang Van Hoan Asyl gewährt, nachdem dieser 1980 aus Hanoi hatte fliehen müssen. Freilich ging es bei all diesen Fällen immer nur um Aufnahme einiger weniger Partei- und Revolutionsführer, nicht jedoch um größere Flüchtlingsströme. Die Geschichte umfangreicher Flüchtlingsbewegungen in die Volksrepublik begann erst 1978/79, und zwar im Zug des Massenexodus aus Vietnam. Seitdem hat China 280 000 Indochina-Flüchtlinge bei sich aufgenommen.[6] Nach den USA (rund 500 000) steht China damit als Empfangsland an zweiter Stelle.

Dabei haben sich vor allem zwei Probleme herausgeschält: Zum einen wollten sich die Indochina-Flüchtlinge lange Zeit nicht an die staatliche Ein-Kind-Politik halten – die meisten von ihnen waren statt dessen an Familien von acht bis zehn Kindern gewöhnt; zweitens zeigte sich bei vielen Asylanten der Wunsch, China nur als Zwischenstation zu betrachten und am Ende doch noch in den „Goldenen Westen" umzusiedeln. Im August 1987 verhängte die Provinzregierung von Guangdong einige Maßnahmen, um den Strom vietnamesischer Flüchtlinge vom Festland nach Hongkong zu stoppen. Kurz vorher waren Gerüchte aufgekommen, daß Hongkong neue Aufnahmekontingente festgelegt habe, und daß sich außerdem mehrere westliche Staaten bereit erklärt hätten, Indochina-Flüchtlinge via Hongkong bei sich aufzunehmen. Zwischen den Behörden von Guangdong und Hongkong wurde vereinbart, daß Flüchtlinge, die sich bereits auf dem Festland angesiedelt haben, trotzdem aber nach Hongkong fliehen, wieder zurückgeschickt werden sollen. Die chinesische Regierung werde die notwendigen Maßnahmen dafür treffen, um die Flüchtlinge für immer auf dem chinesischen Festland anzusiedeln.[7]

Ziel der Eingliederungspolitik ist die Selbstversorgung der Flüchtlinge. Dieser Prozeß gilt als besonders weit fortgeschritten in der Provinz Guangdong, wo der Löwenanteil der Indochina-Flüchtlinge – insgesamt 160000 – leben. Dort wiederum ist der Fischereihafen Beihai zum Modellfall geworden, bei dem es sich um eine jener „14 Städte" handelt, die 1984 zum Ausland hin „geöffnet" wurden. Beihai liegt bei seinen Autarkiebemühungen besonders günstig, weil es in der Lage ist, seine Fischereiprodukte direkt nach Hongkong zu verkaufen.

Eine Zeitlang gab es für Flüchtlinge, die partout nicht in der Volksrepublik bleiben wollten, das Zwischenlager Fangcheng, in dem sich zwischen 1979 und 1985 insgesamt 1300 Personen aufhielten – noch Anfang 1985 waren es 368.[8] Die Behörden der Volksrepublik China gingen jedoch nach und nach dazu über, Fangcheng ähnlich zu behandeln, wie es bei einigen südostasiatischen „Human-Deterrence-Camps" seit Jahren der Fall ist. „Die Einwohner von Fangcheng arbeiten nicht und die Tage sind lang", hieß es dazu in einem UNHCR-Bericht.[9] Diese „Human-Deterrence-Camps" sind Flüchtlingslager, die so abschreckend gestaltet wurden, daß Flüchtlinge vom Zustrom abgehalten werden. Trotz solcher Mißhelligkeiten muß aber auch UNHCR einräumen, daß China seine 280000 Flüchtlinge in vorbildlicher Weise integriert hat – ein Tatbestand, der nicht zuletzt auch damit zusammenhängt, daß es sich bei den Zuwanderern fast ausschließlich um ethnische Chinesen handelt.

Oskar Weggel

Anmerkungen

1 So Hongkong Government, Commerce and Industry Department (1973), und Wong Siu-lun, The Migration of Shanghainese Entrepreneurs to Hongkong, in: Faure, D./Hayes, J./Birch, A. (Hrsg.) (1984), S. 306 ff.

2 Dawa Norbu, The 1959 Tibetan Rebellion: An Interpretation, in: *The China Quarterly* 1979, S. 74–93, (80) und Peissel, M. (1972).
3 Zu diesen Zahlen und zur chinesischen Stellungnahme vgl. RMRB 2. 12. 87.
4 Radio Ankara in SWB 4. 11. 67 und Weggel, O. (1984), S. 149.
5 Näheres dazu mit Nachweisen in *China aktuell*, August 1987 Ü. 47.
6 *XNA*, 21. 11. 87.
7 *XNA*, 19. 8. 87.
8 *Refugees*, Jan. 1985, S. 29.
9 ebenda.

Literatur

Faure, D./Hayes, J./Birch, A. (Hrsg.), *From Village to City – Studies in Traditional Routes of Hongkong Society*, Hongkong 1984.
Hongkong Government, Commerce and Industry Department, *Memorandum for the Trade and Industry Advisory Board*, Hongkong 1973.
Peissel, M., *Cavaliers of Cham*, London 1972.
Weggel, O., *Xinjiang. Das zentralasiatische China*. Eine Landeskunde, Hamburg 1984.

Kambodscha

Bis 1970 konnte sich Kambodscha auf Grund der geschickten „Schaukelpolitik" Sihanouks im wesentlichen aus dem seit 1964 in Vietnam tobenden und kontinuierlich auch auf Laos übergreifenden 2. Indochinakrieg heraushalten. Mit dem Sturz Sihanouks und der Machtübernahme Lon Nols jedoch schwenkte die neu ausgerufene „Khmer-Republik" an der Seite der USA voll in das Kriegsgeschehen ein. Die Roten Khmer konnten am Ende nur siegen, weil sie von vietnamesischen Truppen strategisch unterstützt wurden. Als die Roten Khmer im April 1975 die Macht im Land ergriffen und mit ihrer Entstädterungs- sowie „Klassenfeind"-Liquidierungspolitik begannen, setzten auch erste Fluchtbewegungen ein, die in den offiziellen UNHCR-Statistiken nur zum Teil erfaßt wurden. Von den insgesamt 104 000 Indochina-Flüchtlingen d. J. 1977 beispielsweise waren nur 15 000 Kambodschaner, 1978 war es fast die gleiche Zahl. Erst 1979, als mit der militärischen Bezwingung des Demokratischen Kampuchea durch Vietnam Fluchtmöglichkeiten geschaffen wurden, schnellte die Zahl der Flüchtlinge auf 136 000 hoch, verneunfachte sich also innerhalb kürzester Zeit. 1980 steigerte sich dieser Strom auf die bisher einsame Rekordhöhe von 147 000, um sodann, seit 1981 (98 000), kontinuierlich wieder zurückzugehen – und zwar bis 1987 um durchschnittlich rund 10 000 Flüchtlinge pro Jahr. 1987 waren es nur noch rund 24 000.

Bei diesen Zahlen handelt es sich aber, wie gesagt, nur um offizielle Angaben des UNHCR. In diesem Zusammenhang ist zu beachten, daß UNHCR die Lage nur teilweise überblicken konnte; gab es bis Ende 1984 für „Land People" – und zu denen gehörten ja die Khmer-Flüchtlinge fast ausnahmslos – gleich drei Arten von Lagern, nämlich erstens jene „Holding Centers", die bei der Genfer Konferenz vom 20. Juli 1979 zwischen UNHCR und Thailand vereinbart worden waren, und die vom thailändischen Innenministerium verwaltet, technisch aber vom UNHCR sowie vom Internationalen Roten Kreuz betreut wurden, zweitens eine Gruppe von Lagern, die „illegale" Emigranten beherbergte und unter thailändischer militärischer Bewachung standen, sowie drittens noch die von den verschiedenen DK-Gruppierungen kontrollierten „Grauzonen"-Lager diesseits und jenseits der thailändischen Grenze, die meist Flüchtlingsunterkünfte, Guerillalager und Verwaltungszentren in einem waren. Solche „Camps" oder „Sites" befanden sich im Niemandsland – umkämpft von rivalisierenden Guerillafronten.

Als „legal" galten solche Flüchtlinge, die bis Februar 1980 nach Thailand gekommen und dort als Flüchtlinge registriert worden waren. Vorausgegangen war 1977 eine Abmachung zwischen UNHCR und Bangkok, derzufolge die einzelnen Flüchtlinge nach zwei Kategorien einzuteilen seien. Wer sich als echter politischer Flüchtling erweise („Bona fide Refugee"), solle unter UNHCR-Schutz gestellt werden, wer dagegen nur aus wirtschaftlichen Gründen Zuflucht suche, als „illegaler" Einwanderer behandelt – und nach Möglichkeit zurückgeschickt werden. Ende 1984 begann die Zusammenlegung zahlreicher Lager für „legale" und „illegale" Flüchtlinge, bis am Ende nur noch zwei übrigblieben, nämlich Khao-I-Dang, das zur Zufluchtsstätte für rund 80% der Kambodscha-Flüchtlinge der

Jahre 1979/80 geworden war, sowie das Durchgangslager Phanat Nikhom. Khao-I-Dang bedeckte zeitweise eine Fläche von rd. acht qkm, beherbergte durchschnittlich rund 200000 Kambodschaner und wurde zum Symbol des kambodschanischen Flüchtlingslagers schlechthin. Für Thailand war Khao-I-Dang nicht nur eine wirtschaftliche Last, sondern es wurde auch zu einem politischen Ärgernis; sah sich Bangkok doch immer wieder mit vietnamesischen Vorwürfen konfrontiert, es betreibe in Khao-I-Dang systematische Guerilla-Unterstützung für die Dreierkoalition des Demokratischen Kampuchea. Nach mehreren Androhungen schritt Bangkok zur Tat und schloß das Lager Ende 1986. Die rund 20000 Insassen, die zu diesem Zeitpunkt noch im Lager verblieben waren, durften allerdings in Thailand verbleiben und wurden in ein Camp ihrer Wahl an der thailändisch-kambodschanischen Grenze umgesiedelt. Sie galten von jetzt an nicht mehr als legale Flüchtlinge, sondern als „Displaced Persons", die jederzeit wieder nach Kambodscha abgeschoben werden können, sobald die Bedingungen dafür reif sind.

Für die Flüchtlinge, die nicht im letzten Augenblick noch Asyl in einem Drittland erhalten konnten, wurde es jetzt eng: In Westkambodscha gab es für sie keine Bleibe, nachdem dort in der Trockenzeit Anfang 1985 durch vietnamesische Angriffe sämtliche Lager der drei Koalitionspartner systematisch aufgerieben worden waren. Auf der anderen Seite der Grenze versuchte Thailand die Flüchtlinge gleichwohl in Richtung Kambodscha abzuschieben. In dieser bedrängten Situation entstanden in dem durch Markierungen kaum gekennzeichneten Grenzgebiet zwischen Thailand und Kambodscha zahlreiche spontane Lageransiedlungen, die z. T. nur die Bezeichnung „Site" (Anlage) tragen. Das größte unter ihnen, „Site 2" (Anlage 2), wird von den Roten Khmer kontrolliert und umfaßt rund 140000 Flüchtlinge – ist also eine der größten Khmer-Städte, die sich in ihrer Einwohnerdimension mit den meisten Provinzhauptstädten Kambodschas vergleichen läßt. Site 2 erstreckt sich über etwa 5–6 qkm und besteht ausschließlich aus Bambushütten, vor denen häufig Gemüsefelder angelegt sind.

Das nächstgrößere Lager nennt sich „Site B", steht unter

Kontrolle der Sihanoukisten und umfaßt rund 20 000 Personen, die im Lauf der vorangegangenen Jahre bereits mehrmals „auf der Landkarte hin- und hergeschoben" worden waren: Zuerst hatten sie in Nong Chan gelebt, einem Lager, das von der Moulinaka (der ersten Sihanoukistischen Widerstandsgruppe) seit 1979 kontrolliert wurde. Nach einem vietnamesischen Angriff auf Nong Chan im Jahr 1983 waren die Flüchtlinge nach O-Smach geflohen, wo sich auch das ANS (Armée Nationaliste Sihanoukienne)-Hauptquartier eingerichtet hatte. Als O-Smach im April 1983 gefallen war, hatten sich die Flüchtlinge in Tatum niedergelassen, das freilich im Frühjahr 1985 ebenfalls von den Vietnamesen überrannt wurde. Ein drittes größeres Lager ist Sok Sann in der thailändischen Provinz Trat, das unter Kontrolle der KPLNF steht.

All diese Lager werden, nachdem sie dem UNHCR aus der Hand genommen worden sind, von verschiedenen Organisationen betreut, vor allem von der UNBRO (United Nations Border Relief Operation), die organisatorisch dem in Rom angesiedelten World Food Programme untersteht, und die zunächst spontan entstanden, dann aber von der VN-Generalversammlung offiziell abgesegnet worden war. Daneben leisten einige andere Organisationen Sozialdienste, wie z. B. OXFAM und das Internationale Rote Kreuz.

Da die Lager als Guerilla-Reservoire gelten, werden sie von vietnamesischer Artillerie immer wieder bombardiert – Hauptursache für die seit Jahren andauernden thailändisch-vietnamesischen Reibungen. Thailand möchte am liebsten sämtliche Khmer-Flüchtlinge nach Kambodscha zurückschicken. Aus der Sicht der VRK (Volksrepublik Kampuchea) jedoch ist Repatriierung gleichbedeutend mit Infiltration, die mit allen Mitteln verhindert werden müsse.

Oskar Weggel

Literatur

Südostasien aktuell, September 1985, S. 449–466 v. März 1987, S. 157 f.

Laos

Obwohl Laos durch die Genfer Konferenz von 1962 neutralisiert worden war, züngelte der Zweite Indochinakrieg immer wieder auf die östlichen Teile des damaligen Königreichs hinüber, vor allem auf die Ebene der Tonkrüge sowie auf jene Abschnitte, durch die der Ho-Chi-Minh-Pfad verlief. Amerikanische Bomberverbände, die unter Phantasienamen wie „Air America" oder „Continental Air Service" flogen, warfen über dem Land zwischen 1964 und 1973 mehr Bomben ab als während des ganzen Zweiten Weltkriegs über Europa. Kein Wunder, daß es schon damals gewaltige innerlaotische Flüchtlingsströme gab, die sich nach 1975, also nach Machtergreifung des Pathet Lao, z. T. auch ins Ausland ergossen, vor allem „über den Mekong" nach Thailand. Den Löwenanteil der Flüchtlinge von 1975 an stellten jene Hochlandvölker (Lao Theung und Lao Soung), die während des Krieges an der Seite der USA gegen den Pathet Lao gekämpft hatten und sich nun umfangreichen Verfolgungsmaßnahmen ausgesetzt sahen – unter ihnen wiederum vor allem die Angehörigen einiger Meo-Stämme, die unter dem Kommando Vang Paos eine US-freundliche Armée clandestine gebildet hatten. Nach den UNHCR-Statistiken wurden in den verschiedenen thailändischen Lagern folgende Zahlen für Flüchtlinge aus Laos angegeben (aufgerundet): 1977: 79000, 1978: 120000, 1979: 126000, 1980: 104000, 1981: 89000, 1982: 76000, 1983: 68000, 1984: 82000, 1985: 93000, 1986: 86000 und 1987: 83000. Etwa zwei Drittel dieser Flüchtlinge rekrutieren sich jeweils aus Angehörigen verschiedener laotischer Bergstämme, während das restliche Drittel sich aus ethnischen Lao (sog. Lao Loum) zusammensetzt. Diese Zahlen erfassen aber nur einen Teil der Flüchtlinge. Insgesamt geht man in Vientiane davon aus, daß seit 1975 etwa 305000 Laoten nach Thailand geflohen sind – also nahezu ein Zehntel der heute 3,5 Millionen Laoten.

Unter den drei Indochinaländern ist Laos das einzige, mit dem bisher Repatriierungs-Abmachungen getroffen werden konnten, wobei UNHCR eine maßgebende Rolle spielte. 1978 beispielsweise war eine Xao-Gruppe in die thailändische Provinz

Nan gekommen, und hatte dort versucht, sich außerhalb des Flüchtlingslagers von Ban Nam Xao niederzulassen. Angesichts der Nahrungsmittelknappheit und den sonstigen Schwierigkeiten, denen sie begegneten, beschlossen sie jedoch, schon 1979 wieder nach Laos zurückzukehren. UNHCR erwirkte für sie eine entsprechende Erlaubnis bei der Regierung und half ihnen außerdem mit mehreren Traktoren, Vieh und einer Wasseraufbereitungsanlage aus. Der Integrationsversuch im laotischen Tiefland gelang – und die Regierung in Vientiane zeigte sich beeindruckt. Unter den Bergvölkern nehmen die Meo eine Sonderstellung ein, und zwar sowohl quantitativ als auch qualitativ: Sie stellen 35 000 Flüchtlinge und sind außerdem, anders als die Tiefland-Laoten, eine Clan-orientierte Gesellschaft. Im Hauptlager Ban Vinai hatten sich bereits Mitte 1985 17 Clans gebildet, die strikt zusammenhielten und unter der Autorität von Ältesten standen. Ausreise in Drittländer kam bei ihnen weitaus weniger in Betracht als bei anderen Indochina-Flüchtlingen.

Thailand versucht, die Flüchtlingsfrage durch Repatriierung oder aber durch „Umsiedlung" (Resettlement) in andere Länder zu lösen. Die Repatriierungsbemühungen hängen hauptsächlich von guten Beziehungen zu Vientiane ab.

Oskar Weggel

Osttimor

Timor, die größte und östlichste der Kleinen Sunda-Inseln, liegt etwa 500 km nordwestlich von Australien am südöstlichen Rand Indonesiens. Der Ostteil der Insel gehörte seit dem frühen 16. Jahrhundert zum portugiesischen Kolonialreich, bis er 1975 gewaltsam von Indonesien annektiert und seit dem 17. Juli 1976 offiziell als 27. Provinz angeschlossen wurde. Befreiungskampf, Annexion und vor allem die darauffolgende, bis heute noch anhaltende Politik der Zwangs-Indonesisierung kosteten einem Großteil der Bevölkerung Osttimors das Leben, während die Überlebenden unter oft entwürdigenden Bedingungen der militärischen Besetzung bzw. dem fortdauernden Krieg zwischen indonesischen Truppen und der Befreiungsbewegung FRETI-LIN unterworfen sind.

Diese Entwicklung ist ein „Folgeproblem des europäischen Kolonialismus"[1] – Osttimor hatte nie die Chance, zu einer selbständigen politischen und wirtschaftlichen Einheit zu werden, obwohl es in der langen Zeit unter Portugal seine eigenständige kulturelle Identität entwickelt hat. Erst nach der Revolution im Mutterland waren politische Parteien entstanden: Die UDT, Partei der katholisch-konservativen Privilegierten, war erst für das Verbleiben bei Portugal, später für die Unabhängigkeit, schließlich für den Anschluß an die indonesische Hegemonialmacht; dagegen forderte die FRETILIN (Revolutionäre Front des unabhängigen Osttimor) Selbstbestimmung und Unabhängigkeit. Die FRETILIN, geführt von Linkskatholiken und Sozialisten, verstand sich eindeutig als sozialdemokratisch und hatte offenbar die Mehrheit der Osttimoresen hinter sich. Als die UDT 1975 die Macht ergreifen wollte, widersetzte sich die FRETILIN zunächst erfolgreich, bis die Indonesier einmarschierten, um – so ihre Rechtfertigung – die osttimoresischen Brüder von einer grausamen Kolonialherrschaft zu befreien. Während die portugiesischen Truppen kampflos flohen, ging die FRETILIN in die Berge, um einen bis heute andauernden Guerillakrieg zu führen.

Die indonesische Besatzungsmacht läßt ausländische Beobachter nur selten und unter strenger Kontrolle ins Land; alle Informationen und Daten über die Entwicklung seit 1975 sind also schwer einzuschätzen und nicht nachprüfbar. Gesichert scheint jedoch[2], daß

– durch den Kleinkrieg gegen die FRETILIN und ergänzende militärische Maßnahmen,

– durch vielfache Menschenrechtsverletzungen („Verschwindenlassen", Folter und politische Haft, extralegale Hinrichtungen) gegen Oppositionelle bzw. mutmaßliche FRETILIN-Sympathisanten,

– durch verschiedenste Zwangsmaßnahmen gegen die Zivilbevölkerung im Rahmen der Indonesisierungspolitik

– und durch die damit einhergehenden einschneidenden Störun-

gen in der landwirtschaftlichen Produktion, die zu – durchaus beabsichtigten – Hungerkrisen führten,
mindestens ein Viertel, möglicherweise gar ein Drittel der Osttimoresen, also etwa zwei- bis dreihunderttausend Menschen, getötet wurden bzw. umkamen.

Osttimor gehört mit ca. 100 US-$ Jahreseinkommen pro Einwohner zu den ärmsten Gebieten der Erde. Die von der indonesischen Zentralregierung gesteuerte Verwaltung bemüht sich nach den Zerstörungen der siebziger Jahre und der Hungersnot von 1980 offenbar intensiv um die wirtschaftliche Entwicklung des Landes, nicht zuletzt in der Absicht, durch eine weitgehende Reorganisation und Kontrolle der ländlichen Räume der FRETILIN ihre logistische und soziale Basis zu entziehen. Während im ruhigeren Westteil Osttimors die Bevölkerung in den Bergorten bleiben und traditionell weiterwirtschaften kann, wurden im Zentrum und im Osten erhebliche Umsiedlungen durchgeführt: Die Menschen mußten ihre Wohnsitze und Anbauflächen in den Berggebieten verlassen und in neu angelegte Straßendörfer in den Tälern ziehen, die wohl über eine gewisse moderne Infrastruktur verfügen[3]. Durch diese Zerschlagung der alten Dorf- und Produktionsstrukturen und mit der forcierten Ansiedlung balinesischer und javanischer Familien sowie mit einer das osttimoresische Tetum zurückdrängenden Sprachpolitik scheint es Indonesien zu gelingen, die sozioökonomische und kulturelle Eigenständigkeit des Ostteils der Insel zu erdrücken.

Die Flüchtlingssituation

Trotz der hohen Zahl der Opfer der politischen und militärischen Vorgänge entstand in Osttimor kein klassisches Flüchtlingsproblem; die geographische Lage und die dichte Abschottung durch das indonesische Militär nach außen erlaubten nicht das Entstehen großer Flüchtlingsströme. Einzelpersonen oder kleinere Gruppen konnten wohl die Insel verlassen und z. B. nach Australien gelangen. Durch die Annexion wurden ca. 7000 Kolonial-Portugiesen in Osttimor und ca. 2000 Osttimoresen in Portugal festgehalten, deren Staatsangehörigkeit und weiterer

Verbleib nicht zu klären ist, solange der völkerrechtliche Status Osttimors umstritten bleibt; 1981 wurden ca. 4000 Osttimoresen auf die kleine Insel Atauro deportiert, wovon mindestens 800 immer noch festgehalten werden sollen[4].

Bedeutsamer, allerdings schwer quantifizierbar, sind die starken internen Flucht- bzw. Vertreibungsbewegungen, die durch Invasion und Indonesisierung ausgelöst worden sind. „Internally displaced people" in Osttimor sind zunächst jene Menschen, die vor dem indonesischen Militär bzw. dem andauernden Krieg in friedlichere bzw. von der FRETILIN kontrollierte Gebiete flohen; zum anderen kann man jene Hunderttausende[5] dazu zählen, die in die neuen Zwangssiedlungen („resettlement centers" – von Kritikern auch als Konzentrationslager beschrieben) umsiedeln mußten.

Ein „Osttimor-Problem" gibt es für die Weltöffentlichkeit nicht[6]. Die Generalversammlung der VN forderte zwar seit der Invasion regelmäßig die Selbstbestimmung des osttimoresischen Volkes. Doch Westen wie Osten akzeptierten stillschweigend die Einverleibung des geostrategisch wichtigen Ostteils Timors durch Indonesien – außenpolitische und ökonomische Interessen sind zu wahren, weswegen der Protest sich in den gesitteten Bahnen der rituellen Zustimmung zu verurteilenden VN-Resolutionen hält. Daß der Vielvölker- und Inselstaat kein kleines unabhängiges Osttimor in seiner Sphäre dulden zu können glaubte, schien wohl den blockfreien Ländern, zu deren führenden sich Indonesien zählt, überzeugend. Solange keine Macht willens oder in der Lage ist, wegen der verbliebenen knappen halben Million Osttimoresen sich mit der strategisch wichtigen und bevölkerungsreichen regionalen Vormacht Probleme zu schaffen, besteht wenig Hoffnung für die Selbstbestimmung des Volkes von Osttimor.

Reinhard Wesel

Anmerkungen

1 Figge (1983), S. 514 f.; siehe auch die Notiz von Ludwig, K., In Osttimor wird weitergekämpft, in: *pogrom* Nr. 134, 7/1987.

2 vgl. das bei Retboll (1987) und Picken (1986) zusammengestellte Material sowie den Sonderbericht von amnesty international und die Rede von Eid,

U. vom 7. 12. 1985 in Bonn zum 10. Jahrestag der Invasion, in: *pogrom* Nr. 120, 17/1986.
3 *Frankfurter Rundschau* vom 17. 7. 1985.
4 nach Figge (1983), S. 517f. und dem amnesty international *Jahresbericht 1987*,Frankfurt 1987, S. 327.
5 vgl. Figge (1983), S. 515f. und Picken (1986), S. 46.
6 einen guten Überblick gibt Retboll (1987).

Literatur

amnesty international, *Menschenrechtsverletzungen in Osttimor*. Extralegale Hinrichtungen, „Verschwindenlassen", Folter und politische Haft, Bonn 1985.
Budiardjo, C., Lien Soei Liong, *The War Against East Timor,* London 1984.
Dunn, J., *A People Betrayed,* Brisbane 1986.
Figge, K., Abhängiges Territorium: Ost-Timor, in: Nohlen, D./Nuscheler, F. (Hrsg.), *Handbuch der Dritten Welt,* 7, Hamburg² 1983, S. 512–518.
Picken, M., The Betrayed People, in: *The New York Review of Books,* Dec. 4, 1986, S. 44–48.
Retboll, T., The East Timor Conflict and Western Response, in: *Bulletin of Concerned Asian Scholars,* Vol. 19 No. 1, 1987.

Sri Lanka

Das Wiederaufleben der tamilischen Guerillaangriffe seit September 1987 hat die Hoffnung auf ein Ende des Tamilenkonfliktes fragwürdig werden lassen. Das Indisch-Srilankische Abkommen vom 29. Juli 1987[1] schien eine politische Lösung des jahrzehntealten Konfliktes und eine Wiedereingliederung der tamilischen Minderheit in die multi-ethnische srilankische Gesellschaft zu eröffnen.

Nach der Unabhängigkeit 1948 von der britischen Kolonialherrschaft stand die srilankische Regierung vor der Aufgabe, die sieben ethnischen Gruppen in eine gemeinsame Nation zu integrieren. Nach dem Regierungsantritt der SLFP (Sri Lanka Freedom Party) 1956 wurde jedoch Singhalesisch, die Sprache der Mehrheitsethnie, zur offiziellen Sprache erklärt, während der Status vom Englisch und Tamilisch zurückgestuft wurde. Das wurde von der, unter den Briten privilegierten, Minderheitsethnie der Sri-Lanka-Tamilen (SL-Tamilen) als gezielte Diskriminierung empfunden.

Die SL-Tamilen waren im Gegensatz zu der anderen tamilischen Minderheit, den Indischen Tamilen (I-Tamilen), srilankische Vollbürger. Bildung, vorzugsweise in englischer Sprache erworben, war für sie das wichtigste Mittel des sozialen Aufstiegs gewesen. Die einseitige Status-Aufwertung der singhalesischen Sprache und die damit verbundene Bevorzugung der singhalesischen Bevölkerung im politischen und wirtschaftlichen Leben führten zu einer allmählich wachsenden Entfremdung der SL-Tamilen. Die politische Agitation entzündete sich immer wieder an der Sprachpolitik der singhalesisch dominierten Regierungen.

Der Konflikt trat 1983 in die Phase einer offenen, bürgerkriegsähnlichen Konfrontation. Die verschiedenen tamilischen Guerillagruppen[2] operierten bereits vom südindischen Bundesstaat Tamil Nadu aus. 1983 mußte auch die tamilische Partei TULF (Tamil United Liberation Front) ihr Hauptquartier nach Tamil Nadu verlegen, weil die TULF-Abgeordneten den Eid auf die unitaristische Verfassung Sri Lankas verweigerten. Seitdem trat die gemäßigte Forderung nach größerer Autonomie für die beiden tamilisch bewohnten Provinzen im Norden und Osten der Insel gegenüber der extremistischen Forderung nach Sezession und der Errichtung eines unabhängigen tamilischen Staates, Tamil Eelam genannt, in den Hintergrund.

Mehrfache Ansätze zu einer friedlichen Konfliktbeilegung durch multilaterale Gespräche, so z. B. durch die „All Party Conference", und durch indische Vermittlungen, so z. B. durch die trilateralen Gespräche in Thimpu/Bhutan im Sommer 1985, scheiterten jedoch.

Seit 1986 verschärfte sich die militante Konfrontation zwischen den tamilischen Guerillagruppen und der srilankischen Armee erneut. In sogenannten Bruderkämpfen schalteten die „Tamil Tigers" (LTTE) unter ihrem Führer Vellupillai Prabhakaran rivalisierende Guerillagruppen aus. Prabhakaran war der schärfste Vorkämpfer für ein Tamil Eelam. Nachdem er die Oberhand gewonnen hatte, begann er zum Jahreswechsel 1986/87 mit einer teilweisen Selbstverwaltung im Distrikt Jaffna, der in der Nordprovinz liegt.

Provoziert durch diesen Schritt führte die srilankische Armee im April/Mai 1987 eine militärische Großoffensive in der Nordprovinz durch mit dem Ziel, die Guerillakämpfer zu vernichten. Von der Armeeoffensive wurde jedoch die tamilische Zivilbevölkerung so hart betroffen, daß die ethnisch verwandte Tamilenbevölkerung im indischen Tamil Nadu politischen Druck auf die indische Zentralregierung ausübte. Der indische Premierminister Rajiv Gandhi stand vor der Alternative, entweder eine militärische Invasion im Norden und Osten Sri Lankas zur Entlastung der tamilischen Zivilbevölkerung durchzuführen oder den srilankischen Präsidenten Junius R. Jayewardene zu einem politischen Kompromiß zu veranlassen.

Das Abkommen vom Juli 1987 kam völlig überraschend. Die srilankische Regierung anerkannte indirekt Indien als regionale Ordnungsmacht. Indien übernahm dafür die Garantie, die tamilischen Guerillakämpfer zu entwaffnen und den Schutz der tamilischen Zivilbevölkerung zu gewährleisten.[3]

Das Abkommen zwischen den beiden Regierungschefs war aber ohne die Zustimmung von Prabhakarans LTTE geschlossen. Im September 1987 begann die LTTE erneut, rivalisierende Guerillaangehörige zu vernichten. Dadurch sah sich die indische „Friedenstruppe", die unter dem Abkommen nach Sri Lanka entsandt war, zu einem Vernichtungskampf gegen die LTTE-Guerilleros gezwungen. Die indische Truppenstärke wurde von 6000 Soldaten im August auf ca. 40000 Soldaten im November erhöht. Die LTTE ist inzwischen entscheidend geschwächt worden, doch ist ein Ende der militärischen Konfrontation – nun zwischen den tamilischen Guerilleros und den indischen Regierungstruppen – noch nicht abzusehen.

Die Flüchtlingsbewegung

Der Zensus von 1981 ergab eine Gesamtbevölkerung von 14,85 Millionen Einwohnern. Die Singhalesen stellten die größte Gruppe mit knapp elf Millionen (74%), gefolgt von den SL-Tamilen mit 1,87 Millionen (12,6%). Die viertgrößte Gruppe machten die I-Tamilen mit 825 233 (5,6%) aus.[4]

Während von dem Mitte der achtziger Jahre abgeschlossenen „Repatriierungsprogramm" ausschließlich die I-Tamilen betroffen waren[5], rekrutierte sich die Flüchtlingsbewegung seit 1983 vorrangig aus SL-Tamilen und zu einem geringen Teil aus Singhalesen. Von der internen Vertreibung waren neben den beiden tamilischen Minderheiten aber auch Singhalesen betroffen, da die militante Zuspitzung des Konfliktes[6] zu einem gegenläufigen Flüchtlingsstrom zwischen tamilischen und singhalesischen Siedlungsgebieten führte. Die genaue ethnische Aufgliederung der externen wie internen Flüchtlingsbewegung ist nicht bekannt.

Desgleichen liegen nur Schätzungen über die Gesamtzahl der Flüchtlinge vor. Für das Jahr 1986 wurden die nach Indien Geflohenen auf 100000 geschätzt[7], nach anderen Quellen sogar auf mindestens 135000.[8] Ins westliche Ausland, d. h. Westeuropa, Nordamerika und Australien, flohen 50000 – 60000. Darunter war auch ein nicht bekannter Anteil an Singhalesen.

Für die Bundesrepublik sind genaue Zahlen bekannt, jedoch ohne Angabe der ethnischen Zugehörigkeit. 1984 ließen sich 8063 neue Flüchtlinge registrieren, 1985 17380 Flüchtlinge, 1986 3978. Der Rückgang erklärte sich aus dem erschwerten Zugang über Ostberlin. Ende Juni 1987 betrug die Gesamtzahl der srilankischen Flüchtlinge 27876.[9]

Eine dramatische Zunahme der internen Vertreibung wurde durch die Oktoberoffensive der indischen „Friedenstruppe" in der Nordprovinz verursacht. Ende Oktober 1987 sollen ca. 300000 Tamilen intern vertrieben sein und in Tempeln, Lagern und Schulen leben.[10] Gleichzeitig sollen 20000 Singhalesen aus der Ostprovinz vertrieben sein.[11]

Citha D. Maaß

Anmerkungen

Die Autorin dankt der Ko-Gruppe Sri Lanka von amnesty international für die Zahlenangaben.

1 Text des Abkommens in: *Europa-Archiv* 18/1987, S. D 517 ff.

2 vgl. Hellmann-Rajanayagam, D., The Tamil „Tigers" in Northern Sri Lanka: Origins, Factions, Programmes, in: *Internationales Asienforum*, Nr. 1/2, 1986, S. 63–85.

3 vgl. Maaß, C. D., Das indisch-srilankische Abkommen vom Juli 1987: Eine skeptische Beurteilung der Erfolgschancen, in: *Europa-Archiv* 21/ 1987, S. 623–632.
4 Kearney, Robert N., Ethnic Conflict and the Tamil Separatist Movement in Sri Lanka, in: *Asian Survey*, Nr. 9, 1985, S. 899, Tab. 1.
5 vgl. Kodikara, S.U., *Indo-Ceylon Relations since Independence*, Colombo 1965; Suryanarayan, V., Tamil Repatriates: Rehabilitation Not Easy, in: *World Focus* (New Delhi), Jg. 5, Nr. 9, 1984, S. 26–28.
6 zu den Rückwirkungen auf die tamilische Zivilbevölkerung, vgl. Hofmann, T., Die Verfolgung der Tamilen in Sri Lanka: Bestandsaufnahme und Analyse, in: Rosen, K. H. (Hrsg.), *Jahrbuch der Deutschen Stiftung für UNO-Flüchtlingshilfe 1987*, Baden-Baden 1987, S. 57–69.
7 nach Angaben von amnesty international.
8 *International Herald Tribune*, 26. 8. 1986.
9 *Frankfurter Allgemeine Zeitung*, 14. 8. 1987.
10 *The Island*, 25. 10. 1987.
11 *Frankfurter Rundschau*, 14. 10. 1987.

Literatur

De Silva, K. M. (Hrsg.), *Sri Lanka, A Survey*. London 1977.
Wilson, A., *Politics in Sri Lanka 1947–1973*, London 1974.
Die Sri Lanka betreffenden Beiträge in dem Sammelband: Wilson, A. J., Dalton, D. (Hrsg.), *The States of South Asia. Problems of National Integration*, New Delhi 1982.

Vietnam

Als die vietnamesischen Kommunisten am 30. April 1975 in Saigon einmarschierten, lag ein beinahe 30jähriger Kampf um nationale Unabhängigkeit und Wiedervereinigung hinter ihnen. Angesichts der Opfer, die dieser Kampf gefordert hatte, erschienen die Probleme des wirtschaftlichen Wiederaufbaus gering. Die am 2. Juni 1976 proklamierte Sozialistische Republik Vietnam, in der die mehr als 100 Jahre getrennten Teile Vietnams wieder zu einem Staat vereinigt worden waren, setzte sich das ehrgeizige Ziel, aus dem unterentwickelten Agrarland Vietnam in einigen Fünfjahrplanperioden einen modernen Industriestaat zu machen.

Bereits drei, vier Jahre später war das Scheitern dieses Vorhabens offenkundig. Vor allem in der Landwirtschaft bzw. der

Nahrungsmittelproduktion waren starke Produktionseinbrüche zu verzeichnen, die zum Teil auf die extrem schlechten Witterungsbedingungen der Jahre 1977/78 zurückzuführen waren. Die im Frühjahr 1978 vorgenommene totale Verstaatlichung des Handels und die forcierte Kollektivierung der Landwirtschaft im Süden des Landes verschärften die ohnehin angespannte Situation. Zu Beginn der achtziger Jahre herrschte in weiten Teilen Hunger, insbesondere in den Städten. Nur massive sowjetische Hilfe bewahrte die SR Vietnam vor dem wirtschaftlichen Zusammenbruch.

Der wirtschaftliche Niedergang war von einem politischen Vertrauensverlust begleitet. Nicht nur die Angehörigen der früheren Saigoner Armee und Verwaltung, die jahrelang ohne Gerichtsurteil inhaftiert waren, während ihre Familien systematisch aus der Gesellschaft ausgegrenzt wurden, fühlten sich von der neuen Regierung getäuscht, sondern auch viele, die während des Krieges an der Seite der Nationalen Befreiungsfront gekämpft hatten. Die meisten Schlüsselpositionen wurden mit Leuten aus dem Norden besetzt, die mit der Situation im Süden nicht vertraut waren und sehr bald den Versuchungen der Korruption erlagen.

Der sich nach 1976 rasch entfaltende Konflikt mit der VR China, der nach der militärischen Besetzung Kambodschas durch Vietnam in eine offene militärische Auseinandersetzung eskalierte, führte auf internationaler Ebene zu einer einseitigen Anbindung Vietnams an die Sowjetunion, die Hanoi während des Krieges stets hatte vermeiden können. Darüber hinaus stellte dieser Konflikt eine enorme Belastung für die vietnamesische Wirtschaft, aber auch für ein friedliches Zusammenleben zwischen der in Vietnam lebenden chinesischen Minderheit und der vietnamesischen Bevölkerung dar.

Es hat in den achtziger Jahren nicht an Versuchen der vietnamesischen Führung gefehlt, die wirtschaftliche Misere zu überwinden. Durch eine Rücknahme des forcierten Sozialisierungstempos und eine starke Ausweitung des privaten Wirtschaftssektors konnten kurzfristig bemerkenswerte Produktionszuwächse, aber keine nachhaltige Verbesserung der wirtschaftlichen

Rahmenbedingungen erreicht werden. Galoppierende Inflation mit jährlichen Zuwachsraten von 700–800%, mangelhafte Energieversorgung und fehlende infrastrukturelle Voraussetzungen bestimmen daher nach wie vor die wirtschaftliche Situation Vietnams. Trotz enormer sowjetischer Wirtschaftshilfe zählt Vietnam derzeit zu den fünf ärmsten Ländern der Welt mit einem Jahres-Prokopfeinkommen, das weit unter 200 US-$ liegt. Auf dem 6. Parteitag im Dezember 1986 wurde zwar erneut eine grundlegende Reform des wirtschaftlichen und politischen Systems propagiert und eine Reihe von Umbesetzungen in der Parteispitze vorgenommen, aber ein Jahr später mußte auch der neue Generalsekretär Nguyen Van Linh eingestehen, daß bislang mehr Rückschläge als Fortschritte zu verzeichnen waren.

Flüchtlingssituation

Obwohl sich Vietnam zwischen 1945 und 1975 fast ununterbrochen im Kriegszustand befand, hatten bis Ende 1974 nur wenige Vietnamesen im Ausland um Asyl nachgesucht. Innerhalb Vietnams hatte es jedoch während dieses Zeitraums einige große Fluchtbewegungen gegeben. Fast eine Million Katholiken aus dem Norden zog 1954, nach den Genfer Vereinbarungen, in den Süden des Landes, während Zehntausende von Vietminh-Kämpfern sich zunächst im Norden regruppierten, aber wenige Jahre später im Süden erneut den bewaffneten Kampf aufnahmen. Als Mitte der 60er Jahre der Vietnam-Krieg im zunehmenden Maße durch den Einsatz der amerikanischen Luftwaffe bestimmt wurde, strömten im Süden immer größere Menschenmassen in die Städte, während im Norden alle größeren Städte systematisch evakuiert wurden, da sie das bevorzugte Ziel der amerikanischen Bombenangriffe bildeten.

Die erste Fluchtwelle ins Ausland löste erst der Zusammenbruch der Republik Südvietnam im Frühjahr 1975 aus. Etwa 130000 Personen, die als Mitarbeiter des Saigoner Regierungs- und Militärapparats für sich und ihre Familien Repressalien der Kommunisten fürchteten, setzten sich mit amerikanischer Hilfe aus Vietnam ab. Da dieses Evakuierungsprogramm viel zu spät anlief und dementsprechend desorganisiert war, mußten viele der dafür in Frage kommenden Personen zurückbleiben. In den ersten beiden Jahren nach der Machtübernahme der Kommunisten verebbte die Fluchtwelle des Frühjahrs 1975. Die Mehrheit der Bevölkerung hatte offensichtlich erst einmal eine abwartende Haltung eingenommen. Andere zur Flucht entschlossene Familien warteten auf die Freilassung der in Umerziehungslagern inhaftierten Familienmitglieder.

Lag 1976/77 die Gesamtzahl der vom UNHCR erfaßten Vietnam-Flüchtlinge bei über 21000, so schnellte 1978/79 diese Zahl auf über 285000 hoch. 90% dieser Flüchtlinge waren chinesischer Abstammung. Meist hatten sie durch die Verstaatlichungsmaßnahmen im Frühjahr 1978 ihren bisherigen Lebensunterhalt verloren. Darüber hinaus waren nach dem offenen Ausbruch des chinesisch-vietnamesischen Konflikts alle in Vietnam lebenden Chinesen schwerwiegenden Diskriminierungen ausgesetzt. Etwa weitere 275000 flohen über die Landesgrenze in die VR China, alle anderen mußten sich geschäftsmäßigen Fluchtunternehmern anvertrauen, die gegen einen Preis von 180–220 Gramm Gold die Boote besorgten und durch Abgabe eines festgesetzten Betrags staatliche Billigung erhielten. Nach Schätzungen von Experten ertranken etwa 20 Prozent dieser Flüchtlinge oder fielen Piraten zum Opfer.

Nachdem die mit staatlicher Beteiligung und Duldung erfolgte Massenflucht Empörung und auch einen entsprechenden Druck der Weltöffentlichkeit hervorgerufen hatte, erklärte sich die vietnamesische Regierung im Mai 1979 bereit, mit dem UNHCR ein „Orderly Departure Programme" zu unterzeichnen, das denjenigen, die über eine Einreiseerlaubnis eines Aufnahmelands sowie über eine Ausreisegenehmigung verfügten, eine legale Ausreise mit Hilfe des UNHCR ermöglichte. Im Rahmen dieses Programms konnten bis Ende 1987 etwa 130000 Personen Vietnam verlassen. Gleichzeitig ging die Zahl der Bootsflüchtlinge bis 1986 kontinuierlich von 74000 im Jahre 1981 auf 19000 im Jahre 1986 zurück. Waren vor 1980 vor allem chinesischstämmige Bürger aus Vietnam geflohen, so verließen in den 80er

Jahren immer mehr Vietnamesen ihre Heimat, um der dort herrschenden wirtschaftlichen Not und politischen Repression zu entgehen. Trotz der seit dem 6. Parteitag (Dezember 1986) propagierten Reformpolitik war 1987 zum ersten Mal seit sechs Jahren ein Wiederanstieg der Flüchtlingszahlen zu verzeichnen, der über 20 Prozent lag. Insgesamt sind seit Anfang 1975 über 1,1 Millionen Menschen aus Vietnam geflohen.

Gerhard Will

Literatur

Chang, Pao-min, *Beijing, Hanoi and the Overseas Chinese*, Berkeley (Cal.) 1982.

Neudeck, R., *Wie helfen wir Asien oder ein Schiff für Vietnam*, Reinbek 1980.

ders., *Exodus aus Vietnam*. Die Geschichte der Cap Anamur II, Bergisch Gladbach 1986.

Nguyen De Van, *Das Land der vielen Abschiede*, Hannover 1982.

Will., G., *Vietnam 1975–1979: Von Krieg zu Krieg*. Hamburg 1987.

IV. Naher Osten

Irak

Nachdem der Irak bis in die Mitte des 15. Jahrhunderts nacheinander unter der Herrschaft von Mongolen, turkmenischen Fürsten und der persischen Safawiden-Dynastie gestanden hatte, geriet er 1638 unter die Kontrolle des Osmanischen Reiches. Mit der Niederlage des Osmanischen Reiches im 1. Weltkrieg und dem Verlust aller arabischen Provinzen wurde im Jahre 1920 im Rahmen des Vertrages von Sèvres Großbritannien das Mandat über den Irak übertragen. Allerdings hatten Frankreich und England schon im Mai 1916 in einem nach den beiden Unterzeichnern, Sykes und Picot, benannten geheimen Abkommen die Besitztümer der Pforte vorab in Einflußgebiete aufgeteilt. Im Oktober 1930 erhielt der Irak schließlich als erstes arabisches Land im Nahen Osten die Unabhängigkeit. Doch hatte sich Großbritannien Vorrechte wie die Unterhaltung verschiedener Stützpunkte für seine Luftwaffe und Kriegsmarine sowie militärische Bewegungsfreiheit im Kriegsfall bewahrt, die im Zweiten Weltkrieg auch voll genützt wurden.

Durch die Revolution von 1958 unter der Führung von General Kassem wurde die 1921 eingeführte Monarchie abgeschafft und ein republikanisches System eingerichtet; ein Jahr später trat der Irak auch aus dem Bagdad-Pakt aus und beendete damit den Einfluß der Briten. Allerdings hatte an dem Hauptproblem des Landes – der Heterogenität der Gesellschaftsstruktur und des in weiten Teilen der Gesellschaft fehlenden nationalen Bewußtseins und Zusammengehörigkeitsgefühls sowie der fehlende Konsens der divergierenden politischen Strömungen auch die Revolution nichts ändern können. Im Gegenteil: Die durch sie ausgelöste politische Desintegration machte die Dimensionen des Problems erst sichtbar. So war die Zeit seit der

Revolution durch bewaffnete Macht- und Richtungskämpfe des Militärs und rivalisierende politische Parteien sowie Sezessionsbestrebungen der Minderheiten gekennzeichnet. Nicht nur der Versuch Abd al-Salam Arefs, nationalen Konsens mit Hilfe einer am 14. Juli 1964 gegründeten Arabischen Sozialistischen Union herzustellen, scheiterte. Auch dem seit 1968 herrschenden Ba'th-Regime scheint es nicht gelungen zu sein, zur inneren Konsolidierung beizutragen. Die scheinbare politische Stabilität läßt sich eher auf die straffe Organisation des Systems zurückführen. Da die regierende Ba'th-Partei sich nicht als Sammelbewegung, sondern als Kaderpartei versteht, sind weder die politischen Parteien noch die Ethnien des Landes an der Macht beteiligt.

Zur Flüchtlingssituation

Neben der zwischen 1973–1978 an der Regierung beteiligten irakischen Kommunistischen Partei, deren Mitglieder nach der öffentlichen Kritik an dem absoluten Machtmonopol der Ba'th-Partei im Staat und Militärapparat 1978 von ca. 10 000 Verhaftungen und Verfolgungen betroffen waren[1], litten im letzten Jahrzehnt insbesondere zwei größere Gruppen unter Vertreibungen aus dem Irak: die Kurden und die Schiiten.

Kurden

Von einer größeren Fluchtbewegung betroffen waren die Kurden in der jüngsten Zeit zuletzt 1975, als mehr als 250 000 das Land verließen und im Iran Zuflucht suchten. Den Hintergrund für diesen Pogrom bildete das Scheitern des „März-Manifests" vom 11. 3. 1970. In ihm war zwischen der kurdischen Demokratischen Partei (KDP) und der Regierung eine Vereinbarung über die friedliche Lösung eines seit Jahrzehnten schwelenden Konflikts[2] getroffen worden.

Die unterschiedlichen Interpretationen des Vertrages, der von den Kurden als Vorstufe zur Autonomie und eines späteren kurdischen Staates, von der irakischen Regierung als begrenzte

Autonomie innerhalb des Staates Irak verstanden wurde, sowie das bewußte Schüren des Konflikts durch den Iran und die USA[3] führten 1974 zum erneuten Ausbruch der kriegerischen Auseinandersetzungen. Sie endeten allerdings im März 1975, als der iranisch-irakische Konflikt um die Grenzziehung im Schatt el-Arab im Vertrag von Algier zugunsten des Irans beigelegt wurde und der Iran seine militärische Unterstützung für die Kurden einstellte und ihnen empfahl, sich mit dem Irak zu jedweder Bedingung zu arrangieren. Zwar wurde den Kurden gestattet, im Iran Zuflucht zu suchen, allerdings nicht als Flüchtlinge und dem damit verbundenen Status, sondern als Gäste. Die Konsequenz war, daß rund 100000 von ihnen bereits im Dezember 1975 vom Iran zurückgeschickt wurden. Kurze Zeit später verließen weitere 30000 freiwillig den Iran[4]. Insbesondere die Gruppe der Rückkehrer war im Irak von einer Reihe repressiver Maßnahmen wie Ausweisung aus ihren Heimatorten, Ansiedlung in Sperrgebieten, Deportation nach dem Süden des Iraks u. ä. m. betroffen.

Schiiten

Die zweite große von Flucht und Vertreibung betroffene Gruppe sind die Schiiten, obwohl sie mit ca. 60% die Mehrheit der Bevölkerung des Landes stellen. Die Wurzeln dieses Problems liegen in der jahrhundertealten Konfliktgeschichte zwischen dem Osmanischen und dem Persischen Reich. Hatten bis zum Ende des 1. Weltkrieges die Bewohner des heutigen Iraks die Möglichkeit, zwischen der Staatsbürgerschaft des Osmanischen Reiches und der des Persischen Reiches zu wählen, so erkannte Irak nach der Unabhängigkeit nur die erstere als Voraussetzung zur Erlangung der irakischen Staatsangehörigkeit an. Den Inhabern einer persischen Staatsbürgerschaft wurde lediglich für eine Übergangszeit die Möglichkeit eingeräumt, die neue irakische Staatsbürgerschaft anzunehmen.[5] Diejenigen, die die persische Staatsbürgerschaft behielten, konnten zwar weiterhin im Irak leben – allerdings mit dem verhängnisvollen Paßvermerk „iranischen Ursprungs", der vom Vater auf das Kind vererbt wird.

Zu einer ersten größeren Ausweisungswelle von insgesamt 90 000[6] Menschen kam es zu Beginn der 70er Jahre, als der Schah nach der Räumung der britischen Stützpunkte „östlich von Suez" im Dezember 1971 drei strategisch wichtige Inseln an der Straße von Hormuz besetzte. Nach der iranisch-irakischen Einigung im Vertrag von Algier 1975 wurde diese Politik der „Vertreibung" zwar eingestellt, als der Irak zunehmend in den Sog der Islamischen Revolution geriet, jedoch wiederaufgenommen. Einen ersten Anlaß bot ein Anschlag auf den irakischen Vizepremier Tarek Aziz durch schiitische Aktivisten am 1. April 1980, auf den der Irak mit der Ausweisung von 40 000 Schiiten iranischen Ursprungs reagierte. Doch erst nach dem Ausbruch des Krieges am 23. September 1980 wurde diese Politik verstärkt fortgesetzt, so daß die Zahl der seit dieser Zeit vertriebenen Schiiten auf ca. 100 000 geschätzt wird.[7]

Im April 1981 ging die irakische Regierung noch einen Schritt weiter, indem sie die Iraker ermutigte, sich gegen Gewährung materieller Hilfe von ihren iranischen Frauen scheiden zu lassen, die dann aus dem Irak ausgewiesen werden. Jeder Angehörige der Streitkräfte erhält in diesem Fall DM 32 000 und jeder Zivilist DM 20 000.[8]

Den Vertreibungen seit dem Beginn des Krieges liegen offenbar zwei politische und strategische Zielsetzungen zugrunde: Zum einen die Ausschaltung einer möglichen „Fünften Kolonne" des Iran im Irak; zum anderen eine verstärkte Belastung des mit großen wirtschaftlichen Schwierigkeiten und einer hohen Arbeitslosigkeit kämpfenden Iran.

Doch die bisherige Entwicklung scheint sich für den Irak eher als ein Bumerang zu entpuppen. Denn zum einen werden die Flüchtlingslager zunehmend zur Basis einer irakisch-islamischen Opposition; zum anderen rekrutiert Iran seit einiger Zeit verstärkt unter den Flüchtlingen Freiwillige für den Krieg. Sowohl der politischen Opposition wie auch den „Kriegsfreiwilligen" gemeinsam ist, daß sie ihre einzige Chance für eine Rückkehr in die Heimat im Sturz des derzeitigen Regimes ansehen, dessen Beseitigung auch das Hauptziel der iranischen Regierung ist.

Mir A. Ferdowsi

Anmerkungen

1 Stern, M., Malanowski, A., Irak, der Griff nach der Vorherrschaft. In: dies. (Hrsg.), *Iran–Irak. „Bis die Gottlosen vernichtet sind"*, Reinbek 1987, S. 75.
2 Zur Genese des Konflikts siehe den Beitrag von M. Aicher, S. 191.
3 Zur Instrumentalisierung der Kurden siehe Ferdowsi, Mir A., *Ursprünge und Verlauf des iranisch-irakischen Krieges,* Forschungsinstitut für Friedenspolitik, Starnberg ²1988.
4 Genauere Zahlen siehe den Bericht der Gesellschaft für bedrohte Völker vom 25. Feb. 1976. Abgedruckt in: *Pogrom, Kurdistan-Report,* Heft 2.
5 Siehe Rasoul, F., *Irak–Iran. Ursachen und Dimension eines Konflikts,* hrsg. vom österreichischen Institut für Internationale Politik, Wien 1987, S. 94.
6 Helms, Chr. M., *Iraq. Eastern Flank of the Arab World,* Washington DC 1984, S. 145.
7 Seel, B., Dort ist Iran, jetzt lauf los, in: Malanowski, A., Stern, M. (1987), S. 178.
8 ebd., siehe auch die Blätter des iz3w, Februar 1985, S. 28 ff.

Literatur

Alkazaz, A., Irak, in: Steinbach, U., u. a. (Hrsg.), *Politisches Lexikon Nahost,* München 1979, S. 68–88.
Hünseler, P., Irak, in: Nohlen, D., Nuscheler, F. (Hrsg.), *Handbuch der Dritten Welt,* Bd. 6, S. 267–287.
Malanowski, A., Stern, M. (Hrsg.), *Iran–Irak. „Bis die Gottlosen vernichtet sind"*, Reinbek 1987.

Iran

Mit der Abreise der Schah-Familie am 15. Januar 1979 und der Ausrufung der „Islamischen Republik Iran" am 1. April 1979 durch den Revolutionsführer Ayatollah Khomeini endete nicht nur ein Regime, das US-Präsident Carter noch ein Jahr zuvor als „Insel der Stabilität im unruhigen Nahen Osten" bezeichnet hatte, es wurde auch nach knapp 54 Jahren eine der kurzlebigsten Dynastien im Iran seit dem 15. Jahrhundert beseitigt.

Es würde zu weit führen, die historischen und politischen Bedingungen auch nur zu skizzieren, die zur Machtergreifung der Geistlichkeit im Laufe der „islamischen Revolution" geführt haben.[1] Zu den Grundvoraussetzungen gehörte aber zweifellos das ideologische und politische Vakuum, das durch die Zerschlagung aller politisch-gesellschaftlichen Institutionen (Parteien, Gewerkschaften) unter der Herrschaft des Schah entstanden war.

Trotz einer unverkennbaren „Renaissance" des Islams unter dem Schah-Regime würde eine Überbetonung des religiösen Faktors aber die politische Unterdrückung, Verarmung und kulturelle Entfremdung der breiten Massen als Antriebskraft der Revolution völlig ausblenden. Für die Bewertung der auch für die spätere Flüchtlingsbewegung relevanten Entwicklung scheint der Tatbestand wichtig, daß die Religion für die Massenbewegung der Jahre 1977/78 und die breite Allianz aus Intellektuellen, Mittelschichten und der Masse des ländlichen und städtischen Proletariats zunächst eher Medium denn Motor war. Nicht die Religion hatte das Volk gerufen, sondern das Volk die Religion.

Eine solche Interpretation gewinnt auch durch die Betrachtung des nachrevolutionären Iran an Plausibilität. Denn die fundamentalistische Fraktion der Geistlichkeit konnte ihre Position erst mit dem Referendum vom 30./31. März 1979 festigen, in dem die Bevölkerung vor die Alternative gestellt wurde, sich zwischen der Monarchie und der Errichtung einer Islamischen Republik zu entscheiden. Die totale Machtübernahme gelang den Mullahs dann durch die darauffolgenden Wahlen zur „Verfassunggebenden Versammlung", in denen die Kandidaten der radikal-religiösen Kräfte eine erdrückende Mehrheit erhielten; diese Wahlen wurden von den liberalen und linksorientierten Parteien aber boykottiert. Erst seit dieser Zeit konnten die Fundamentalisten, gestützt auf die Verfassung und ihr Machtmonopol über die Massenmedien, nach und nach ihre potentiellen Gegner ausschalten. Dazu gehörte die Verdrängung der Großbourgeoisie aus ihren Machtpositionen durch massive Verstaatlichungen sowie die Neutralisierung der Mittelschichten, der gemäßigten Nationalisten und der Liberalen durch massive Einschüchterungen. Nicht minder rabiat reagierten die Machthaber auf die Autonomieforderungen der ethnischen Minderheiten wie z. B. der Kurden, denen der Kampf gegen das Schah-Regime mehr Opfer als jeder anderen Gruppe abverlangt hatte. Insbesondere die eher religiöse als nationale „Kulturrevolution" gab dem Regime jene Instrumente zur Hand, mittels derer alles bekämpft werden konnte, was sich in irgendeiner Weise gegen das fundamentalistische Regime richtete.

Zur Flüchtlingssituation

Angesichts dieser politischen, religiösen und ethnischen Unterdrückung bietet wohl kaum ein Regime seinen Bürgern so viele Anlässe zur Flucht wie das des Iran. Sieht man von den Schah-Anhängern ab, die bereits im Laufe der Revolution den Iran verlassen hatten, so begann eine erste große Fluchtbewegung mit Absetzung des liberaldemokratisch orientierten Präsidenten Bani-Sadr Mitte des Jahres 1981. Von der Repression des Regimes waren nunmehr auch jene unter dem Schah verfolgten Gruppen betroffen, die in Erwartung eines „Frühlings der Freiheit" im Laufe der Revolution in den Iran zurückgekehrt waren, jetzt aber wieder in den Untergrund und schließlich ins zweite Exil gezwungen wurden.[2] Dramatischere Formen nahm die Flüchtlingsbewegung in der Mitte der 80er Jahre an, als mit der Fortdauer des iranisch-irakischen Krieges viele sich nicht als „Kanonenfutter" des Regimes verheizen bzw. ihre Kinder nicht als „Minenhunde" der Revolutionsgarden verlieren wollten.

Angesichts dieser Entwicklung verwundert es kaum, daß in keinem anderen Land so viele Personengruppen von Ausreiseverboten betroffen sind wie im Iran: alle männlichen Jugendlichen über 14 Jahren; die „Taghutis" (Kollaborateure des Schah-Regimes); Personen, die als Oppositionelle gegen das Regime registriert sind und schließlich die Angehörigen jener Religionen, die in der Verfassung nicht als Religionsgemeinschaften verankert sind wie etwa die Baha'is.[3] Insgesamt wird die Zahl der überwiegend illegal ins Ausland geflüchteten Iraner auf 1,5 Millionen geschätzt.[4] Angesichts der restriktiven Ausreisebedingungen gibt es jedoch keine zuverlässigen Zahlen – weder über die Gesamtzahl der Flüchtlinge noch über die von der

Flucht betroffenen Gruppen. Die Größe der Fluchtbewegung läßt sich jedoch an zwei Beispielen verdeutlichen: Zum einen die der steigenden Zahl der Asylanträge in der Bundesrepublik, die zwischen 1980 und 1986 von 749 auf 21 700[5] anstieg, zum anderen an der Zahl derer, die über die grüne Grenze in die Türkei geflüchtet sind. Während sie von der türkischen Regierung – aus innen- und außenpolitischen Rücksichten – mit lediglich ca. 100 000 angegeben wird[6], schätzen die türkischen Medien die Zahl auf 600 000 bis 1 Million Menschen.[7] Für die letzte Schätzung spricht erstens, daß der UNHCR-Türkei allein im Jahre 1986 über 3000 iranische Flüchtlinge an Drittländer vermittelt hat, zweitens, daß zwischen 1981–1985 mehr als 53 000 Iraner über die Türkei in westeuropäische Länder gelangt sind und drittens, daß allein im Jahre 1985 ca. 18 000 Iraner mit Verwandten in den USA bei der US-Botschaft in der Türkei Anträge auf ein Visum gestellt haben – von denen allerdings nur ein Fünftel positiv beschieden wurde.

Unter den Flüchtlingen in der Türkei lassen sich drei Gruppen unterscheiden: Erstens wohlhabende Geschäftsleute mit gültigen Papieren sowie einer verlängerbaren Aufenthaltsgenehmigung, die aus politischen Gründen ihren Wohnsitz aus dem Iran in die Türkei verlagert haben. Zweitens diejenigen, die zwar gültige Pässe haben und auch legal eingereist sind, da sie für die Türkei kein Visum benötigen, aber nach Ablauf einer dreimonatigen Frist untertauchen und sich illegal in der Türkei aufhalten müssen, wenn eine Weiterreise in die USA oder nach Westeuropa scheitert. Drittens – und sie bilden die größte Gruppe – die politisch Verfolgten, Deserteure und Wehrdienstverweigerer ohne gültige Papiere. Da es ihnen nur selten gelingt, in ein anderes Land weiterzureisen bzw. zu flüchten und die wenigsten von ihnen Aussicht auf Anerkennung als Flüchtlinge haben, weil ihr Fluchtgrund – Kriegsdienstverweigerung – in der Regel asylrechtlich nicht relevant ist, verdienen diese „Strandgüter aus dem Gottesstaat" die besondere Fürsorge der internationalen Gemeinschaft. Denn da sie für die türkische Regierung zunehmend zu einer innen- und außenpolitischen Belastung werden, ist zu befürchten, daß sie die Flüchtlinge – wie in einigen Fällen bereits geschehen – in den Iran ausweist, mit furchtbarsten Folgen für die Betroffenen.

Mir A. Ferdowsi

Anmerkungen

1 Näheres hierzu siehe Mir A. Ferdowsi, Iran, in: Nohlen, D., Nuscheler, F. (Hrsg.), *Handbuch der Dritten Welt*, Band 6, Hamburg 1983, S. 304 ff.
2 Exemplarisch hierzu siehe die Erlebnisberichte von Nirumand, B., *Iran – hinter den Gittern verdorren die Blumen*, Reinbek 1985.
3 Zu den Gruppen im einzelnen siehe Steiner, G., *Iran. Dokumentation*, hrsg. von der Schweizerischen Zentralstelle für Flüchtlingshilfe, Zürich 1987, S. 36 ff.
4 *Der Spiegel*, Nr. 39 vom 22. September 1986, S. 99.
5 Siehe die Zahlen der Informations- und Dokumentationsstelle des Verwaltungsgerichts Wiesbaden, 1987.
6 Buchala, C. E., Die Menschenschleuse am Bosporus. *Süddeutsche Zeitung* vom 11. August 1986, S. 3.
7 Zu diesen und nachfolgenden Zahlen siehe Sternberg-Spohr, A., Die Türkei ist kein Aufnahmeland. Iraner in der Vorhölle; in: *Pogrom* 129, Heft 3/1987, S. 40 ff., sowie Melchers, K., Zurück in den Iran?, in: *epd-Entwicklungspolitik*, Heft 4/1987, S. 5 ff.

Literatur

Ebert, H. G., Fürtig, H., Müller, H.-G., *Die islamische Republik Iran*, Köln 1987.
Gholamasad, D., *Iran. Die Entstehung der „Islamischen Republik Iran"*, Hamburg 1985.
Stern, A. (Hrsg.), *Iran. Neue Diktatur oder Frühling der Freiheit?*, Hamburg 1979.
Tilgner, U. (Hrsg.), *Umbruch im Iran. Augenzeugenberichte – Analysen – Dokumente*, Reinbek 1979.

Jemen

Die historische Entwicklung des Jemen bis zur heutigen Zweiteilung in die nördliche Yemen Arab Republic (YAR) und die südliche People's Democratic Republic of Yemen (PDRY), ist geprägt von einem wechselhaften Zusammenwirken gesellschaftlicher, regionaler und globaler Gegensätze; seit den späten 60er Jahren komplizieren zusätzlich Spannungen zwischen den beiden jemenitischen Staaten die Lage.

Nordjemen

Im Jahre 897 wurde im nordjemenitischen Hochland das zaiditi-
sche Imamat begründet, eine schiitische Dynastie, welche bis zur
Revolution von 1962 ihre zentrale Herrschaft über die Bergstämme halten konnte. Nur die sunnitisch geprägte Tihama, das
Tiefland am Roten Meer, fiel 1872–1918 unter die Kontrolle der
Osmanen – als Reaktion auf die Besetzung Adens durch Großbritannien (1839) und die Eröffnung des Suezkanals (1869). Mit
dem Zerfall des Osmanischen Reiches (1918) dehnte der Imam
seine Herrschaft auf den gesamten Nordjemen aus: im Vertrag
von Lausanne (1923) wurde das Imamat als souveränes Königreich Jemen anerkannt.

1962 wurde der Imam durch einen Militärputsch unter dem
Panarabisten as-Sallal gestürzt; unterstützt wurde diese Revolution von sunnitischen Stämmen, welche bis 1970 einen achtjähri-
gen Bürgerkrieg gegen die Imam-treuen zaiditischen Stämme
austrugen. Während dieser Zeit bestanden de facto zwei Staaten
auf nordjemenitischem Territorium: die Arabische Republik
Jemen (YAR), gestützt von der UdSSR via Ägypten, und das
Königreich Jemen, gestützt von Saudi-Arabien und den USA.
Der Rückzug der ägyptischen Truppen aus der YAR – als Folge
der Niederlage im israelisch-arabischen Krieg 1967 – führte zur
Ablösung des Präsidenten as-Sallal (5. 11. 1967) und bis 1970 zur
Aussöhnung zwischen republikanischen und royalistischen
Kräften sowie zur Einbindung letzterer in das politische System
der YAR. Außenpolitisch öffnete sich die YAR zunehmend dem
Westen, auch wegen der Ereignisse in Südjemen.

Südjemen

Seit 1728 lehnten sich die sunnitischen Stämme im Südjemen
zunehmend gegen den Herrschaftsanspruch der zaiditischen
Imame im Norden auf. Dieser vorwiegend religiös bedingte
Zerfall des Jemen wurde durch die konkurrierenden kolonialen
Ansprüche der Briten und Osmanen vertieft: 1839 besetzte
Großbritannien Aden, worauf 1872 osmanische Truppen in die
Tihama einrückten, was die Briten wiederum veranlaßte, ab 1888

die 24 südjemenitischen Kleinstaaten des Adener Hinterlandes mittels Protektoratsverträgen in das Kolonialsystem einzubeziehen. Die britische Kolonialpolitik zerstörte bald die traditionelle politische Herrschaftsform, indem sie die Stammesführer der Kontrolle ihrer Untergebenen entzog und der eigenen unterwarf. Später wandten sich die antikolonialen Unabhängigkeitsbewegungen ab den 1960er Jahren gegen diese britischen Schutzbefohlenen, das von ihnen repräsentierte Gesellschaftssystem, wie auch gegen die Briten.

Die panarabische Front for the Liberation of South Yemen (FLOSY), erhielt mit Errichtung der YAR dort ab 1962 eine vorzügliche Operationsbasis. Als aber seit Mitte 1967 die Unterstützung aus der UdSSR via Ägypten und YAR stagnierte, konnte die konkurrierende marxistische National Liberation Front (NLF) mit Hilfe der VR China den bewaffneten Aufstand gegen Briten und FLOSY gewinnen: Am 30. 11. 1967 proklamierte die NLF die „Volksrepublik Südjemen" (seit 1970: PDRY).

Ab 1969 gelang es der UdSSR Boden zurückzugewinnen. Der seither schwelende Disput innerhalb der Elite zwischen einer gemäßigt-nationalen und einer streng-prinzipientreuen Umsetzung des wissenschaftlichen Sozialismus verlängerte sich im Laufe der Jahre über die heterogene Stammesstruktur des Landes zu einem erheblichen Konfliktpotential. Im Januar 1986 mündete dieser Disput in einen militanten Konflikt, der quer durch Partei, Staat und Armee von Stammeskoalitionen ausgetragen wurde.

Die Flüchtlingssituation

Erst nach der Festschreibung der Grenzziehungen in Südarabien konnten die Flüchtlingsbewegungen sichtbar werden. Der ersten Auswanderungswelle von etwa 30000 Juden aus Nordjemen nach Palästina 1937[1] folgten zwischen 1947–1949, nach antijüdischen Ausschreitungen, in der Aktion „Fliegender Teppich" 40000–50000 nordjemenitische[2] und etwa 6500 südjemenitische[3] Juden.

Seit den 50er Jahren sammelten sich panarabische Nationalisten aus dem Nordjemen in Kairo und Aden. Mit der Revolution von 1962 in Sana'a setzten neue Fluchtbewegungen ein: Während sich der Imam und seine engsten Angehörigen nach Saudi-Arabien ins Exil begaben, zogen sich royalistische Stammeskämpfer in die nördlichen Gebirgsregionen zurück, wo sie eine sichere Basis für ihren Widerstand gegen die YAR fanden. Dagegen fanden Zehntausende südjemenitischer antikolonialer Panarabisten jetzt in der YAR Schutz.[4] Nach Beendigung des Bürgerkrieges (1970), der 100000–200000 Todesopfer gefordert haben soll, gestattete die YAR allen nach Saudi-Arabien geflüchteten Royalisten die Rückkehr in den Nordjemen.[5]

Vor dem Terror der südjemenitischen marxistischen NLF flohen die meisten der traditionellen Herrscher der dortigen Kleinstaaten nach Saudi-Arabien. Nach Ausrufung der Volksrepublik flüchteten bis 1970 rund 300000 Südjemeniten – unterlegene FLOSY-Anhänger, Privilegierte der britischen Ära, Intellektuelle und Wirtschaftskräfte – in die YAR.[6]. Im Gegenzug nahm Aden Guerillas der nordjemenitischen marxistischen National Democratic Front (NDF) auf; nach einer Militäraktion der YAR im Mai 1982 gegen die 5000 NDF-Kämpfer in der PDRY setzten sich 1000 in die YAR ab.[7]

Der gewalttätige Machtkampf des aus seinem Moskauer Exil (1980–1985) zurückgekehrten radikalen südjemenitischen Expräsidenten Isma'il mit seinem Rivalen Muhammad im Januar 1986 forderte nicht nur mehrere tausend Todesopfer, sondern löste eine weitere Massenfluchtbewegung aus. Nach Berichten aus Sana'a flohen über 30000 Südjemeniten in die YAR, unter ihnen angeblich 8000 bewaffnete Armeeangehörige.[8] Aus über 20000 der Flüchtlinge will Muhammad eine bewaffnete Oppositionsbewegung gegen die neue Regierung in Aden formiert haben.

Da Sana'a die monatlichen Kosten von umgerechnet 0,9 Mio. DM auf Dauer nicht tragen kann, drängt die Regierung der YAR auf eine Repatriierung der südjemenitischen Flüchtlinge.[9] Einem Amnestieangebot aus Aden vom März 1986 folgten jedoch lediglich etwa 1000 freiwillige Rückkehrer.

Das ungelöste Flüchtlingsproblem ist derzeit das größte Hindernis für eine konstruktive Wiederannäherung der beiden jemenitischen Staaten. Solange keine umfassende Aussöhnung unter den verfeindeten Kräften in der PDRY erfolgt, droht die Gefahr einer neuen Kampfrunde. Diese Belastung der Beziehungen der PDRY zur YAR erteilten den bereits in früheren Jahren – aus ideologischen Gründen – mehrfach gescheiterten Versuchen, in einer Union die beiden jemenitischen Staaten zu einer jemenitischen Nation zusammenzuschließen, einen neuerlichen Rückschlag.

Roland Richter

Anmerkungen

1 Wohlfahrt (1980), S. 677.
2 Daum (1980), S. 147.
3 Wohlfahrt (1980) S. 821 f.
4 Wohlfahrt (1980), S. 671.
5 Katz (1984), S. 23.
6 Wohlfahrt (1980), S. 671 u. 853.
7 Katz (1984), S. 25.
8 Hottinger (1987), S. 5.
9 Hottinger (1987), S. 5.

Literatur

Daum, W., *Jemen – Das südliche Tor Arabiens,* Tübingen 1980.
Hottinger, A., Belastungsprobe für die beiden Jemen; in: *NZZ,* Nr. 76, 2. 4. 1987.
Katz, M. N., Sanaa and the Soviets; in: *Problems of Communism,* Jan.–Feb. 1984.
Wohlfahrt, E., *Die Arabische Halbinsel,* Berlin/Frankfurt/Wien 1980.

Kurden

Mit einer Gesamtbevölkerung von ca. 20 Mio. Menschen stellen die Kurden noch vor den Palästinensern das größte Volk ohne eigenes Staatsgebiet im Nahen Osten dar. Die von den Kurden besiedelten Gebiete werden oftmals als „Kurdistan" bezeichnet. Dies ist jedoch lediglich ein sozialer, historischer und vor allem geographischer Begriff ohne völkerrechtliche Verbindlichkeit; er umschreibt kein Staatsgebiet mit festgelegten Grenzen.

Die kurdische Bevölkerung lebt verteilt auf die Staatsgebiete der Türkei (10 Mio.), des Iran (ca. 5 Mio.), des Irak (ca. 3 Mio.), Syriens (ca. 800 000) und der Sowjetunion (ca. 300 000). Weitere rund 500 000 Kurden leben in der Diaspora, vor allem in Ländern des Nahen Ostens und in Westeuropa. „Die vorwiegend wissenschaftlichen Untersuchungen stimmen darin überein, daß geographisch und ethnographisch mit Kurdistan der Nordwesten des Irans, der Nordosten des Iraks, der Südosten der Türkei sowie das Gebiet des Nordens und Nordostens Syriens gemeint ist."[1] Kurdistan liegt somit im Zentrum des Krisenbereiches Naher Osten.

Die Besiedlung der Region durch kurdische Stämme läßt sich bis in die Antike zurückverfolgen. „Die Kurden sehen sich selbst als direkte Nachfahren der Meder, die 612 v. Chr. Ninive eroberten, dort jedoch selbst 550 v. Chr. von den Persern erobert wurden."[2] Durch die Zwangsislamisierung im 7. Jahrhundert wurden die vormals christlichen und zoroastrischen Kurden zu Moslems. In der überwiegenden Mehrzahl sind sie heute Sunniten; im Iran und in der Türkei bekennen sich jedoch einige hunderttausend zum alawitischen Schiismus. Eine Sonderstellung nehmen ca. 50 000 bis 80 000 Kurden im türkischen Teil Kurdistans ein, die der eigenständigen Religionsgemeinschaft der Yeziden angehören.

Der kurdische Kampf um Autonomie und Anerkennung kultureller Eigenständigkeit wurde geprägt durch die postkoloniale Staatengliederung des vormaligen Osmanischen Reiches und unterlag in seinem Verlauf bis heute einer oftmaligen Instrumentalisierung durch die Regionalstaaten. Als ein Beispiel kann hierfür die iranische und US-amerikanische Militärhilfe für aufständische irakische Kurden in den Jahren 1972–1974 angeführt werden, die nach der Einigung zwischen dem Iran und dem Irak im Vertrag von Algier 1975 mit sofortiger Wirkung eingestellt wurde.

Das bis zu seiner ersten Teilung durch Festlegung der persisch-osmanischen Staatsgrenzen i. J. 1639 weitgehend unabhängige, vorwiegend von feudalistischen Fürstentümern und Stammesgebieten geprägte kurdische Siedlungsgebiet wurde im Verlauf der Jahrhunderte zum Spielball konkurrierender Machtinteressen. Zwei Gründe mögen hierfür von Bedeutung sein: Als ethnische Minderheit mit eigener Sprache, Kultur und sozialer Organisation, die ihr Recht auf Selbstbestimmung fordert, waren und sind die Kurden für Nationalstaaten ein beständiger Unruheherd. Zum anderen ist das kurdische Gebiet aus geopolitischen Gesichtspunkten von wichtiger strategischer Bedeutung. Seit der Entdeckung von großen Erdölvorkommen um Kirkuk und Mosul nach dem 2. Weltkrieg hat sich auch die wirtschaftliche Komponente verstärkt.

Nach dem 1. Weltkrieg erschwerte sich der Kampf um nationale Identitätsfindung. Hatte noch der Friedensvertrag von Sèvres vom 10. 8. 1920 in seiner 3. Sektion unter dem Titel „Kurdistan" (Art. 62 bis 64) die Autonomie und die Unabhängigkeit des bislang dem Osmanischen Reich unterstellten Teiles des Landes vorgesehen, so schwieg sich der auf Druck Mustafa Kemals erwirkte Vertrag von Lausanne (1923) über die kurdische Frage aus. Anstelle der Unabhängigkeit wurde Kurdistan viergeteilt.[3] Die in der Folgezeit von kurdischen Parteien eingegangenen jeweiligen Koalitionen mit verfeindeten Regionalstaaten brachten zwar zunächst materielle Unterstützung, führten dann aber oft zu fataler Abhängigkeit. Sobald zwischenstaatliche Konflikte an Vehemenz verloren hatten oder der innerstaatliche Machtverfestigungsprozeß eines Regionalstaates abgeschlossen war, war die „kurdische Karte" nicht mehr von Bedeutung: Die Repressionen verstärkten sich und führten zu einer Reihe von langgedehnten Aufständen der kurdischen Unabhängigkeitsbewegung. Mit wenigen Ausnahmen wie der kurdischen Republik von Mahabad (Januar bis Dezember 1946, mit sowjetischer Duldung) oder kurzen Liberalisierungsphasen (Irak 1970–1974 im Zuge von Autonomieverhandlungen mit den Ba'thisten – Iran 1979/80 Machtvakuum nach dem Sturz des Schahs) wurde die Unterdrückung der Kurden und ihres Kampfes um Selbstbestimmung immer stärker.

Die Untersuchung der Flüchtlingssituation in Kurdistan gestaltet sich aus mehreren Gründen schwierig. Zum einen erschwert die halbnomadische Lebensweise der Kurden eine exakte Berechnung der tatsächlichen Flüchtlingsströme.[4] Zum anderen finden die meistens infolge von niedergeschlagenen Aufständen auftretenden Bevölkerungswanderungen fast immer innerhalb Kurdistans statt; die Flüchtlinge verbleiben also mit Ausnahme von Arbeitsemigranten und Asylbewerbern in der Region.

Im Irak setzte der erste große Flüchtlingsstrom 1974 nach Ausbruch der militärischen Konfrontation zwischen der irakischen Armee und den Guerillaverbänden der Demokratischen Partei Kurdistans im Irak (KDP) auf Grund nicht eingehaltener Autonomieversprechungen ein. Bereits in den Jahren 1961–1970 waren im Zuge der Arabisierungspolitik der Ba'th-Partei ca. 300 000 Kurden zu Flüchtlingen im eigenen Land geworden.[5] Um die Jahreswende 1974/75 befanden sich ca. eine halbe Million kurdischer Zivilisten auf der Flucht aus dem Irak. Viele wurden, nachdem sie von türkischen und syrischen Behörden am Grenzübertritt gehindert worden waren, in iranischen Lagern untergebracht. Bis heute hat sich die Situation der Kurden im Irak zunehmend verschlechtert. „Kurdischen Angaben zufolge sind im Laufe des Jahres 1983 über 20 000 kurdische Dörfer und Weiler vernichtet worden und mehr als 616 000 Kurden ins Zentrum und den Norden des Iraks deportiert worden."[6]

Im türkischen Teil Kurdistans hatten die Aufstände der Kurden gegen die Unterdrückung durch die nationalistische Staatsdoktrin in den 20er und 30er Jahren zur Deportation von ca. 1 Million Menschen geführt.[7] Eine zahlenmäßige Klassifizierung der Flüchtlinge für die nachfolgenden Jahre gestaltet sich schwierig, weil viele unter dem Vorwurf separatistischer Bestrebungen zwangsdeportiert wurden, auf Grund der kemalistischen Volksideologie in keinen Statistiken auftauchen oder als Arbeitsemigranten nach Westeuropa gegangen sind; in der Bundesrepublik Deutschland leben z. B. ca. 350 000 Menschen kurdischer Herkunft.[8]

Mit Ausnahme der kurzen Zeit der „Kurdischen Republik von Mahabad" (der für die kurdische Bewegung lange Jahre bestimmende charismatische Parteiführer Barzani war damals Verteidigungsminister) waren die Kurden im Iran stetiger Verfolgung und Unterdrückung ausgesetzt. Auch nach der Machtübernahme der Mullahs hat sich trotz anfänglicher Autonomieversprechungen nichts daran geändert. Heute kämpfen ca. 10000–15000 kurdische Pesch-Merga-Guerillakämpfer gegen 100000 Mann Regierungstruppen für ihre Autonomie.[9]

Im Golf-Krieg geraten die Kurden immer mehr zwischen alle Fronten. Die historische Uneinigkeit und die ideologischen Differenzen der kurdischen Parteien erleichtern es den Regionalstaaten, sie gegeneinander auszuspielen, kurdische Belange werden zu kriegsstrategischen Entscheidungen ausgenutzt. Die Kurden sind im Laufe der Auseinandersetzungen zu einem immer bedeutenderen Machtfaktor geworden, der letztendlich aber von allen Seiten bekämpft wird. So läßt das militärische Vorgehen beider Kriegsgegner gegen die kurdische Zivilbevölkerung nicht an ein Ausbleiben neuer Flüchtlingsströme denken.[10] Der langandauernde Kampf der kurdischen Nationalbewegung wird in seinem Streben nach politischer Emanzipation auch in Zukunft ein aktuelles Problemfeld bleiben.

Markus Aicher

Anmerkungen

1 Ferhad, I., *Die kurdische Nationalbewegung im Irak,* Berlin 1983, S. 98.
2 Vetter, H.-O., Die Kurden – ein eigenes Volk –, in: Rosen (Hrsg.), *Jahrbuch der Deutschen Stiftung für UNO-Flüchtlingshilfe 1987,* Baden-Baden 1987.
3 Vgl. hierzu Anm. I in: Reso, H., Wie konnte ein Kuß für die Kurden so mörderisch sein, in: *Pogrom* Nr. 41, Juni 1976.
4 Vgl. Kühnhardt, L., *Die Flüchtlingsfrage als Weltordnungsproblem – Abhandlungen zu Flüchtlingsfragen,* Wien 1984, S. 106.
5 Vgl. Short, M. (1981) S. 11.
6 Vgl. van Bruinessen, in: *MERIP/Middle East Report,* Juli–August 1986, S. 27 Anm. 9.
7 Vgl. Rambout, L., *Die Kurden und das Recht,* Paris 1947, S. 29.
8 Vgl. Vetter (1987), S. 52.
9 Vgl. *Sipri-Jahrbuch 1987,* Reinbek 1987, S. 128.

10 Siehe hierzu: Gesellschaft für bedrohte Völker, *Bericht über den Einsatz chemischer Kampfstoffe durch die irakischen Streitkräfte gegen die kurdische Zivilbevölkerung,* Göttingen 1987.

Literatur

Chaliand, G. (Hrsg.), *Kurdistan und die Kurden,* Bd. 1, Göttingen 1984.
Deschner, G., *Saladins Söhne – Die Kurden – Das betrogene Volk,* München 1983.
Hottinger, A., Die Kurden im inneren und äußeren Kampf, in: *Europa-Archiv* 6/1987.
Short, M., *The Kurds. Minority Rights Group Report* No. 23, London 1981.
Vanly, I. Che., *Kurdistan und die Kurden,* Bd. 2, Göttingen 1986.

Libanon

Das erschreckende Schauspiel von Gewalt, Zerstörung und Anarchie, das der Libanon seit einigen Jahren der Welt bietet, resultiert aus drei einander überlagernden und sich wechselseitig verschärfenden Konfliktkreisen: den innerlibanesischen Spannungen (Gegensätze zwischen Christen, Moslems und Drusen sowie innerhalb dieser Religionsgruppen); dem Palästina-Problem und der daraus erwachsenden israelisch-arabischen Feindschaft; und schließlich dem Ringen der Supermächte um Einfluß und Hegemonie im strategisch und wirtschaftlich bedeutsamen Nahen Osten.

Das ausgeklügelte politisch-konfessionelle Proporzsystem des Libanon geriet ins Wanken, als sich die 1970 aus Jordanien vertriebene PLO-Führung im Süden festsetzte und ein Bündnis mit der innerlibanesischen, gegen die soziale Vorrangstellung der Christen gerichteten Opposition einging. 1975 brach der Konflikt zwischen diesen sogenannten nationalen Kräften und den falangistischen Organisationen und Parteien offen aus. Der Einmarsch einer syrischen „Friedenstruppe" in den Nordlibanon und die Beka'a-Ebene 1976 sowie zwei israelische Invasionen 1978 und 1982 ließen das Land vollends zum Schlachtfeld der internationalen Politik werden. Das Machtvakuum, das durch den Verfall der Regierungsautorität entstand, wurde von rivalisierenden Privatarmeen der verschiedensten politischen, ethnischen und religiösen Gruppen gefüllt. Seither dreht sich in dem Land, das bis in die siebziger Jahre als „die Schweiz des Nahen Ostens" galt, eine nicht enden wollende Spirale von Terror und Vergeltung.

Die Flüchtlingssituation

Im Libanon gehen alle Kampfhandlungen zu Lasten der Zivilbevölkerung. Der Bürgerkrieg von 1975/76 kostete über 40000 Menschenleben, verwüstete weite Teile des Landes und zerstörte Beirut als Handels- und Finanzzentrum. Vor den israelischen Invasionstruppen flohen 1978 67000 und 1982 ca. 175000 Menschen, zumeist Palästinenser, nach Norden. Als es 1983 im Raum Tripoli zu Kämpfen zwischen rivalisierenden PLO-Flügeln kam, verließen 150000 Zivilisten die Stadt. Ab September 1983 lieferten sich drusische und christliche Milizen im Schuf-Gebirge einen Vernichtungs- und Vertreibungskrieg, der mit der Massenflucht nahezu aller 120000 Christen endete. Während der Kämpfe um die Kontrolle West-Beiruts im Frühjahr 1984 starben etwa 500 Menschen und wurden über 500000 obdachlos. Seit Mitte 1984 führen die schiitischen Amal-Milizen einen „Krieg" gegen palästinensische Flüchtlingslager, um die Rückkehr der 1982 evakuierten PLO-Kämpfer zu verhindern. Man muß davon ausgehen, daß insgesamt seit 1975 fast 100000 Menschen im Libanon getötet wurden und daß mehr als 2 Millionen der 3,2 Millionen Gesamtbevölkerung für kürzere oder längerer Zeit auf der Flucht oder obdachlos waren.[1] Für das Jahr 1986 schätzt man die Zahl dieser „internally displaced persons" auf bis zu 800000.[2] Inzwischen ist es im Libanon durch Flucht, Vertreibung, Entführungen, Terror, Attentate und Massaker zu einer weitgehenden Homogenisierung und Abkapselung der einzelnen Bevölkerungsgruppen und damit zur „Kantonalisierung" des Landes gekommen. Der Norden und Nordosten einschließlich West-Beiruts werden von Syrien kontrolliert und stehen unter islamisch-fundamentalistischem Einfluß. Die Christen, die hier 20 Prozent der Einwohner ausmachten, sind fast vollständig abgewandert. Auch die Schuf-Region ist heute nahezu „christenfrei" und bildet einen quasi-autonomen Drusenstaat. Die christliche Bevölkerung konzentriert sich jetzt in Ost-Beirut und Teilen Zentrallibanons sowie in den vom ehemaligen Präsidenten Suleiman Frangieh „regierten" Zgharta-Gebiet. Im Süden haben die Israelis nach ihrem Rückzug im Jahr 1985 eine verbündete, hauptsächlich christliche Miliz (ASL, „Südlibanesische Armee") als verlängerten Arm und Prellbock zurückgelassen. Aus ihrem Machtbereich sind vor allem die Palästinenser verdrängt worden.

Der engere Zusammenschluß und die Abschottung nach außen verbürgt den großen Bevölkerungsgruppen ein gewisses Maß an Sicherheit, grenzt aber die Minderheiten vollends aus. Das gilt vor allem für die palästinensischen Flüchtlinge, die durch die Vertreibung und Spaltung der PLO ihren politisch-militärischen Schutz verloren. Die Massaker in den Flüchtlings-lagern Sabra und Schatilla, denen im September 1982 vermutlich 3000 Menschen zum Opfer fielen, waren eine erste Konsequenz dieser Schwäche. Mittlerweile werden die Palästinenser von fast allen libanesischen Gruppen für das Unglück des Landes verant-wortlich gemacht und bekämpft. Besonders hart betroffen sind die 100 000 bis 150 000 nicht bei der UNRWA registrierten Flüchtlinge, deren rechtlicher Status ungesichert ist und die jederzeit mit Ausweisung rechnen müssen. Ähnlich prekär ist die Lage der etwa 100 000 Kurden, die zumeist schon seit längerem im Libanon leben.[3] Palästinenser und Kurden leiden auch am meisten unter der Wirtschaftskrise, die 1984 voll einsetzte und gut die Hälfte der Bevölkerung arbeitslos machte.

Wegen der sich rapide verschlechternden Lebensbedingungen haben seit 1982 mehr und mehr Menschen den Libanon verlas-sen. Einer ihrer Hauptzufluchtsorte ist die Bundesrepublik Deutschland, in die bis 1987 ca. 35 000 Personen, die meisten von ihnen Palästinenser, einreisten.[4] Bislang hatten Angehörige die-ser Personengruppe aber so gut wie keine Aussicht, als politische Flüchtlinge anerkannt zu werden und Asyl zu erhalten. Ande-rerseits haben die deutschen Stellen wegen der unsicheren Ge-samtlage im Libanon weitgehend auf Abschiebungen ver-zichtet.[5]

Eine Wende zum Besseren kann wohl nur eintreten, wenn sich das Verhältnis der beiden Supermächte entspannt und das Palästina-Problem einer Lösung nähergebracht wird. Selbst dann dürfte es noch geraume Zeit dauern, bis die traumatischen Erlebnisse des Bürgerkriegs überwunden sind und die Libanesen zu einer neuen nationalen Identität finden können.

Jürgen Heideking

Anmerkungen

1 Vgl. UNRWA (ed.) (1983), S. 274 ff.; *EPD-Dokumentation* Nr. 15, 1985, S. 5.
2 1986 World Refugee Statistics, in: *World Refugee Survey* (1987), S. 38.
3 *EPD-Dokumentation* Nr. 15, 1985, S. 47 ff.
4 Während 1986 10840 kamen, schafften nach den Verfahrensänderungen von Anfang 1987 nur noch knapp 1000 die Einreise. Telefonische Auskunft des deutschen Büros des UN-Hochkommissars für Flüchtlinge in Bonn.
5 Zur Lage der Libanon-Flüchtlinge in der Bundesrepublik: *EPD-Dokumentation* Nr. 16, 1985, S. 100 ff. Weitere Auskünfte erteilt der Tübinger Freundeskreis für asylsuchende Flüchtlinge.

Literatur

Evangelischer Pressedienst (Hrsg.), *Flüchtlinge aus dem Libanon. EPD-Dokumentation* Nr. 15 und 16, Frankfurt a.M. 1985.
Gilmour, D., *Lebanon. The Fractured Country*, Oxford 1983.
Köhler, W., *Die Vorgeschichte des Krieges im Libanon*, Wiesbaden 1980.
Laffin, J., *The War of Desperation. Lebanon 1982–1985*, London 1985.
UNRWA (ed.), *UNRWA A Brief History 1950–1982*, Wien 1983.
World Refugee Survey, US Committee of Refugees, Washington, D.C., 1987.

Palästina

Der Palästina-Konflikt hat seinen Ursprung in der widersprüchlichen Politik der englischen Regierung gegenüber Arabern und Juden im 1. Weltkrieg. Während man den Arabern Hoffnungen auf eine baldige Unabhängigkeit machte, versprach der britische Außenminister Lord Balfour 1917 den Juden eine „nationale Heimstätte" in Palästina. Schon in der Zwischenkriegszeit, als Großbritannien ein Völkerbundsmandat über Palästina ausübte, kam es auf Grund der verstärkten jüdischen Einwanderung zu wiederholten Zusammenstößen zwischen den Volksgruppen. Nach Ende des 2. Weltkriegs eskalierte die Auseinandersetzung weiter und ging schließlich in einen Bürgerkrieg über. Im Februar 1947 gab Großbritannien die Palästina-Frage an die VN ab, deren Generalversammlung am 29. November 1947 mit Zweidrittelmehrheit die Teilung des Mandatsgebiets in einen jüdischen und einen arabischen Staat bei wirtschaftlicher Einheit und Internationalisierung Jerusalems beschloß. Dies wurde von den Juden akzeptiert, von den Arabern hingegen abgelehnt. Auf die Beendigung des Mandats und die Proklamation des Staates Israel im Mai 1948 reagierten die Staaten der Arabischen Liga mit einer militärischen Intervention. Der sich daraus entwickelnde erste arabisch-israelische Krieg endete mit einer fast vollständigen Niederlage der Araber und mit der Flucht und Vertreibung eines großen Teils der palästinensischen Bevölkerung.

Trotz der Waffenstillstandsabkommen von 1949 schwelte der Konflikt weiter und wurde in den Ost-West-Gegensatz hineingezogen. Die Spannungen entluden sich bis heute in vier weiteren Kriegen: 1956 im britisch-französisch-israelischen Angriff auf den Suezkanal; 1967 im „Sechstagekrieg", in dessen Verlauf Israel die Sinai-Halbinsel, den Gaza-Streifen, die Altstadt von Jerusalem, die Westbank und die Golan-Höhen besetzte; 1973 im „Oktober-" oder „Yom-Kippur-Krieg", der zur schrittweisen Räumung des Sinai und zum ägyptisch-israelischen Friedensvertrag von 1979 hinführte; und 1982 in der israelischen Invasion des Libanon. Die Vereinten Nationen sind seit 1947 kontinuierlich mit dem Palästina-Problem befaßt und durch Beobachter, Hilfsorganisationen und Friedenstruppen im Nahen Osten präsent. Der Sicherheitsrat hat im November 1967 in seiner Resolution 242 die Grundzüge einer umfassenden Friedensregelung skizziert. Alle Ansätze, auf dem Weg der Verhandlungen zu einer Gesamtlösung zu gelangen, sind aber bislang gescheitert. Auch heute stehen sich das Existenzrecht Israels und das von der VN-Generalversammlung 1970 anerkannte Selbstbestimmungsrecht des palästinensischen Volkes schroff und anscheinend unvereinbar gegenüber.

Die Flucht aus Palästina begann schon 1947 und steigerte sich zwischen März und August 1948, angeheizt durch Terrorakte jüdischer Untergrundorganisationen und durch politische wie militärische Fehlentscheidungen der arabischen Führer, zum Massenexodus. In dieser Zeit verließen ca. 726 000 Menschen (d. h. mehr als drei Viertel der palästinensischen Araber) das Gebiet, das zum Staat Israel wurde.[1] Sie flohen vor allem in den ägyptisch verwalteten Gaza-Streifen, in die 1950 von Jordanien annektierte Westbank, nach Jordanien selbst, nach Syrien und in den Libanon. Etwa 150 000 Palästinenser blieben im Staat Israel zurück, der zwischen 1948 und 1952 seinerseits 700 000 Überlebende des Holocaust aufnahm.

Die VN-Generalversammlung beschloß Ende 1948 eine Soforthilfe für die Palästina-Flüchtlinge und forderte Israel zu deren umgehender Repatriierung oder Entschädigung auf.[2] Da sich die Lage aber weiter verschlimmerte, wurde im Dezember 1949 die UNRWA (UN Relief and Works Agency for Palestine Refugees in the Near East) gegründet, die bis auf den heutigen Tag tätig ist.[3] Der Krieg von 1967 entwurzelte erneut ca. 350 000 Menschen, von denen etwa die Hälfte ihre Wohnungen zum zweiten Mal verlassen mußten. Diejenigen Flüchtlinge, die im Gaza-Streifen und auf der Westbank verblieben, leben seither unter israelischem Besatzungsregime.

In den fünfziger Jahren versuchte UNRWA durch Siedlungs- und Arbeitsbeschaffungsprogramme die Integration der Palästinenser in den Gastländern voranzutreiben. Dieses Bemühen scheiterte jedoch sowohl an der mangelnden Fähigkeit und Bereitschaft dieser Länder, Hunderttausenden zusätzlicher Menschen Arbeit und Brot zu geben, als auch am Widerstreben der Flüchtlinge selbst, die ihr Heimatrecht zu verlieren fürchteten. Ab 1959 verlegte UNRWA deshalb ihre Hauptaktivitäten auf das Sozial- und Gesundheitswesen und insbesondere auf den Bildungsbereich, um die Zukunftschancen der Flüchtlinge und ihrer Nachkommen langfristig zu verbessern. Zur Zeit sorgt die Organisation für den Unterricht von ca. 350 000 Kindern in 635

Schulen und unterhält u. a. 98 Gesundheitszentren und 8 Ausbildungszentren. Das größtenteils aus freiwilligen Spenden finanzierte Gesamtbudget ist von $ 36,7 Millionen im Jahr 1950 auf $ 200,2 Millionen für 1987 angestiegen, von denen knapp 60% in den Bildungssektor fließen.[4]

Seit 1948 hat sich die Zahl der registrierten Flüchtlinge durch weitere kriegerische Auseinandersetzungen und durch die natürliche Bevölkerungsvermehrung mehr als verdoppelt. Derzeit wächst bereits die vierte Flüchtlingsgeneration heran. Am 1. April 1987 verzeichnete UNRWA insgesamt 2 185 117 Flüchtlinge, von denen 714 730 noch immer in insgesamt 61 Lagern leben. Im einzelnen sind registriert in Jordanien 839 478, auf der Westbank 371 652, im Gaza-Streifen 441 920, im Libanon 276 231 und in Syrien 255 836.[5] Beim Verhältnis Flüchtlinge/einheimische Bevölkerung halten Gaza und Westbank mit 1:1,2 und 1:2,2 die Weltspitze, gefolgt von Jordanien (1:4) und Libanon (1:9). Nicht alle Flüchtlinge sind registriert: So schätzt man, daß sich im Libanon über 100 000 von UNRWA nicht erfaßte Palästinenser aufhalten. Der Rest des 4-Millionen-Volkes lebt in flüchtlingsähnlichen Umständen vor allem in den Golf-Staaten, in Libyen und Ägypten.

Da die Hoffnungen auf eine Nahost-Friedenskonferenz immer wieder enttäuscht worden sind, breiten sich unter der arabischen Bevölkerung Resignation, Wut und Verbitterung aus. Am trostlosesten erscheint derzeit die Lage der Flüchtlinge in dem vom Bürgerkrieg zerrissenen Libanon und im geographisch isolierten und stark übervölkerten Gaza-Streifen. Hier und auf der „Westbank" entlud sich diese explosive Stimmung in einem Aufstand (intifadeh) gegen die israelische Besatzungsmacht, der in verschiedenen Formen des zivilen Ungehorsams und gewalttätigen Protests seit Ende 1987 andauert und bereits Hunderte von Menschen, viele von ihnen palästinensische Flüchtlinge, das Leben gekostet hat.

Jürgen Heideking

1 Unter verschiedenen Schätzungen gilt diese von einer VN-Kommission Ende 1949 errechnete Zahl als die zuverlässigste. Hierzu und zur Definition des Begriffs „Flüchtling" siehe UNRWA (ed.) (1983), S. 4ff.
2 *GV-Resolutionen* No. 194 (III) vom 11. Dezember 1948 und No. 212 (III) vom 19. November 1948. Eine „Versöhnungskommission" der VN versuchte anschließend erfolglos, Israel zu Zugeständnissen in der Flüchtlingsfrage zu bewegen.
3 Die Gründung der Organisation und die Definition ihres Mandats erfolgte in der *GV-Resolution* No. 302 (IV) vom 8. Dezember 1949.
4 Detaillierte Angaben in UNRWA. Department of Education (1986).
5 Zahlen nach UNRWA Report, vol. 5, No. 2, July 1987. Zusätzlich leben in den Lagern ca. 52000 nicht als Flüchtlinge registrierte Personen, UNRWA (1987), S. 23. Die Zahl der Lager-Bewohner ist im Gaza-Streifen mit fast 240000 besonders hoch. Es folgen Jordanien (ca. 180000) und Libanon (ca. 137000).

Literatur

Cohen, M. J., *Palestine and the Great Powers, 1945–1948*, Princeton, N. J. 1982.
Die VN-Resolutionen zum Nahost-Konflikt. Dt. Übers. v. A. Harttung, Berlin 1978.
Mezerik, A. G. (ed.), Arab Refugees in the Middle East, in: *International Review Service*, vol. XXIII, No. 110, New York, 1980.
United Nations, General Assembly, *Official Records*. Supplement No. 13: *Annual Reports of the Commissioner-General of the UNRWA*.
UNRWA (ed.), *UNRWA. A Brief History 1950–1982*, Wien 1983.
UNRWA (ed.), *UNRWA 1987. Summary of the Report of the Commissioner-General of UNRWA to the UN General Assembly for the Period 1 July 1986 – 30 June 1987*, Wien 1987.
UNRWA, *Department of Education. Statistical Yearbook 1985–86* (No. 22), Wien 1986.

Syrien

Der iranisch-irakische Krieg und das ungelöste Palästinenser-problem lenken die Aufmerksamkeit von den internen Problemen der arabischen Staaten ab. So findet der seit 1976 andauernde syrische Bürgerkrieg zwischen Regierung und fundamentalistischen Moslems in Presse und Fachwelt wenig Beachtung, obwohl er auf beiden Seiten mit großer Brutalität geführt wird.

Seine Hauptursachen sind die Überrepräsentierung einer religiösen Minderheit in Regierung und Militärführung und deren Versuch, ihre Herrschaft mit einem laizistischen Parteiprogramm zu legitimieren, das der tiefen Verwurzelung des sunnitischen Glaubens in der Mehrheit der Bevölkerung zuwiderläuft.

Der Konflikt geht auf das Jahr 1963 zurück, als ein doppelter Militärputsch die 1943 gegründete Ba'th-Partei mit ihren panarabisch-sozialistischen Zielen an die Macht brachte. Moslemische Fundamentalisten sahen im laizistischen Programm der Ba'th-Partei eine Gefahr für die islamische Natur Syriens, und es kam zu ersten Zusammenstößen; in der Folge wurde der Führer der syrischen Moslembrüder an der Wiedereinreise nach Syrien gehindert. Die Konfrontation verschärfte sich, als ein innerparteilicher Richtungsstreit 1966 mit einem Staatsstreich des radikalen linken Flügels der Partei – dem sogenannten Neo-Ba'th – endete. Dessen Versuch, die sozialistische Umgestaltung Syriens zu beschleunigen, enthielt zwangsläufig verstärkt anti-islamische Elemente. Der Sieg des Neo-Ba'th hatte auch eine Verfeindung mit dem irakischen Teil der Partei zur Folge, so daß die Opposition nach der Machtübernahme der Ba'th-Partei im Irak die Unterstützung Bagdads genoß.

Die Entfremdung der fundamentalistischen Moslems vom Regime schritt auch fort, als 1970 der gemäßigtere bisherige Luftwaffenchef und Verteidigungsminister Hafiz al-Asad die Macht übernahm und öffentlich seinen islamischen Glauben demonstrierte. Denn sein Versuch, mit der Einrichtung des Volksrates (Parlament) und dem Zusammenschluß der fortschrittlichen Parteien in der Nationalen Progressiven Front seine Herrschaft auf eine breitere Basis zu stellen und demokratisch zu legitimieren, änderte nichts daran, daß das Militär und die kadermäßig organisierte Ba'th-Partei weiterhin die beiden Säulen seines Regimes sind.

Da sowohl die Partei als auch das Militär seit der Mandatszeit besondere Anziehungskraft auf Mitglieder ethnischer und religiöser Minderheiten ausübten, sind diese in der heutigen politischen und militärischen Elite überrepräsentiert. Vor allem die Alawiten, Angehörige einer schiitischen Sekte, konnten großen

Einfluß gewinnen. Obwohl sie nur knapp 8% der Bevölkerung Syriens ausmachen, stellen sie den Präsidenten und zahlreiche Vertreter in Regierung und Parteispitze. Die Opposition, die ihre Mitglieder vorwiegend aus der sunnitischen Mehrheit (72% der Bevölkerung) rekrutiert, prangert daher die Regierung Asad als ein vom Militär gestütztes Minderheitenregime an.

Der Bürgerkrieg brach schließlich offen aus, als die syrische Intervention 1976 zugunsten der maronitischen Christen im Libanon als Bestätigung der anti-islamischen Haltung des Ba'th-Regimes empfunden wurde. Er wird in der Hauptsache von militanten Mitgliedern (Mujahiddin) der syrischen Moslem-Bruderschaft auf der einen Seite und Sondereinheiten der syrischen Armee auf der anderen Seite geführt. Die Anschläge der islamischen Fundamentalisten auf Personen und Einrichtungen der Regierung fanden im Juni 1979 ihren ersten Höhepunkt mit einem Massaker in der Artillerieschule von Aleppo, bei dem zahlreiche alawitische Kadetten ums Leben kamen. Die Regierung ergriff scharfe Gegenmaßnahmen und verfolgte die Oppositionellen mit großer Brutalität. Massenverhaftungen und Hinrichtungen, oft ohne Gerichtsurteil, waren an der Tagesordnung. 1980 wurde ein Gesetz erlassen, das die bloße Mitgliedschaft in der Moslem-Bruderschaft unter Todesstrafe stellte. Als 1980 einige Berufsverbände zum Streik aufriefen, um mehr politische Freiheiten zu fordern, wurden sie aufgelöst und ihre Führer verhaftet.

Terror und Gegenterror eskalierten weiter, als die Armee im Februar 1982 einen Aufstand in der Provinzhauptstadt Hama mit Bomben und schweren Waffen niederschlug. Dabei kamen zwischen 5000 und 25000 Menschen ums Leben[1]. Dieser Schlag erforderte eine Neuformierung der Opposition: die Moslembrüder schlossen sich 1982 mit der Islamischen Front, dem pro-irakischen Flügel der Ba'th-Partei und anderen oppositionellen Parteien zur Nationalen Allianz zur Befreiung Syriens zusammen, die vom Irak unterstützt wurde und ihr Hauptquartier in Bagdad einrichtete. 1986 wurden dann wieder vermehrt Anschläge auf syrische Einrichtungen durchgeführt.

Die Unterdrückung der Opposition seit der Machtübernahme der Ba'th-Partei und der seit 1976 andauernde Bürgerkrieg haben nicht nur viele Todesopfer gefordert (SIPRI spricht von über 6000 bis 26 000)[2], sondern auch eine noch wesentlich höhere Zahl von Flüchtlingen verursacht. Viele von ihnen fanden vorwiegend in den arabischen Nachbarstaaten, aber auch in USA, Kanada, Frankreich oder Deutschland Zuflucht. Nach Angaben der Opposition – offizielle Flüchtlingszahlen existieren nicht – sollen 800 000 Menschen ins Ausland geflohen sein.[3] Allein die Niederschlagung der Revolte in Hama habe 100 000 der Einwohner in die arabischen Nachbarländer getrieben.[4]

Bestätigt wird die Aktualität des syrischen Flüchtlingsproblems zum Beispiel durch die wachsende Zahl syrischer Asylbewerber in der Bundesrepublik: sie stieg von 333 im Jahr 1985 auf 2293 im darauffolgenden Jahr.[5]

Ergänzend muß angefügt werden, daß Syrien auch ein Flüchtlingsaufnahmeland ist. So befinden sich zum einen derzeit immer noch 251 000 von der UNRWA registrierte palästinensische Flüchtlinge im Land[6]; zum anderen haben 33 000 Libanesen in Syrien Schutz vor dem Bürgerkrieg in ihrem Land gesucht.[7]

Die weitere innenpolitische Entwicklung Syriens hängt in hohem Maße von außenpolitischen Entscheidungen ab. Sollte beispielsweise Asad – wie im November 1987 auf dem arabischen Gipfel in Amman angedeutet – von seinem engen Bündnis mit dem Iran abrücken und sich mit dem Irak versöhnen, könnte sich sein Regime stabilisieren, da die Opposition ohne irakische Unterstützung kaum zu wirksamen Aktionen in der Lage wäre.

Frank-Martin Binder

Anmerkungen

1 *SIPRI-Jahrbuch 7,* Hamburg 1987, S. 131.
2 ebd.
3 *The Tribune,* Bulletin published by the Committee for the defence of freedoms and political prisoners in Syria, No. 8, September 1982, S. 53, die finnische Zeitung „Oussi Soumi" vom 17. 5. 1982 zitierend.
4 *The Tribune,* No. 13, December 1985, S. 25.

5 Mitteilung der ZDFW, Quelle: IuD-Stelle VB Wiesbaden, 1987.
6 *World Refugee Survey 1986*, Washington D. C., 1986, S. 69.
7 ebd.

Literatur

van Dam, N., *The Struggle for Power in Syria: Sectarianism, Regionalism and Tribalism in Politics, 1961–1980*, London, 1981.
Koszinowski, Th., Die Krise der Ba'th-Herrschaft und die Rolle Asads bei der Sicherung der Macht, in: *Orient*, vol. 26/1985, S. 549–571.
Mayer, Th., The Islamic opposition in Syria, 1961–1982, in: *Orient*, vol. 24/1983, S. 589–609.
The Tribune, Bulletin published by the Committee for the defence of freedoms and political prisoners in Syria, Genf, verschiedene Ausgaben.

Türkei

Die Gründung der Türkischen Republik am 29. Oktober 1923 markiert den Beginn einer radikalen Umformung des Kernlandes des Osmanischen Reichs: Eine rigorose Abkehr vom Islam, die Einführung einer westlichen Rechts- und Staatsordnung und der Aufbau einer nationalen Industrie sollten nach dem Willen von Republikgründer Kemal Atatürk die halbkoloniale, feudalistische Agrargesellschaft innerhalb kurzer Zeit zum unabhängigen modernen Industriestaat entwickeln und den Anschluß an Europa sichern. Neben der wirtschaftlichen und politischen Emanzipation vom Ausland und der Überwindung sozialer Schranken verhieß die kemalistische Revolution auch die Einebnung ethnischer Unterschiede; die Einheit des Vielvölkerstaats wurde gewaltsam gegen die Autonomiebestrebungen nichttürkischer Bevölkerungsgruppen durchgesetzt. Phänomene wie fortbestehende Auslandsabhängigkeit, extreme soziale Ungleichheit, religiöse Konflikte und die Unterdrückung nationaler Minderheiten zeigen jedoch die Schwierigkeiten dieser Modernisierungspolitik von oben. Seit der Republikgründung kam es regelmäßig zu schweren politischen und sozialen Krisen.

Ende der 70er Jahre kumulierten die aufgestauten Probleme – extreme Importabhängigkeit der industriellen Produktion, Vernachlässigung der Landwirtschaft (bei fortbestehender feudalistischer Agrarstruktur im Osten) – zu zunehmender externer

Verschuldung, sich verstärkender Verelendung auf dem Land und Abwanderung in die Städte, dort zu Fabrikschließungen und steigender Arbeitslosigkeit, und in der Folge zu Zahlungsunfähigkeit des türkischen Staats. Maßnahmen im Sinne des IWF und der OECD-Staaten zur Wiederherstellung der Kreditfähigkeit (Preiserhöhungen, Lohnstopps, Abwertung der türkischen Lira) verschärften die sozialen Spannungen; Streiks und Demonstrationen waren das Ergebnis. Parallel zur wirtschaftlichen Krise erhielten radikale Parteien verstärkt Zulauf, politischer Terror wurde zur alltäglichen Erfahrung der Bevölkerung – 5000 politische Morde wurden allein 1978–1980 verübt, die zum großen Teil auf das Konto der faschistischen „Grauen Wölfe" unter Führung von A. Türkes (unter Demirel stellvertretender Ministerpräsident) gingen. Wahlbetrug und Stimmenkauf bestimmten die parlamentarische Arbeit; sieben Jahre lang konnte sich keine funktionsfähige Regierung auf Dauer halten.

Als am 12. September 1980 das türkische Militär – zum dritten Mal innerhalb von 20 Jahren – die Macht übernahm, wurde das in weiten Kreisen der westlichen Welt als willkommene Stabilisierung des NATO-Partners Türkei begrüßt; im Lande hoffte man auf ein Ende der schweren innenpolitischen Auseinandersetzungen und der Wirtschaftskrise. Doch weder die Militärregierung noch die seit 1983 zugelassene „gelenkte Demokratie" haben eine wirkliche Lösung der Probleme erreicht: Die Wiederherstellung von „Ruhe und Ordnung" durch Zerschlagung der politischen und gewerkschaftlichen Opposition ermöglichte zwar die Erfüllung der Bedingungen von IWF und OECD-Staaten zur Gewährung weiterer Kredite und die Umorientierung der bislang binnenorientierten, protektionistischen Wirtschaft zur Öffnung zum Weltmarkt. Doch die wirtschaftliche „Sanierung" wurde mit der Verarmung breiter Bevölkerungsschichten erkauft: die Realeinkommen fielen seit dem Putsch um über die Hälfte, die Arbeitslosenzahl stieg weiter an, etwa 30 Prozent der Bevölkerung leben unter dem Existenzminimum. Auch Menschenrechte und Demokratie blieben dabei auf der Strecke: Die unter Kritikverbot und Wahlzwang von der Bevölkerung angenommene neue Verfassung von 1982 schränkt die

Grundrechte, politischen und gewerkschaftlichen Rechte erheblich ein und sichert dem Präsidenten quasi-diktatorische Vollmachten. Und im weiterhin strukturell unterentwickelten und systematisch vernachlässigten Osten des Landes führt die Regierung zudem einen unerklärten Krieg gegen die kurdische Bevölkerung.

Die Flüchtlingssituation

Etwa 100000 türkische Staatsangehörige haben in den letzten zehn Jahren in der Bundesrepublik Asyl beantragt: 57913 allein im Jahr des Militärputschs. Zehntausende suchten Zuflucht in anderen europäischen Ländern oder in Ländern der Region. Waren vor dem Putsch die bürgerkriegsähnlichen Zustände und Übergriffe rechtsextremer Kommandos für viele der Anlaß zur Flucht gewesen, so war es nach 1980 die Verfolgung der politischen und gewerkschaftlichen Opposition:

Annähernd 200000 vermeintliche oder tatsächliche politische Gegner wurden verhaftet, die meisten von ihnen schwer gefoltert und mißhandelt. 48000 politische Prozesse wurden nach 1980 eingeleitet, meist Massenprozesse vor Militär- und Staatssicherheitsgerichten mit stark eingeschränkten Verteidigungsmöglichkeiten. Verfolgt wurden und werden neben angeblichen oder tatsächlichen Anhängern linksgerichteter Parteien vor allem Mitglieder der mit fast 800000 Mitgliedern vor dem Putsch zweitgrößten Gewerkschaftskonföderation DISK, aber auch unzähliger anderer Vereine und Verbände, wie z. B. der Türkischen Friedensvereinigung TPA. Die häufigste Anklage lautet auf kommunistische und sozialistische Aktivitäten und Propaganda, worunter auch die meisten Formen gewerkschaftlicher Arbeit subsumiert werden. Journalisten, Verleger, Schriftsteller und Universitätsangehörige wurden wegen „Schwächung von Nationalgefühlen" oder Beleidigung der Regierung zu langjährigen Haftstrafen verurteilt. Kritik am Militär ist verboten, ebenso jede politische Betätigung außerhalb zugelassener Parteien. Islamische Aktivisten werden häufig wegen antilaizistischer Propaganda angeklagt. Zwar bemühen sich Militär und Zivilregierung aus innenpolitischem wie außenwirtschaftlichem Kalkül zunehmend um die Sympathien der islamischen Kräfte, fundamentalistische Tendenzen werden aber weiterhin verfolgt.

Schon vor dem Putsch war die Folter in türkischen Polizeistationen und Gefängnissen weit verbreitet, doch seither hat sie noch weit erschreckendere Ausmaße angenommen. Hunderte starben in den letzten Jahren an den Folgen der Folter. Entgegen den Versicherungen der Zivilregierung beweisen täglich neue Berichte der Opfer, daß auch weiterhin systematisch und routinemäßig gefoltert wird. Auch nach Aufhebung des Kriegsrechts 1987 können Verdächtige ohne Haftbefehl, ohne Kontaktmöglichkeiten zu Anwälten oder Angehörigen, wochenlang inhaftiert und verhört werden. Nach der Haft werden politische Gegner im allgemeinen ins interne Exil verbannt und mit Berufsverbot belegt. Auch Angehörige und Freunde von Oppositionellen sind Verfolgungsmaßnahmen, Berufs- und Reiseverboten ausgesetzt. 1 683 000 Personen waren 1987 als „bedenklich" eingestuft und registriert; 378 000 erhielten aus politischen Gründen keinen Reisepaß. Rund 13 000 türkische Staatsangehörige wurden nach 1980 ausgebürgert, ihr Besitz z. T. beschlagnahmt.

Angehörige von Minderheiten des ehemaligen Vielvölkerstaats stellten in den letzten Jahren den größten Anteil der Flüchtlinge. Seit Gründung der Republik wird das Festhalten nationaler Minoritäten an ihrer ethnischen und kulturellen Identität als Bedrohung der nationalen Einheit verfolgt, so wird z. B. schon der Gebrauch der eigenen Muttersprache als „Separatismus" bestraft. Die von allen bisherigen Regierungen der Türkischen Republik mit wechselnder Intensität (seit 1980 wieder verschärft) vertretene Politik der Zwangsassimilation richtet sich vorrangig gegen die Kurden (s. S. 191), mit ca. zehn Millionen die größte Minderheit, die zu ihrem Unglück auch noch ein militärstrategisch wichtiges und rohstoffreiches Gebiet der Türkei bewohnen, aber auch gegen kleinere Gruppen wie Araber, Lasen, Tscherkessen und Georgier.

Die kemalistische Ideologie einer „Türkei der Türken" bedroht – verstärkt durch geschichtlich und kulturell verwurzelte religiöse Intoleranz sowie die neuerdings staatlich geförderte Reislamisierung – auch die Angehörigen der christlichen Minderheiten: Armenier, Griechen, Assyrer und arabisch-orthodoxe Christen, Angehörige von Völkern, die seit Jahrtausenden in Kleinasien siedeln und vor dem 1. Weltkrieg mit über fünf Millionen Mitgliedern etwa ein Drittel der Gesamtbevölkerung stellten, deren Zahl jedoch durch (von allen türkischen Regierungen bislang geleugneten) Völkermord, Deportation und Vertreibung zwischen 1915 und 1923 auf 300000–500000 sank. Heute leben nur noch etwa 100000 Christen in der Türkei. Allein in den letzten 25 Jahren haben wieder über 200000 das Land verlassen, viele flohen im Anschluß an pogromartige Ausschreitungen im Gefolge der Zypern-Krisen.

Nicht-türkische und nicht-islamische Minderheiten sind auch heute in der Türkei vielfältigen rechtlichen, kulturellen und religiösen Diskriminierungen, schulischen und beruflichen Benachteiligungen, entschädigungslosen Enteignungen und Schikanen während des Militärdienstes ausgesetzt. Insbesondere in ländlichen Gebieten kommt es zu körperlichen Angriffen, Überfällen auf Dörfer, Morden und Vergewaltigungen. In den kurdischen Gebieten, die seit dem Wiederaufleben der kurdischen Unabhängigkeitsbewegung 1984 durch Zwangsumsiedlungen und andere Maßnahmen planmäßig entvölkert werden, nutzt die Regierung systematisch auch die Feindschaften zwischen verschiedenen Bevölkerungsgruppen zu diesem Zweck aus. Die dort ansässigen kurdischen Yezidi (1984: ca. 20000; 1987: unter 5000) und assyrischen Christen (1975: ca. 70000; 1987: 3000–4000) wurden in den letzten Jahren fast vollständig vertrieben; Mitte 1987 setzte mit der Verschärfung der staatlichen Repression der endgültige Exodus ein. Die soziale Infrastruktur wurde zerstört, eine Rückkehr ist nicht mehr möglich.

Ungeachtet dieser Situation werden gerade Flüchtlinge aus der Türkei häufig pauschal als „Wirtschaftsasylanten" diffamiert, ihre Asylanträge werden – oft trotz nachgewiesener Folter, Verfolgung und Vertreibung – zu über 90 Prozent abgelehnt.

Barbara Bode

Acikalin, H./Steinbach, U., Türkei, in: Nohlen, D./Nuscheler, F. (Hrsg.), *Handbuch der Dritten Welt*, Band 6, Hamburg 1983.

amnesty international, *Türkei. Folter und andere Menschenrechtsverletzungen*, Bonn 1985.

ders., *Schutz für politisch Verfolgte*, Bonn 1986.

epd-Dokumentation Nr. 26/84, *Christliche Minderheiten in der Türkei*, Frankfurt 1984.

Grothusen, K.D. (Hrsg.), *Südosteuropa-Handbuch IV, Türkei*, Göttingen 1985.

Hofmann, T./Koutcharian, G., *Armenien – Völkermord, Vertreibung, Exil*, Göttingen 1987.

Informationsstelle Türkei Hamburg e. V., *Gegenbericht zur Situation der Menschenrechte in der Türkei*, Hamburg 1986.

Schneider, R., *Die kurdischen Yezidi – ein Volk auf dem Weg in den Untergang*, Göttingen 1984.

U.S. Helsinki Watch Committee, *Freedom and Fear: Human Rights in Turkey*, New York 1986.

Werle, R., „*Modell*" *Türkei – ein Land wird kaputtsaniert*, Hamburg 1983.

Siehe auch die Jahresberichte von amnesty international, Frankfurt 1981–87; *türkei infodienst* (Übersetzungen aus türkischen Zeitungen und Zeitschriften), Informationsstelle Türkei Hamburg e. V.; sowie die laufende Berichterstattung über Minderheiten in der Türkei in *pogrom*.

Zypern

Zypern – schon in der Antike von Phöniziern und Griechen besiedelt – wechselte im Lauf der Jahrhunderte oft seine Besitzer. 1571 wurde es von den Türken erobert und kolonisiert. Als 1914 der 1. Weltkrieg ausbrach und das Osmanische Reich sich auf die Seite der Mittelmächte stellte, besetzten englische Truppen die Insel. Auch nach dem Ende des Krieges blieb Zypern in der Hand der Engländer, die 1925 die Insel zur Kronkolonie erklärten.[1]

Nach dem Ende des 2. Weltkrieges begann die griechische Bevölkerungsgruppe, für die Loslösung der Insel von England zu kämpfen. Da ein großer Teil der griechischen Zyprioten Griechenland als Mutterland betrachtete, war die Vereinigung Zyperns mit Griechenland *(enosis)* das Ziel der Unabhängigkeitsbewegung. Unter Mitwirkung der griechisch-zypriotischen

Kirche und mit Unterstützung aus Griechenland entstand in den 50er Jahren die Unabhängigkeitsbewegung *Ethniki Organosis Kipriakou Agonos (EOKA)*, die mit militärischen Mitteln gegen die englische Herrschaft vorging. Ihr politischer Kopf wurde der griechische Erzbischof Makarios, militärischer Befehlshaber der Festlandsgrieche George Grivas. Als sich der Kampf um die Unabhängigkeit intensivierte und immer deutlicher wurde, daß die EOKA eine Vereinigung mit Griechenland als ihr eigentliches politisches Ziel betrachtete, gründete auch der türkische Teil der Bevölkerung eine paramilitärische Organisation: zunächst „*Volkan*", später *Türk Müdafaa Teskilate* (TMT) – Türkische Widerstandsbewegung – genannt. Der Idee, Zypern und Griechenland zu vereinen, setzte die TMT den Plan entgegen, die Insel zu teilen *(taksim)*.[2]

Nachdem in London über einen längeren Zeitraum hinweg Verhandlungen zwischen der Türkei, Griechenland, England und den beiden Bevölkerungsgruppen stattgefunden hatten, kam es schließlich Ende der 50er Jahre zur Einigung auf der Basis eines von Premierminister Harold Macmillan vorgelegten Plans: Am 16. August 1960 wurde Zypern unabhängig. Großbritannien, die Türkei und Griechenland kamen überein, gemeinsam die Unabhängigkeit der Insel und das friedliche Nebeneinander der ethnischen Gruppen zu garantieren. Erster Präsident des unabhängigen Zypern wurde Erzbischof Makarios; der türkische Verhandlungsführer in London, Fazil Küçük, wurde Vizepräsident. Aber schon kurze Zeit nach Erlangung der Unabhängigkeit kam es zu Spannungen zwischen den beiden Bevölkerungsgruppen: Am Weihnachtsabend 1963 brachen in Nikosia Unruhen aus, die sehr schnell auf das ganze Land übergriffen. Da sich in Zypern stationierte griechische und türkische Truppen mit den jeweiligen ihnen nahestehenden ethnischen Gruppen solidarisierten und es den englischen Streitkräften auf Zypern nicht gelang, die Situation zu meistern, übernahmen im März 1964 UN-Friedenstruppen (UNFICYP) die Aufgabe, die türkische und griechische Bevölkerung von gegeneinander gerichteten Feindseligkeiten abzuhalten. Pläne, eine neue, der Situation besser gerecht werdende Verfassung zu entwerfen, scheiterten. Nur die Präsenz der UN-Soldaten verhinderte den Ausbruch eines Bürgerkrieges.

Am 15. Juli 1974 putschte die zypriotische Nationalgarde, die im wesentlichen von griechischen Zyprioten gestellt wurde, gegen den Staatspräsidenten. Das neue Regime – unter der Führung von rechtsgerichteten Offizieren, die der seit April 1967 in Athen herrschenden Militärregierung nahestanden und erneut die Vereinigung mit Griechenland als politisches Ziel propagierten – ernannte Nikos Giorgiades Sampson zum Präsidenten und Bischof Gennadios zum Oberhaupt der zypriotischen Kirche. Die Türkei reagierte sofort: Unter der Berufung auf sein Recht, die türkische Bevölkerung zu schützen, ordnete der türkische Ministerpräsident Bülent Ecevit die Invasion des nördlichen Teils der Insel an, und in kurzer Zeit hatte die türkische Armee ca. 40% der Landfläche Zyperns unter ihre Kontrolle gebracht. Die griechische Militärregierung war durch die Unterstützung des Staatsstreichs und dessen Scheitern in eine tiefe Krise geraten und mußte am 23. Juli zurücktreten; dies und die militärische Überlegenheit der türkischen Armee verhinderten ein Eingreifen Griechenlands.[3] Bischof Makarios, der ins Ausland geflohen war, kehrte nach Zypern zurück und bot der türkischen Bevölkerungsgruppe einen eingeschränkten Autonomiestatus an, machte aber deutlich, daß er jede Lösung zurückweisen werde, die zu einer Umsiedelung der Bevölkerung oder zu einer Teilung Zyperns führen würde. Gespräche zwischen Rauf Denktasch, dem Vertreter der türkisch-zypriotischen Bevölkerung, und Bischof Makarios zwischen 1975 und 1977 führten zu keiner Lösung; obwohl die Teilung der Insel völkerrechtlich nicht anerkannt wurde, errichtete die Türkei im Norden einen *de facto* von Zypern unabhängigen Staat.

Nach dem Tod von Makarios im August 1977 wurde Spyros Kyprianou im Januar 1978 zum Präsidenten gewählt. Wenige Monate nach dessen Wiederwahl erklärte der türkisch besetzte Teil Zyperns am 15. November 1983 als „Türkische Republik Nordzypern" seine Unabhängigkeit. Rauf Denktasch wurde der erste Regierungschef des neuen Staates, der außer von der Türkei von keinem anderen Land anerkannt wurde.

Bis Mitte der 80er Jahre legten sowohl Rauf Denktasch als auch Präsident Kyprianou wiederholt Vorschläge zur Lösung des Zypern-Konflikts vor. Durch Vermittlung der UN fanden zuletzt im Januar 1985 Gespräche zwischen Denktasch und Kyprianou statt, die jedoch – wie alle vorangegangenen Verhandlungen – ergebnislos verliefen.

Die Flüchtlingssituation

Die türkische Invasion von 1974 teilte den Siedlungsraum der Bevölkerung Zyperns in zwei vollständig voneinander getrennte Gebiete: den türkisch beherrschten Norden und den griechisch-zypriotisch bestimmten Süden. Die Flüchtlingssituation stellt sich heute für die beiden ethnischen Gruppen unterschiedlich dar: Die ca. 40 000 türkischen Zyprioten, die aus ihren südlich gelegenen Siedlungsgebieten 1974 in den türkisch besetzten Norden flohen, sehen ihre Flucht aus dem Süden als irreversibel an: Die Politik des *taksim* sieht keine Rückkehr der türkischen Bevölkerung in den Süden vor. Konsequenterweise betreibt die türkische Regierung im Norden eine Politik der De-Hellenisierung – z. B. durch die Umbenennung von Ortschaften – und versucht, die aus dem Süden geflohenen türkischen Zyprioten auf Dauer im Norden anzusiedeln. In allen bisherigen Verhandlungen lehnten es daher die Türkei und die Vertreter der türkischen Zyprioten ab, von „Flüchtlingen" oder von einer „Flüchtlingsfrage" im Hinblick auf Zypern zu sprechen.

Die griechischen Zyprioten sehen diese Situation aus anderer Perspektive: Fast 40% der griechischen Bevölkerung (200 000 Menschen) mußten in den unbesetzten Teil der Insel fliehen, mehr als 49 000 Ansiedlungen, kleine Dörfer und Städte mußten aufgegeben werden.[5] Da die griechischen Zyprioten daran festhalten, daß die türkische Besetzung und die Unabhängigkeit Nordzyperns widerrechtlich ist, sehen sie die Rückführung der 200 000 Flüchtlinge als politisches Ziel an. Zunächst wurden die Flüchtlinge daher nur in provisorischen Unterkünften einquartiert.[6] Als sich jedoch herausstellte, daß die türkische Besetzung des Nordens und damit die Teilung des Landes anhalten würde, entwickelte die griechisch-zypriotische Regierung ein ehrgeiziges Wohnungsbau- und Ansiedlungsprogramm. Modell für dieses Konzept waren die britischen *„new town neighbourhoods"*, mit denen die englischen Nachkriegsregierungen der Wohnungsnot Herr werden wollten. Bis 1986 wurden nahezu 12000 solcher Wohneinheiten gebaut; 1985 waren auf diese Art 40000 Familien mit Wohnraum versorgt – zusätzlich zu den ca. 7000 Familien, die in von Türken aufgegebene Wohnungen eingewiesen wurden. Dieses Wohnungsbauprogramm war Bestandteil eines weitgefaßten zypriotischen Plans *(Emergency Action Plan)*, die Wirtschaft, die durch die Invasion und den Verlust von 40% des Territoriums schwer geschädigt war, wiederaufzubauen und gleichzeitig die Flüchtlinge in das soziale und wirtschaftliche Leben des Südens einzugliedern.[7] Bis 1986 wurde zumindest der wirtschaftliche Teil dieses Plans erfüllt. 1986 war das Bruttosozialprodukt (3,7 Milliarden US-$) des griechischen Südens der Insel größer als das des gesamten Landes 1974. Der Großteil der Flüchtlinge wurde bis 1987 in den Arbeitsprozeß eingegliedert.

Die politische Integration der Flüchtlinge in die südzypriotische Gesellschaft wurde nicht mit der gleichen Vehemenz vorgenommen wie die ökonomische Assimilierung: Als „Flüchtlinge", die ein Recht auf Rückkehr in ihre Heimat haben, sind die in den griechischen Teil der Insel geflohenen griechischen Zyprioten ein wichtiges politisches Faustpfand – sie sind Ausdruck der zypriotischen Entschlossenheit, die Teilung der Insel nicht zu akzeptieren.

Dietmar Herz

Anmerkungen

1 Vgl. allg. hierzu Orr (1972).
2 Salih (1978), S. 11f.
3 Salih (1978), S. 88ff.; vgl. auch Crawshaw, N., Cyprus: The Political Background, in: Koumoulides (1986), S. 9ff.
4 Crawshaw, a. a. O., S. 15f.
5 Zetter, R., Rehousing the Greek-Cypriot Refugees from 1974. Dependency, Assimilation, Politicisation, in: Koumoulides (1986), S. 107.
6 Zu den unmittelbaren Konsequenzen der Invasion und der dadurch

entstehenden Flüchtlingssituation vgl. Subcommittee to Investigate Problems Connected with Refugees and Escapees for the Committee on the Judiciary of the United States Senate (1974), S. 18 ff.

7 Zetter, a. a. O., S. 108 f.

Literatur

Joseph, J. S., *Cyprus. Ethnic Conflict and International Concern*, New York/Berne/Frankfurt a.M. 1985.

Koumoulides, J. T. A. (Hrsg.), *Cyprus in Transition 1960–1985*, London 1986.

Orr, C. W. J., *Cyprus under British Rule*, London 1972.

Patrick, R. A., *Political Geography and the Cyprus Conflict: 1963–1971*, Walterloo 1976.

Polyviou, P. G., *Cyprus. Conflict and Negotiation 1960–1980*, London 1980.

Salih, H. I., *Cyprus. The Impact of Divers Nationalism on a State*, University of Alabama 1978.

Stavrinides, Z., *The Cyprus Conflict. National Identity and Statehood*, o. O. 1975.

Subcommittee to Investigate Problems Connected with Refugees and Escapees for the Committee on the Judiciary of the United States Senate, *Crisis on Cyprus*, Washington, D.C., 1974.

V. Osteuropa

Zur Genese der sozialistischen Staaten in Osteuropa

Die Oktoberrevolution 1917 löste nicht nur einen jahrelangen
Bürgerkrieg, sondern auch eine erste große Fluchtwelle in
Osteuropa aus. Vermutlich flüchteten in den Jahren 1917 bis
1922 ca. 900 000 Russen, oft auf dem Umweg über die Türkei,
nach Mittel- und Westeuropa; im gleichen Zeitraum sind etwa
1,1 Mio. Polen, Letten, Esten und Wolhynien-Deutsche nach
Polen und in die ebenfalls neugegründeten baltischen Staaten
übergesiedelt. Zu größeren Flüchtlingsströmen kam es dann
während und im Gefolge des 2. Weltkriegs, wobei der Übergang
zu regelrechten Vertreibungen oft fließend gewesen ist.

Nachdem auf den Konferenzen von Teheran und Jalta der
sowjetische Einflußbereich in Europa festgeschrieben worden
war, legte Stalin in den Jahren 1944 bis 1947 in den einzelnen
Ländern Osteuropas die Grundlagen für die spätere konsequen-
te Sowjetisierung dieser Länder. In dieser Übergangsperiode
wurde auf nationale Besonderheiten, sofern sie nicht Grund-
interessen der kommunistischen Herrschaft berührten, noch
weitgehend Rücksicht genommen. Durchgeführt wurden aber
in jedem Falle die Verstaatlichung der Schwerindustrie und des
Bankenwesens sowie eine umfassende Agrarreform.

Da sich J. B. Tito, der Führer der jugoslawischen Kommunisten, der mit seinen Partisanen den entscheidenden Beitrag zur
Befreiung des Landes von der deutschen und italienischen
Besatzung geleistet hatte, der Bevormundung durch Stalin und
der Kominform widersetzte, kam es 1947 zum Bruch zwischen
Moskau und Belgrad. Jugoslawien ging in der Folgezeit seinen
eigenen Weg des Sozialismus, hat sich freilich nach 1956 auf
wirtschaftlichem Gebiet zunehmend stärker an die Wirtschafts-
organisation der osteuropäischen Staaten (RGW) angelehnt. Seit
1961 hat sich dann Albanien vom übrigen Ostblock isoliert.

Merkmale der konsequenten Sowjetisierung der einzelnen osteuropäischen Länder waren das unbedingte Herrschaftsmonopol der Kommunistischen Partei, eine durchgehende Zentralverwaltungswirtschaft, eine weitgehende Kollektivierung der Landwirtschaft, mit Ausnahme Polens, und der Versuch, die gesamte Gesellschaft total verfügbar zu machen. Mit den Instrumenten der Planwirtschaft und einer rigorosen Investitionspolitik wurde zunächst eine forcierte Industrialisierung der einzelnen Länder, bald darauf die sozialistische Arbeitsteilung zwischen den einzelnen Ländern vorangetrieben.

Der Phase des „Kalten Krieges" zwischen den beiden Machtblöcken folgte ab Ende der 60er Jahre zunehmend „Entspannung". Diese von beiden Seiten betriebene Politik führte zu verschiedenen Vereinbarungen auf dem Gebiet der Abrüstung und zur „Konferenz für Sicherheit und Zusammenarbeit in Europa" in Helsinki (August 1975). Letztere trug wesentlich zur endgültigen Anerkennung der Nachkriegsgrenzen und -ordnungen in Mittel- und Osteuropa bei.

Bestandteil der KSZE-Schlußakte ist ein „Korb 3" über „humanitäre Fragen", die auch Konventionen der Vereinten Nationen über Menschenrechte einschließen. Während Versuche einzelner Bürger in verschiedenen osteuropäischen Staaten, die Einhaltungen dieser Vereinbarungen in ihrem jeweiligen Land zu kontrollieren bzw. Verletzungen zu dokumentieren, von den Sicherheits- und Rechtsorganen verfolgt werden, bemühen sich die Regierungen dieser Länder, auf den Folgekonferenzen der KSZE-Konferenz bzw. in ihren Berichten an einzelne VN-Kommissionen ein Bild von den Verhältnissen in ihren Ländern zu vermitteln, das für den Westen akzeptabel ist.[1] Ob die neue Politik der „Perestroika" durch M. Gorbatschow, der im März 1985 zum Generalsekretär des ZK der KPdSU bestellt worden ist, zu positiven Veränderungen auch auf dem Gebiet der Menschenrechte führen wird, bleibt abzuwarten. Obwohl bis zum gegenwärtigen Zeitpunkt (Anfang 1988) keine eindeutigen entsprechenden Entwicklungen in der UdSSR nachweisbar sind, gehen große Teile der westlichen Öffentlichkeit von einer Stärkung der Rechte des einzelnen Sowjetbürgers und von einer zunehmenden Autonomie der Gesellschaft aus. Die vielen Erklärungen von Gorbatschow sowie von anderen Führern der UdSSR, die die führende Rolle der KPdSU auf allen Gebieten der gesellschaftlichen und wirtschaftlichen Entwicklung betonen und die an der Überzeugung dieser Politiker von der Überlegenheit und vom endgültigen Sieg des Sozialismus in der Zukunft keinen Zweifel lassen, werden offenkundig unterbewertet.

Die Lebensverhältnisse in den sozialistischen Staaten Osteuropas

Die Führungen der osteuropäischen Länder legitimieren den Machtanspruch der Kommunistischen Parteien unter anderem damit, daß den Bürgern umfassende soziale und ökonomische Rechte gewährleistet werden und daß sich der Lebensstandard der Bevölkerung kontinuierlich verbessert. Das jahrzehntelang behauptete Postulat krisenfreier Entwicklung der sozialistisch geleiteten Gesellschaft wurde erst Anfang der 80er Jahre aufgegeben, beibehalten wird allerdings der Anspruch auf prinzipielle Überlegenheit bei der Vorbeugung und Überwindung von Krisen.[2] Die erwähnten sozialen und ökonomischen Rechte können allerdings nur im realen Kontext der Lebensverhältnisse in den osteuropäischen Ländern sinnvoll analysiert werden. Der Bürger muß Wohlverhalten zeigen und sich an die Bedingungen in seinem „Kollektiv" anpassen. Erhebliche Einschränkungen bestehen in allen Ländern auf dem Gebiet der Menschen- und Bürgerrechte, besonders in Fragen der Rede-, Versammlungs-, Post- und Publikations- sowie der Reisefreiheit; es gibt kein Recht auf den Zusammenschluß in einer autonomen Organisation. Daß in manchen Ländern in bestimmten Phasen Entwicklungen in diesen Bereichen toleriert werden, ist kein Gegenbeweis.[3] Da es keinen Rechtsanspruch gibt bzw. kein unabhängiges Gericht, bei dem Klage wegen Verletzung dieser Grundrechte Erfolg haben würde, können derartige „Liberalisierungstendenzen" von einem auf den anderen Tag rückgängig gemacht werden.

Da für die Ideologie jeder marxistisch-leninistischen Partei der Atheismus ein wesentliches Element ist, ergibt sich ein prinzipieller Gegensatz zwischen Herrschaftssystem und Glaubensgemeinschaften. Selbst wenn in einzelnen Ländern bzw. zu bestimmten Zeiten eine Tolerierung aller oder einiger ausgewählter Glaubensgemeinschaften erfolgt, so ändert sich dadurch die prinzipielle Benachteiligung des gläubigen Bevölkerungsteils nicht.

Zu den Lebensverhältnissen in den osteuropäischen Ländern gehört nach wie vor die Militarisierung verschiedener Teilbereiche, etwa die vormilitärische Ausbildung in den Schulen, die große Anzahl paramilitärischer Organisationen für Jugendliche und Betriebsangehörige, die Wehrpflicht in allen Ländern sowie die Systeme des Katastrophenschutzes und des Reservistendienstes. Lediglich in Polen gibt es seit Anfang 1987 Ansätze zu einem Ersatzdienstrecht.

Auswanderung und Freizügigkeit

Die Regierungen aller osteuropäischen Staaten beanspruchen für sich das Recht, über Auslandsreisen und Ausreisen ihrer Bürger uneingeschränkt zu bestimmen. Ein illegales Überschreiten der Grenzen ist fast immer mit einem ganz erheblichen Risiko verbunden. Als symptomatisch kann in diesem Zusammenhang die durch das „Grenzgesetz der UdSSR" (November 1982) geregelte Einrichtung einer „Grenzzone" und eines „Grenzgürtels" gelten. Hatten solche drakonischen Grenzsicherungsmaßnahmen zunächst das Ziel, jedes Land für sich hermetisch abzuschotten, so wurde seit den 60er und vor allem seit den 70er Jahren ein größerer Reiseverkehr zwischen den meisten osteuropäischen Ländern zugelassen. Seit 1986 gibt es sogar einen „kleinen Grenzverkehr" zwischen der UdSSR auf der einen und den vier Anliegerstaaten (Polen, ČSSR, Rumänien, Ungarn) auf der anderen Seite.

Die Reisemöglichkeiten in westliche Länder blieben dagegen außerordentlich beschränkt; lediglich für Polen und Ungarn läßt sich seit den 70er und für die ČSSR seit Beginn der 80er Jahre eine gewisse Liberalisierung konstatieren. Polen hatte Mitte der 70er Jahre sogar mit Schweden und Österreich Vereinbarungen über den visafreien Verkehr getroffen; als die Flüchtlingslager in beiden Ländern Ende 1981 aus allen Nähten platzten, sahen sich die Regierungen dieser Länder zur Kündigung dieser Vereinbarungen veranlaßt. 1986 besuchten über 400 000 Polen allein die Bundesrepublik Deutschland. Kennzeichnend für die gegenwärtige Situation ist weiter, daß 1985 in Ungarn lediglich 0,9 Prozent der Auslandspaßanträge abgelehnt worden sind, während dieser Prozentsatz in der ČSSR bei 58 Prozent lag.

Aus den obigen Ausführungen dürfte deutlich geworden sein, daß längst nicht jeder Bürger eines osteuropäischen Staates, der den einen oder anderen Verfolgungsgrund für sich geltend machen könnte, eine Möglichkeit zur Ausreise erhält. Sogenannte „Nachfluchtgründe" liegen vor, wenn eine Verurteilung des Bürgers eines osteuropäischen Landes nach etwaiger Rückkehr in sein Heimatland wegen „Republikflucht" oder wegen seines Verhaltens im Ausland zu befürchten ist. Der Terminus „Republikflucht" ist dem juristischen Vokabular der DDR entliehen; von der Sache her kennen aber alle osteuropäischen Staaten diesen Straftatbestand.

Lediglich in Ungarn und Polen läßt sich für die letzten Jahre feststellen, daß nur noch bestimmte Personengruppen wegen „Republikflucht" strafrechtlich belangt werden, wobei meist andere Faktoren hinzukommen. Der in Ungarn seit dem 1. 7. 1979 gültige § 217 des StGB scheint immer seltener zur Bestrafung von „Republikflüchtigen" angewendet zu werden. Die meisten Polen können seit dem 16. 8. 1985 davon ausgehen, daß die Tatsache der Republikflucht allein bzw. illegaler Verbleib im Ausland nicht mehr strafrechtlich geahndet werden.

Hat ein Flüchtling einen Asylantrag gestellt, so liegt damit in den meisten Ländern ein weiterer Straftatbestand vor. Dies hängt einmal damit zusammen, daß in vielen Aufnahmelagern eine Befragung durch westliche Geheimdienste erfolgt und insofern die Weitergabe von Informationen unterstellt wird. Zum anderen wird der Antrag auf Gewährung von Asyl als solcher als „Verleumdung des Vaterlandes" qualifiziert, wie es im rumänischen StGB heißt. Für bestimmte Personengruppen wird bei einem längeren oder gänzlichen Verbleiben im Ausland ein recht verschwommener „Schaden für das Heimatland" unterstellt, der ebenfalls strafrechtlich zu ahnden ist.

Die genaue Anzahl aller Flüchtlinge aus den osteuropäischen Staaten läßt sich nicht ermitteln, da nicht alle die von dem UNHCR beaufsichtigten Aufnahmelager durchliefen. Dort werden nur diejenigen erfaßt, die einen Antrag auf Anerkennung als Flüchtling (gemäß der Konvention von 1951) stellen. Zudem gibt es auch keine internationale Statistik über die Anzahl der Flüchtlinge, die nach einigen Jahren in ihr Heimatland zurückkehren. Zwar gibt es gegenwärtig größere Aufnahmelager in Österreich, in der Bundesrepublik Deutschland, in Schweden und Jugoslawien, doch kommen viele Flüchtlinge über andere Länder, so daß eine Gesamtschätzung nur durch den UNHCR erfolgen kann. Da seit 1953 allein in der Bundesrepublik Deutschland bis Ausgang der 70er Jahre durchschnittlich 3000 Menschen jährlich aus Osteuropa (ohne DDR und Aussiedler) einen Asylantrag gestellt haben und es in Österreich mindestens ebenso viele gewesen sein dürften, erhält man eine ungefähre Vorstellung von der Konstanz und der Dimension dieses Flüchtlingsstroms. Außerdem gab es freilich drei Höhepunkte, die auf Krisensituationen in einzelnen osteuropäischen Staaten zurückgehen:

– Nach dem Einmarsch der sowjetischen Streitkräfte in Ungarn (November 1956) verließen etwa 200000 Menschen das Land, davon kamen 180000 nach Österreich und 18000 nach Jugoslawien. Mitte 1958 konnte der UNHCR mitteilen, daß 170000 Ungarn in 30 Ländern aufgenommen worden waren.

– Nach dem Einmarsch der Truppen des Warschauer Paktes in die ČSSR (August 1968), wodurch der „Prager Frühling" beendet wurde, sind etwa 100000 Menschen ins Ausland geflüchtet.

– 1980/81 sind etwa 50000 Polen geflüchtet, da sie eine gewalttätige Beendigung der Pattsituation in Polen befürchteten.

Zur Einschätzung der Lage in den osteuropäischen Ländern sei zusammenfassend nochmals darauf hingewiesen, daß in allen Ländern Angehörige bestimmter Gruppen stark benachteiligt oder auch regelrecht verfolgt werden – dies gilt für viele religiöse Gruppen, für Wehrdienstverweigerer, für Menschenrechtsgruppen sowie für Systemgegner, zumal wenn sie mit Emigranten-organisationen im Ausland zusammenarbeiten (dies trifft insbesondere für Polen, Jugoslawien und die Sowjetunion zu). Eine besondere Gruppe sind Deutsche und deutschstämmige Bewohner in einigen Ländern, die insbesondere seit den 70er Jahren gewisse Chancen haben, durch bilaterale Vereinbarungen in die BR Deutschland übersiedeln zu können (Sowjetunion, Rumänien, Ungarn, Polen).

Weitere „Problemgruppen" in einzelnen Ländern sind:
– in der UdSSR knapp zwei Millionen Juden und andere ethnische Gruppen, deren Angehörige sich benachteiligt fühlen (vor allem die Balten und Krimtataren); bislang konnten etwa 300000 Juden das Land verlassen;[4]
– in Rumänien etwa zwei Millionen Ungarn und eine nicht genau bekannte Anzahl von Roma-Zigeunern;
– in Jugoslawien etwa 1,7 Mio. Albaner und eine kleinere Gruppe von Roma-Zigeunern;
– in Bulgarien etwa 0,8 Mio. Türken;
– in der ČSSR 0,6 Mio. Ungarn.

Die Aufnahme der Ostblock-Flüchtlinge
(am Beispiel der BR Deutschland)

Seit Beginn der 80er Jahre erscheint die Bundesrepublik Deutschland zunehmend als das westeuropäische Land, in dem besonders viele Flüchtlinge Asyl suchen, während für „klassische" Aufnahmeländer wie Frankreich und Österreich gleichbleibende oder abnehmende Jahresquoten festzustellen sind.[5] Anfang 1986 gab es nach offiziellen Angaben 605000 Flüchtlinge in der BR Deutschland, die zum größeren Teil aus Osteuropa stammten. Dabei handelte es sich insbesondere um: 59000 Asylberechtigte und 118000 Familienangehörige, außerdem um 220000 De-Facto-Flüchtlinge. Ein halbes Jahr später bezifferte der Bundesjustizminister die Gesamtzahl der De-Facto-Flüchtlinge auf 270000. Davon waren 170000 Osteuropäer, wobei 100000 Polen den bei weitem größten Anteil stellten.[6]

Bernd Knabe

1 Geistlinger, M., Die Ahndung der „Republikflucht" entsprechend dem Recht der sozialistischen Staaten Osteuropas als Flüchtlingsanerkennungsgrund, in: *Recht in Ost und West* 4 (1987), S. 228.

2 Dahm, H., *Sozialistische Krisentheorie*, München 1987, passim.

3 Eine knappe und überzeugende Darstellung des sowjetischen Verständnisses der Menschenrechte bei Luchterhandt, O., UN-Menschenrechtskonventionen und Sowjetrecht, in: *Sowjetunion* 1978/79, S. 68–77.

4 Heitman, S., The Third Soviet Emigration: Jewish, German and Armenian Emigration from the USSR since World War II., Berichte des Bundesinstituts für ostwissenschaftliche und internationale Studien, Nr. 21/1987.

5 Frowein, J. Abr., Asylrecht aus rechtsvergleichender Sicht, in: *AZuP* B 26/27. 6. 1987, S. 22.

6 Ebda., S. 20; Die Zeit vom 29. 8. 1986.

Literatur

Bueren, I./Wolken, S., *Rechtsprechungsübersicht zur Anerkennungspraxis der Verwaltungsgerichtsbarkeit mit Hinweisen auf die Spruchpraxis des Bundesamtes für die Anerkennung ausländischer Flüchtlinge*, Schriftenreihe der Zentralen Dokumentationsstelle der Freien Wohlfahrtspflege für Flüchtlinge e. V. (ZDWF), Nr. 19 (1987). (Von der ZDWF sind auch für die Jahre zuvor entsprechende Übersichten erstellt worden.)

Eastern European National Minorities. 1919–1980 (Ed. S. M. Horak et al.), Littleton, CO, 1985.

Fischer Littleton, CO, 1985 Länderkunde Europa (hrsg. von W. Sperling und A. Karger), Frankfurt/M. 1978. (Auf S. 490 f. finden sich Literaturhinweise für Ostmittel- und Südosteuropa.)

Fischer Weltalmanach 1988 (hrsg. von H. Haefs), Frankfurt/M. 1987.

Gruber, A., Österreich – Durchgangsstation für Flüchtlinge aus Osteuropa, in: *Osteuropa* 11/12 (1984), S. 955–958.

Hartl, H., *Nationalitätenprobleme im heutigen Südosteuropa*, München 1973.

Rupp, L., Die Republikflucht nach ungarischem Recht und das deutsche Asylrecht, in: *WGO – Monatshefte für Osteuropäisches Recht* 3 (1980), S. 153ff.

Schmied, E., Die Rechtsstellung der emigrierten und ausgebürgerten tschechoslowakischen Staatsbürger, in: *WGO – Monatshefte für Osteuropäisches Recht* (1977), S. 351ff.

Die Weltflüchtlingsproblematik und ihre Auswirkungen in der Bundesrepublik Deutschland, Heft 1 – Grundlegende Informationen, Schriftenreihe der ZDWF, Nr. 22 (1987).

Anhang

Weltflüchtlingsstatistik

Afrika

Land / Herkunft		Gesamt
Ägypten		*1080*
Verschiedene	1080	
Äthiopien		*220000*
Sudan	205000	
Somalia	15000	
Algerien		*167000* *
Westsahara	165000 *	
Sonstige	2000	
Angola		*92000*
Namibia	70000	
Zaire	13000	
Südafrika	9000	
Benin		*3700*
Tschad	3700	
Botswana		*5200*
Zimbabwe	4000	
Südafrika	700	
Sonstige	500	
Burkina Faso		*180*
Verschiedene	180	
Kongo		*1200*
Tschad	700	
Zaire	400	
Kamerun	100	
Lesotho		*2000*
Südafrika	2000	
Liberia		*110*
Sonstige	110	
Malawi		*420000*
Mosambik	420000	
Marokko		*800*
Verschiedene	800	
Mosambik		*500*
Südafrika	200	
Lateinamerika	200	
Sonstige	100	
Nigeria		*4800*
Tschad	4000	
Südafrika	400	
Namibia	100	
Sonstige	300	
Ruanda		*19000*
Burundi	19000	

Burundi		76 000*
Ruanda	65 800*	
Zaire	9 600	
Uganda	400	
Sonstige	200	
Djibuti		13 500
Äthiopien	13 500	
Elfenbeinküste		600
Indochina	300	
Ghana	100	
Sonstige	200	
Gabun		100
Verschiedene	100	
Ghana		140
Tschad	120	
Sonstige	20	
Kamerun		7 300
Tschad	7 000	
Namibia	100	
Sonstige	200	
Kenia		9 000
Uganda	4 500	
Ruanda	1 900	
Äthiopien	1 800	
Sonstige	800	
Senegal		5 600
Guinea-Bissau	5 400	
Sonstige	200	
Sierra Leone		200
Namibia	160	
Sonstige	40	
Somalia		430 000*
Äthiopien	430 000*	
Südafrika		180 000*
Mosambik	180 000*	
Sudan		817 000
Äthiopien	677 000	
Uganda	90 000	
Tschad	45 000	
Zaire	5 000	
Swasiland		67 000*
Mosambik	60 000*	
Südafrika	7 000	
Tansania		266 000
Burundi	160 000	
Mosambik	72 000	
Zaire	16 000	
Südafrika	6 000	
Sonstige	12 000	

Land/Gebiet		
Togo		*1 700*
Ghana		12 000
Sonstige		500
Tunesien		*200*
Verschiedene		200
Uganda		*120 000*
Ruanda		118 000
Zaire		1 400 *
Sudan		1 000
Zaire		*338 000*
Angola		310 000
Ruanda		11 000
Burundi		10 000
Uganda		2 000
Sonstige		5 000
Zambia		*149 000*
Angola		94 000
Mosambik		35 000
Zaire		9 500
Namibia		7 500
Südafrika		3 000
Sonstige		2 500
Zentralafrikan. Republik		*5 100*
Tschad		5 000
Sonstige		100

Land/Gebiet		
Macao		*550*
Vietnam		550
Malaysia		*98 220*
Philippinen		90 000
Vietnam		3 890
Papua-Neuguinea		*9 500*
Indonesien		9 500
Philippinen		*11 950*
Vietnam		8 800
Laos		2 920
Kambodscha		230
Singapur		*200*
Vietnam		200
Thailand		*404 500*
Kambodscha		293 210
Laos		75 580
Burma		20 000
Vietnam		15 710
Vietnam		*21 000*
Kambodscha		21 000
Ostasien und Pazifik insgesamt		*560 000*

Zimbabwe
Mosambik 150000
Südafrika 500 — 150500

Afrika insgesamt — 3574910

Land		Gesamt
Gazastreifen		447850
Palästina	447850	
Indien		281700
Sri Lanka	125000	
China (Tibet)	100000	
Bangladesch	50000	
Afghanistan	5600	
Iran	1100	
Iran		2600000
Afghanistan	2200000	
Irak	400000	
Irak		75000
Iran	75000	
Jemen, Arabische Republik (Nordjemen)		61200
Jemen, Demokratische Volksrepublik (Südjemen)	61200	
Jordanien		852750
Palästina	852750	
Kuwait		15000
Afghanistan	4000	
Sonstige	11000	

Ostasien und Pazifik

Land		Gesamt
Burma		1800
China	800	
Bangladesh	1000	
China		100*
Vietnam	100*	
Hongkong		9280
Vietnam	9280	
Indonesien		2490
Vietnam	2490	
Japan		590
Vietnam	590	
Korea		80
Vietnam	80	

Lateinamerika und Karibik

Argentinien		
Chile	5 500	
Südostasien	1 000	
Lateinamerika	300	6 800
Belize		
El Salvador	3 800	
Guatemala	500	4 300
Bolivien		
Guatemala	120	
Chile	100	220
Brasilien		
Europa	270	
Sonstige	180	450
Chile		
Europa	450	450
Costa Rica		
Nicaragua	23 000	
El Salvador	6 200	
Kuba	2 500	
Sonstige	300	32 000
Dominikanische Republik		
Haiti	6 000	6 000 *

Libanon		
Palästina	281 520	
Sonstige	5 900	287 420
Pakistan		
Afghanistan	3 541 400	
Iran	4 000	3 545 400
Syrien		
Palästina	259 850	259 850
Westbank		
Palästina	375 830	375 830
Mittlerer Osten und Südasien insgesamt		8 802 000

Europa

Dänemark		
Verschiedene	15 000	15 000
Griechenland		
Asien	1 200	
Europa	500	
Afrika	600	
Sonstige	1 000	3 300

Italien		*13 000*
Polen	12 300	
Verschiedene	700	
Jugoslawien		*1 400*
Verschiedene	1 400	
Österreich		*18 500*
Verschiedene	18 500	
Portugal		*800*
Verschiedene	800	
Schweden		*7 000*
Verschiedene	7 000	
Spanien		*10 200*
Lateinamerika	3 900	
Asien	3 900	
Afrika	1 800	
Europa	600	
Europa insgesamt		*69 200*

Ecuador		*800*
Chile	480	
Sonstige	320	
El Salvador		*200*
Verschiedene	200	
Franz. Guayana		*8 000*
Surinam	8 000	
Guatemala		*400*
Nicaragua	300	
El Salvador	100	
Honduras		*52 500*
Nicaragua	32 000	
El Salvador	20 000	
Guatemala	500	
Kolumbien		*410*
Europa	200	
Sonstige	210	
Kuba		*2 000*
Haiti	2 000	
Mexiko		*165 000 **
El Salvador	120 000 *	
Guatemala	45 000	

Nicaragua		*8 200*
El Salvador	7800	
Guatemala	400	
Panama		*1 000*
El Salvador	800	
Sonstige	200	
Peru		*700*
Verschiedene	700	
Uruguay		*160*
Verschiedene	160	
Venezuela		*500*
Karibik	400	
Sonstige	100	
Lateinamerika/Karibik insgesamt		*290 090*
GESAMTSUMME		*13 296 460*

* Die Zahlenangaben unterschiedlicher Quellen weichen erheblich voneinander ab. Aufnahmeländer sind kursiv, Herkunftsländer normal gesetzt.

Quelle: World Refugee Survey, hrsg. vom U. S. Committee for Refugees, Washington D.C., 1987.

Die Autoren

Markus Aicher, geb. 1963, Studium der Politikwissenschaft, Soziologie und des Rechts für Sozialwissenschaftler an der Ludwig-Maximilians-Universität München.

Frank-Martin Binder, geb. 1964, Studium der Politikwissenschaft, Volkswirtschaft und Statistik an der Ludwig-Maximilians-Universität München, Mitarbeit an einem Forschungsprojekt „Die Determinanten des iranisch-irakischen Krieges".

Barbara Bode, geb. 1958, Studium der Politikwissenschaft, Soziologie und Volkswirtschaft an der Ludwig-Maximilians-Universität München.

Werner Brecht, geb. 1957, Studium der Politikwissenschaft, Geschichte und des Öffentlichen Rechts an den Universitäten Konstanz und München; 1985 M. A., Lehrbeauftragter am Geschwister-Scholl-Institut für Politische Wissenschaft der Universität München.

Mir A. Ferdowsi, Dr. phil., Dipl. sc. pol., geb. 1946 in Iran, wissenschaftlicher Mitarbeiter an der Forschungsstelle Dritte Welt am Geschwister-Scholl-Institut für Politische Wissenschaft der Universität München. Veröffentlichungen u. a.: zus. m. Peter J. Opitz (Hrsg.), Macht und Ohnmacht der Vereinten Nationen: Zur Rolle der Weltorganisation in Drittwelt-Konflikten, München u. a. 1987.

Willibald Gietl, Dr. phil., geb. 1956, Studium der Politikwissenschaft, Amerikanischen Kulturgeschichte und Kommunikationswissenschaften an der Universität München und in Berkeley/USA. Verschiedene Forschungsaufenthalte in Zentralamerika. Z. Z. freier Mitarbeiter der Lateinamerika-Abteilung der Stiftung Wissenschaft und Politik.

Gerhard Grohs, Prof. Dr., geb. 1929, Studium der Rechtswissenschaften und Soziologie an den Universitäten Münster, Heidelberg, Berlin, Paris, Pisa; seit 1975 Professor an der Universität Mainz/Inst. für Ethnologie und Afrika-Studien; 1984/85 Theodor-Heuss-Professor an der Graduate Faculty der New School for Social Research/New York. Veröffentlichungen u. a.: zus. mit B. Tibi (Hrsg.), Zur Soziologie der Dekolonisation in Afrika, 1973; zus. mit G. Czernik, State and the Church in Angola, 1983.

Uwe Hallbach, Dr. phil., geb. 1949, Studium der Slawistik, osteuropäischen Geschichte und allgemeinen Geschichte an der Universität Köln; 1977 Staatsexamen; bis 1986 wissenschaftlicher Mitarbeiter am Seminar für osteuropäische Geschichte der Universität Köln; seit 1986 wissenschaftlicher Angestellter am Bundesinstitut für ostwissenschaftliche und internationale Studien Köln. Veröffentlichungen u. a.: Perestrojka und Nationalitätenproblematik. Der Schock von Alma-Ata. Berichte des BIOst Nr. 38, 1987.

Jürgen Heideking, Dr. phil. habil., geb. 1947, Studium der Geschichte und Germanistik an der Universität Tübingen, 1977–88 wissenschaftlicher Angestellter und Hochschulassistent am Seminar für Zeitgeschichte der Universität Tübingen, seit April 1988 wissenschaftlicher Mitarbeiter am Deutschen Historischen Institut in Washington, D. C. Veröffentlichungen u. a.: Die Verfassung vor dem Richterstuhl. Vorgeschichte und Ratifizierung der amerikanischen Verfassung, 1787–1791, Berlin/New York 1988.

Dietmar Herz, geb. 1958, Studium der Rechtswissenschaft, Politikwissenschaft, Geschichte und Philosophie an der Universität München und der London School of Economics; 1985 Diplôme de Droit Comparé, Straßburg; 1986 M. A.; derzeit McCloy Scholar an der Harvard University. Veröffentlichung: Frieden durch Handel, 1986/87.

Ernst Hillebrand, geb. 1959, Studium der Politikwissenschaft, Ethnologie und Kommunikationswissenschaften an der Universität München; 1986 M. A.; derzeit Lehrbeauftragter am Geschwister-Scholl-Institut für Politische Wissenschaft der Universität München. Veröffentlichung: Das Afrika-Engagement der DDR, Frankfurt/M. 1987.

Bernd Knabe, Dr. phil., geb. 1943, Studium der Geschichte, Slawistik und Geographie in Bonn und Berlin; seit 1974 am Bundesinstitut für ostwissenschaftliche und internationale Studien in Köln als Referent für Innenpolitik der UdSSR. Veröffentlichungen u. a.: Bevölkerungsentwicklung und Binnenwanderungen in der UdSSR, Berlin 1978. Die gesellschaftliche Entwicklung in der UdSSR, in: Weltmacht Sowjetunion, Köln 1987.

Peter Körner, Dr. phil., Mitarbeiter am Institut für Politische Wissenschaft der Universität Hamburg; Veröffentlichungen u. a.: Südafrika zwischen Isolation und Kooperation, Hamburg 1981. Zaire. Verschuldungskrise und IWF. Intervention in eine afrikanische Kleptokratie, 1988.

Winrich Kühne, Dr. jur., geb. 1944, Studium der Rechtswissenschaften an der Universität München und der Politischen Wissenschaft an der Universität National Autonoma de Mexiko; seit 1973 wissenschaftlicher Mitarbeiter der Stiftung Wissenschaft und Politik Ebenhausen und Leiter der Fachgruppe Afrika. Veröffentlichungen u. a.: Die Politik der Sowjetunion in Afrika. Bedingungen und Dynamik ihres ideologischen, ökonomischen und militärischen Engagements, Baden-Baden 1983. Südafrika und seine Nachbarn: Durchbruch zum Frieden? Zur Bedeutung der Vereinbarung mit Mozambique und Angola vom Frühjahr 1984, Baden-Baden 1985.

Ingrid Langer, geb. 1945, Studium der Pädagogik, Psychologie, Politischen Wissenschaft und Ethnologie; 1969–71 1. und 2. Staatsexamen; Studienaufenthalte in Nordafrika und Lateinamerika; Dozentin für Pädagogik. Veröffentlichung: „Self-Reliance" und „Caudillismo", in: P. J. Opitz u. a. (Hrsg.), World Encyclopedia of Peace, Oxford u. a. 1986.

Citha Maaß, Dr. phil., geb. 1946, Studium der Politikwissenschaft, Volkswirtschaftslehre und Geschichte; mehrere längere Forschungsaufenthalte in Indien. Veröffentlichungen u. a.: Indien – Nepal – Sri Lanka. Süd-Süd-Beziehungen zwischen Symmetrie und Dependenz, Wiesbaden 1982.

Franz Nuscheler, Prof. Dr., geb. 1938; Studium der Politischen Wissenschaft in Heidelberg; Assistent und Akademischer Oberrat an der Universität Hamburg; seit 1974 Professor für Vergleichende und Internationale Politikstudien an der Universität/Gesamthochschule Duisburg; zahlreiche Forschungsaufenthalte in der Dritten Welt. Veröffentlichungen u. a.: Nirgendwo zu Hause. Menschen auf der Flucht, München 1988. Lern- und Arbeitsbuch Entwicklungspolitik, Bonn 1987.

Peter J. Opitz, Prof. Dr., geb. 1937, Studium der Politikwissenschaft, Sinologie und Philosophie; seit 1977 Prof. für Politische Wissenschaft am Geschwister-Scholl-Institut für Politische Wissenschaft der Universität München. Veröffentlichungen u. a.: Chinas Außenpolitik, Zürich 1977. Die Dritte Welt in der Krise. Grundprobleme der Entwicklungsländer (Hrsg.), München ²1985. Weltprobleme (Hrsg.), München ²1982.

Roland Richter, geb. 1959, Studium der Politikwissenschaft, Völkerkunde und Geographie an der Ludwig-Maximilians-Universität München.

Rainer Tetzlaff, Prof. Dr., geb. 1940; seit 1977 Professor am Institut für Politische Wissenschaft der Universität Hamburg; Forschungsaufenthalte in Afrika und bei der Weltbank in Washington. Veröffentlichungen u. a.: zus. mit F. Ansprenger und H. Traeder, Die politische Entwicklung Ghanas von Nkrumah bis Busia, München 1972; Die Weltbank: Machtinstrument der USA oder Hilfe für die Entwicklungsländer? Zur Geschichte und Struktur der modernen Weltgesellschaft, München 1980.

Oskar Weggel, Dr. jur., geb. 1935, Studium der Rechtswissenschaften und des Chinesischen; 1965–67 Studienaufenthalte in Taiwan; seit 1968 wissenschaftlicher Referent am Institut für Asienkunde in Hamburg mit Forschungsschwerpunkt VR China und Indochina; regelmäßige Mitarbeit an den vom Institut für Asienkunde Hamburg herausgegebenen Monatszeitschriften „China aktuell" und „Südostasien aktuell". Veröffentlichungen u. a.: Weltgeltung der VR China, München 1986. China. Zwischen Marx und Konfuzius, München ²1987.

Reinhard Wesel, M. A., geb. 1956, Studium der Politikwissenschaft, Soziologie, Geschichte und Germanistik an der Universität München. Langjährige Tätigkeit in der entwicklungspolitischen Öffentlichkeitsarbeit. Seit 1983 Lehrbeauftragter, seit 1985 wissenschaftlicher Mitarbeiter am Geschwister-Scholl-Institut für Politische Wissenschaft der Universität München. Veröffentlichung: Das Konzept der Integrierten Ländlichen Entwicklung: Neuansatz oder Rhetorik?, Saarbrücken, Fort Lauderdale 1982.

Gerd Will, Dr. phil., geb. 1948 in Donauwörth, Studium der Politikwissenschaft, Sinologie und Neueren Geschichte in Erlangen, Berlin und Peking. 1973 Diplom in Politologie; 1976/77 Mitarbeiter des Instituts für Asienkunde in Hamburg; 1977–86 wissenschaftlicher Assistent am Ostasiatischen Seminar und Tätigkeit am Fachbereich Politische Wissenschaft der FU Berlin; seit 1986 Referent am Bundesinstitut für ostwissenschaftliche und internationale Studien in Köln. Veröffentlichungen u. a.: Vietnam 1975–79: Von Krieg zu Krieg, Hamburg 1987.

Manfred Wöhlcke, Dr. phil. habil., geb. 1942, Studium der Soziologie, Politologie und Psychologie in Kiel, São Paulo und Erlangen. Zur Zeit wissenschaftlicher Referent für Lateinamerika an der Stiftung Wissenschaft und Politik in Ebenhausen. Veröffentlichungen u. a.: Brasilien: Anatomie eines Riesen, München 1985; Umweltzerstörung in der Dritten Welt, München 1987.

Probleme der Dritten Welt

Volker Matthies
Kriegsschauplatz Dritte Welt
1988. 234 Seiten mit 4 Schaubildern und 13 Tabellen. Paperback
Beck'sche Reihe Band 358

Manfred Wöhlcke
Umweltzerstörung in der Dritten Welt
1987. 123 Seiten mit Karten, Übersichten und Tabellen. Paperback
Beck'sche Reihe Band 331

Peter von Blanckenburg
Welternährung
Gegenwartsprobleme und Strategien für die Zukunft
1986. 249 Seiten mit 15 Schaubildern und 27 Tabellen. Paperback
Beck'sche Reihe Band 308

Wolfgang S. Heinz
Menschenrechte in der Dritten Welt
1986. 158 Seiten. Paperback
Beck'sche Reihe Band 305

Klemens Ludwig
Bedrohte Völker
Ein Lexikon nationaler und religiöser Minderheiten
1985. 174 Seiten mit 10 Abbildungen. Paperback
Beck'sche Reihe Band 303

Jahrbuch Dritte Welt 1989
Daten, Übersichten, Analysen
Herausgegeben vom Deutschen Übersee-Institut Hamburg
1989. Etwa 248 Seiten mit Karten, Abbildungen und Tabellen. Paperback
Beck'sche Reihe Band 369

Verlag C. H. Beck München

Frieden – Abrüstung – internationale Zusammenarbeit

824402